한국의 전통주

정 동 효 편저

도서출판 유한문화사

머리말

세계 여러 나라에는 그 나라 특유의 술이 아직도 전해 내려오고 있다. 영국의 위스키, 독일의 맥주, 프랑스의 포도주, 중국의 라오지이유(老酒), 일본의 정종(사케), 소련의 보드카 따위가 모두 특이한 것이지만 우리나라의 경우는 부득이 탁주(막걸리)를 들 수밖에 없다. 우리나라는 예로부터 쌀의 명산지이며, 국민은 벼농사를 주요 생업으로 삼았기 때문에 자연히 쌀을 원료로 한 술이 나오게 된 것은 당연한 일이다.

주나라 때는 곡식을 입으로 씹어서 술을 빚었다고 하는데 이것은 원시적인 방법이며, 그 후로는 입으로 씹어서 빚었다는 얘기가 별로 없다. 또 우리나라의 민간 설화도 입으로 씹어서 빚었다는 얘기는 없고, 다만 된장찌개는 씹어서 끓이면 맛이 좋다는 설화가 있다.

탁주는 쌀과 누룩으로 만든다. 이 누룩은 본래 설화의 일종인 신국(神麴)의 대용으로 곡자를 만들게 됨으로써 술을 인력으로 만들게 되었다고 한다. 처음에는 주로 멥쌀을 썼으며 나중에는 찹쌀로도 술을 빚게 되었다. 따라서 탁주의 정확한 기원은 분명하지 않으며, 대륙에서 이동해 올 때부터 양조법을 알고 있었다고 보아야 할 것이다. 다만 오랫동안 약주와 탁주의 구별은 없었던 것은 사실이며, 막걸리라는 이름은 조잡하게 걸렀다는 뜻의 조려(粗慮)로서 마구 걸렀다는 뜻이라 한다.

약주(藥酒)보다 탁주(濁酒)가 먼저 양조되었다는 것은 사실인 것 같고, 흔히 약주는 재래주에서 독 위에 말갛게 뜨는 액체 속에 용수를 넣어서 떠내는 것이 상례이다. 약주라는 말은 본래 중국에서는 약(藥)으로 쓰이는 약용주(藥用酒)라는 뜻이지만 우리나라의 약주는 그러한 뜻은 아니다. 맑은 술이라는 뜻의 청주(淸酒)라고 하는 말은 중국을 비롯하여 한국이나 일본에서 쓰여져 왔다. 이 청주가 약주라고 불리게 된 것은 지금으로부터 약 150년 전의 일이라 한다.

조선시대 정조·순조 때의 학자 서유구(徐有榘)는 술에 대한 조예가 깊어 『임원십육지(林園十六志)』라는 책의 주례총서(酒醴總叙)라는 대목에서 주류에 대한 이야기를 쓴 분인데, 이 서유구 씨가 처음으로 약주를 찹쌀로 빚었다고 한다. 서유구 씨의 아호를 약봉(藥峰)이라 하였으며, 그가 살던 곳인 약현(藥峴)은 현재의 서울 중림동(中林洞)이었기 때문에 그 술을 「약현에서 나는 술」 또는 「약봉이 만든 술」이라고 하여 크게 소문이 나자 부르게 쉽게 '약주'로 변해버린 것이 그 유래라고 한다.

오늘 날의 소주(燒酒)는 탁주나 약주보다 그 역사가 깊지 않다고 보는 것이 타당할 것 같다. 왜냐하면 탁주나 약주는 일차적 과정으로만 되지만, 소주는 일차적으로 된 술덧을 다시 증류하여 만들기 때문이다. 그러므로 약・탁주 보다 제조법에서 발전된 소주가 당연히 나중에 생겼으리라는 판단이 나올 수 있는 것이다.

소주(燒酎)의 주(酎)는 술자(酒)로 쓰기도 한다. 중국의 고서에는 주(酒)가 많이 쓰여지고 있다. 주(酎)의 뜻은 세 번 고아서 증류한 술이라는 것이 본뜻인데, 음훈(音訓)이 혼동되어 주(酎)를 흔히 쓰게 되었다는 것이다. 소주(燒酎)라는 말은 물론 한자어이다. 우리나라와 일본에는 소주를 의미하는 고유어가 없는 것 같다.

소주라는 말은 만주, 몽고, 일본 등 여러 나라에서 그 나라의 고유한 다른 이름을 가지고 있다. 소주의 기원에서 유래했는가가 문제이다. 아마 원나라가 페르시아의 회교문화를 받았으며, 그 세력이 중국을 석권하고 한반도에까지 미쳤던 것은 역사가 증명하는 것 같다. 시대적으로나 역사적으로 보더라도 페르시아에서 증류법이 몽고, 만주를 거쳐서 우리나라로 들어 왔다고 해도 모순 될 것이 없을 것이다. 명나라 학자 이세진(李世珍)이 지은 『목초강목(木草綱目)』에도 소주는 원나라에서 시작되었다고 하였고, 그리고 17세기에 발간된 『본조식감(本朝食監)』에는 '소주는 고법(古法)에 의한 것이 아니며, 원나라 때 시작된 것으로 중국에서 만든 것이 아니라 몽고인이 만든 것이다'라고 기록되었다.

이상의 술들은 역사적으로 우리나라의 전통주이나 과학적으로 체계가 확립되지 않고 그 양조법도 시대의 변화, 때로는 쌀의 생산량 부족, 식생활의 변화로 많은 변화를 가져왔다. 그리고 주세법에 의한 전통주의 정의를 보면 전통주라 함은 통상 주세법시행령 제9조 제2항 (다)～(라)에서 규정한 민속주와 동 시행령 제9조 제2항 2호 (나)에서 규정한 농민주를 통칭하여 일컬으며, 국세청장이 관련 부서(시・도지사)의 추천을 받아 제조면허를 발급하는 주류이다. 여기에서 민속주는 아래의 각 항목의 규정에 의하여 면허한 주류를 말한다.

(1) 문화재 보호법의 규정에 의거 전통 문화의 전수, 보존에 필요하다고 인정하여 문화재청장 또는 특별시장, 광역시장, 도지사가 추천한 주류
(2) 농수산물가공육성법 제6조의 규정에 의하여 농림수산식품부 장관이 주류 부문의 식품명인으로 지정하고 국세청장에게 추천한 주류
(3) 제주도 개발특별법에 의거 1992년 2월 5일 이전에 도지사가 국세청장과 협의하여 제조허가를 한 주류
(4) 관광 진흥을 위하여 1991년 6월 30일 이전에 건설교통부 장관이 추천하여 주류 심의회의를 거친 주류

여기에 1993년부터는 농업인, 생산자 단체가 자기가 직접 생산한 농산물을 원료로 한 주류 중 농림수산식품부 장관의 추천한 주류도 포함된다. 그래서 다른 주류산업에 비하여 학문으로서 체계화하기 어려운 탁주, 막걸리, 약주・소주류 등이 우리나라의 전통주이다. 그러나 이러한 악조건에서 ① 술의 개념, ② 누룩, ③ 한말(韓末)과 일제시대의 술, ④ 술과 전통주의 분류, ⑤ 전통주의 발전과 술 산업 현황, ⑥ 술의 규격, ⑦ 민속주 면허 취득자가 빚은 술과 무형문화재가가 빚은 술, 식품명인이 빚은 술, ⑧ 가정집에서 막걸리 만들기 등을 정리한 것이 이 책이다.

이 책을 편집하면서 많은 질정(叱正)을 감수할 생각으로 출간하게 되었음을 밝혀 두는 바이다. 이 책이 양조제조업에 종사하는 사람들보다 일반 국민의 전통주 교양서가 되어 우리나라 전통주의 발전을 기대하는 바이다. 끝으로 이 책의 출판을 맡아 주신 유한문화사 천승배 사장님 그리고 직원 여러분께 깊은 감사를 드리는 바이다.

2010년 7월 27일

일흔일곱 생일 아침

편저자 정 동 효

차 례

제1장 술의 개론

제2장 누 룩

제 3 장 일제하의 주세법과 술 / 한말의 곡자와 상용주

제 4 장 술의 분류와 종류

제 5 장 전통주 산업진흥과 산업현황

제 6 장 주류(술) 규격

제7장 제조면허 취득자들이 빚은 술

제 8 장 막걸리 만들기

제 1 장

술의 개론

1. 술이란?

알코올 성분이 들어 있어 마시면 사람을 취하는 음료를 총칭한다. 주세법에 의하면 알코올이 1도 이상의 음료를 말한다. 예로부터 알려진 과실주나 곡물 술을 비롯하여 근대의 각종의 술에 이르기까지 주정음료는 모두 술이다.

술은 일부 민족을 제외한 거의 모든 민족이 지니고 있으며, 그 용도도 다양하여 굿이나 관혼상제와 같은 의례적 행사에서 뿐만 아니라 일상생활의 여러 경우에도 두루 쓰이고 있다. 술에 대한 우리의 관념은 이를 긍정적으로 보는 견해와 부정적으로 보는 견해가 공존하여 왔다.

『성호사설(星湖僿說)』에서는 노인을 봉양하고 제사를 받는데 데에 술 이상 좋은 것이 없다고 하는 내용이다『청장관전서(靑莊館全書)』. 『이목구심서(耳目口心書)』에서는 기혈을 순환시키고 정을 펴며 예를 행하는 데에 필요한 것이라 하는 내용은 모두 술을 인간생활에 필요한 것으로 보는 긍정적인 견해이다. 같은 뜻에서 술을 마시니 근력이 생기고 몸은 병이 낫는다고 하여 음주를 권장함은 옛 기록에도 흔히 보는 예이다.

설날에 도소주(屠蘇酒)를 들고 이명주(耳明酒)를 마시며 또 어른께 만수무강을 빌며 헌수하는 것도 모두 건강과 장수를 바라던 뜻에서 비롯된 것이다. 이처럼 사람에게 유익한 것으로 생각되어 백약지장(百藥之長)이라 불리는 반면에 부정적인 면에서 광약(狂藥)이라고도 불렸다. 이는 사람을 취하게 하여 정신을 흐리게 하기 때문이다. 사람에 따라서는 주정이 심하여 몸을 해치고 가산을 탕진하기도 하고 임금으로서 주색에 빠져 나라를 망치는 일도 있었기 때문에 망신주(亡身酒) 또는 망국주(亡國酒)라는 말이 생기기도 하였다.

우리나라의 전통저인 술은 크게 탁주·청주·소주의 세 가지로 나눌 수 있다. 탁주는 옛날부터 주로 농군들이 마시던 술이라 하여 농주(農酒)라고도 하며, 즉석에서 걸러서 마신다 하여 막걸리 그리고 빛깔이 희다고 하여 백주(白酒)라고도 한다. 청주는 탁주에 비하여 더 정성을 들여 빚은 술로서 재래주 가운데 가장 독한 술이다. 그 밖에 이양주(二釀酒)나 향양주(香釀酒) 등의 갖가지 특별한 술이 있었고, 근대 이후로 맥주나 양주 등도 들어와 술의 종류는 다양하다.

2. 술의 역사

인류가 사냥과 채집생활하고 있던 구석기 시대에도 과실주가 있었다는 것이다. 과실은 조금이라도 상처가 나면 과즙이 스며 나오고, 과실 껍질에 붙어 있는 야생효모가 쉽게 번식하여 술이 된다. 보름달 아래 원숭이들이 바위나 나무둥지의 오목한 곳에 잘 익은 산포도를 넣어두고 그 위에서 뛰놀다가 다음 달 보름날에 다시 찾아와서 술을 마시며 논다는 전설이 여러 나라에 있다. 이것으로 미루어 선사시대에 술을 빚던 방식을 짐작해 볼 수 있다.

또 벌꿀을 물에 풀어서 놓아두면 어느 새 야생효모에 의하여 술이 되고 만다. 이러한 현상이 우연히 발견되어 벌꿀술도 등장하였을 것이다. 젖에서도 같은 이치로 유주(乳酒)가 만들어진다. 이와 같은 우연한 기회에서 만들어진 과실주나 벌꿀술, 유주가 인간에 널리 쓰였겠지만 인구가 늘어나고 술의 수용가 늘어남에 따라 그 양이 부족해져서 술의 원료를 다른 곳에서 찾아야만 하게 되었다.

곡물로 술을 만들려면 우선 곡물의 녹말을 당분으로 바꾸고 이것을 다시 알코올로 분해하는 두 단계의 과정을 거쳐야 한다. 첫 단계인 녹말을 당분으로 바꾸는 반응은 처음에는 사람의 침에 의하여 행하여졌다. 침 속에는 전분분해효소인 ptyalin이 있어 곡물을 입속에 넣고 씹으면 녹말이 당분으로 분해한다.

조선시대 때 유구(琉球)에 표류되었다 돌아온 제주도 사람이 유구의 풍속을 말하면서 "그 곳에서는 탁주가 없고 청주가 있다"고 하였다. 쌀을 물에 담갔다가 여자로 하여금 입에 넣고 씹게 하여 나무통에 뱉어내어 술을 만든다고 하였다.

세조 때 우리나라 온 유구의 사신 보수고(普須古)는 이 술을 일일주(一日酒)라 하였고, 『지봉유설(芝峯類說)』에서는 미인이 씹어 빚었다는 뜻에서 미인주(美人酒)라 하였다. 오늘날 이 미인주는 주로 열대지방에서 만들어졌던 것으로 알려져 있다. 그러나 위나라의 역사책인 『위서(魏書)』에 나오는 물길국(勿吉國, 숙신·읍루)에서는 곡물을 씹어서 술을 빚는데, 이것을 마시면 능히 취한다고 한 것으로 미루어 고대 우리나라에서도 미인주와 유사한 술이 있었다고 짐작된다.

2.1 삼국 · 통일신라시대의 술

고구려의 주몽신화(朱蒙神話)에서는 유화(柳花)가 술에 만취된 상태에서 해모수와 잠자리를 같이하여 주몽을 낳았다고 하며, 부족국가 시대에 영고(迎鼓), 동맹(東盟) 등과 같은 제천의식 때 춤추고 노래하며 술을 마시고 즐겼다고 하니 이때에 술을 빚었었던 것은 확실하진만 그 술의 종류와 성격은 알 길이 없다.

다만 『삼국사기(三國史記)』에 고구려 대무신왕 2년 조에 지주(旨酒)라는 말이 나오고, 『위지(魏志)』 동이전에서는 고구려 사람은 발효식품을 잘 만든다고 하였으며, 중국의 유명한 곡아주(曲阿酒)의 전설에도 고구려 여인의 사연이 얽혀 있어 구체적인 것은 알 수 없으나 중국과 비슷한 수준의 술빚기가 발달되어 있었던 것만 쉽게 짐작 할 수 있다. 또한 당나라의 시인이 "한 잔 신라주의 기운, 새벽바람에 쉽게 살아질 것이 두렵구나."라고 읊고 있는 것으로 미루어 당시의 우리나라 술의 명성이 중국까지 알려져 있었음을 알 수 있다.

한편 백제사람 수수보리는 일본 왕 오진(應紳) 때 술 빚는 방법을 일본에 전하였다고 한다. 이때 일본의 왕은 "수수보리가 빚어준 술에 내가 취했네!"라고 노래하였다. 당시 일본 문헌인 『연희식(延喜式)』(901～922년)에 실린 '술 여덟 말을 빚는 데 쌀 한 섬, 누룩 너 말, 물 아홉 말을 쓴다'는 기록으로 미루어 보아 수수보리가 전한 술도 누룩을 이용하고 있었을 가능성이 있다. 또 일본의 『쇼소원문서(正倉院文書)』에 청주, 탁주, 술지게미, 예주(醴酒 : 감주와 비슷한 술) 등이 기록되어 있는 것으로 미루어 삼국시대의 우리나라에서도 이러한 종류의 술이 있었을 것으로 추측된다.

이와 같이 우리나라의 문헌으로는 당시의 술 빚는 자세한 방법을 알아낼 수 없다. 다행히 산동성 반도를 무대로 하여 엮어진 『제민요술(齊民要術)』에는 매우 자세한 술 빚기의 방법이 설명되어 있다. 당시의 술 수준으로 미루어 볼 때 이 책에 실린 술 빚는 방법은 바로 우리의 술 빚는 방법과 같을 것이라고 판단하여도 좋을 것이다.

누룩의 형태는 떡누룩, 막누룩으로 불리는 병국(餠麴)과 낱 누룩인 산국(散麴)이 있다. 이들은 주로 밀로 만들어지고 있었다. 병국은 밀을 볶거나 찌거나 날것 그대로 섞는데 그 방법과 섞는 비율에 따라 종류가 달라진다. 병국이 산국보다 많이 쓰이는데, 이것을 물에 침지하여 이른바 주모(酒母)를 만든다.

술의 가장 많이 쓰이고 있는 원료와 원료처리 방법은 지에밥 5, 두 번 찐 밥 3, 죽 1, 설익은 밥 1의 비율을 이룬다. 제조법은 곡물과 누룩을 섞어서 단번에 발효, 숙성시키는 일이 많은데 이렇게 만든 술은 알코올 농도가 높지 않다.

알코올 농도를 높이기 위해서는 일단 속성시킨 술밑(醅, 醪)을 걸러서 이를 물 대신 이용하여 다시 곡물과 누룩을 넣어 계속 발효시킨다. 그러나 원료가 쌀인 경우에는 술밑을 거르는 동안 산화되어 시어질 염려가 있으므로 이때 거르지 않고 그냥 술밑에 누룩과 쌀을 여러 차례 넣어 준다. 곧 덧술을 한다. 그리하여 발효가 끝나면 단번에 여과해 버리는데 이것이 이른바 『제민요술』의 청주이다.

또 『제민요술』에는 누룩, 물, 곡물의 셋을 같은 비율로 섞어 술을 빚는다고 하였는데, 이것은 일정의 규정에 따라 빚은 좋은 청주 이른바 법주(法酒)이고, 식물약재를 쓰는 특이한 청주와 산국을 쓰는 청주들에 대한 설명도 있다. 이러한 『제민요술』의 술 빚기가 삼국시대 그리고 통일신라시대의 우리나라에서도 있었으며 이것이 일본으로 전해졌을 것이다.

2.2 고려시대의 술

『고려도경(高麗圖經)』에서는 「고려에는 찹쌀이 없기에 멥쌀로 술을 빚는다」, 「고려의 술은 맛이 독하여 쉽게 취하고 빨리 깬다」, 「서민들은 맛이 박하고 빛깔이 짙은 술을 마신다」, 「잔치 때 마시는 술은 맛이 달고 취하지 않는다」 등으로 고려의 술을 평하고 있다.

이 내용으로 미루어 보면 고려에는 청주, 탁주, 예주가 있었던 것으로 추정된다. 실제 『동국이상구집(東國李相國集)』의 시에 '발효된 술밑을 압착하여 맑은 청주를 얻는다'고 하였으니 『제민요술』처럼 압착한 청주가 있었음을 알 수 있다. 또 김극기(金克已)는 '들합에는 탁주 채워 있네'라 하였고, 이규보(李奎報)의 시에는 '나그네 창자를 박주(薄酒)로 푼다'고 하였으며, 또 이규보 자신도 가난한 때에는 백주를 마셨다고 하였음을 볼 때 「탁주」를 '백주' 또는 '박주'라 하면서 서민들이 마셨음을 알 수 있다.

궁중에서 양온서(良醞署)라는 부서를 두고 왕이 마시는 청주와 법주를 빚어 질항아리에 넣어 명주로 봉해서 저장하였다고 한다. 그러다가 소주가 들어오게 되었다. 이 소주를 두고서 타이나 인도네시아, 서인도에서는 「아라크」, 원나라에서는 「아라길주」, 만주어로 「알키」, 우리나라 개성에서는 「아락주」라 함을 볼 때 그 전파 경로가 짐작된다.

고려를 지배한 원나라는 일본을 정복할 계획 아래 개성과 경상북도 안동에 병참기지를 만들고 이 지역은 소주의 명산지가 되었다. 김진(金縝)은 일본의 해안 도둑을 막기 위하여 경상도에 와 있었는데 그 무리는 소주를 몹시 좋아하여 소주도(燒酒徒)라 불렀다 한다. 이리하여 소주가 우리나라에 널리 퍼지게 된 것이다. 일본에서는

1404년(태종 4년)에 비로소 전해졌다고 한다.

고려에는 특수주로서 도소주(屠蘇酒)가 있었다. 고려시대의 시 속에 포도주가 나온다. 요즈음 포도주는 포도즙을 효모로 발효시켜서 만들지만 당시의 포도주는 누룩, 밥, 포도즙으로 빚었다고 추측된다. 그러나 이것은 끝내 땅의 전통주로서 뿌리를 내리지 못하였다. 또 『근제집(謹齋集)』에는 정월 초하루 밤에 도소주를 마시고 읊은 시가 나온다. 이 도소주(屠蘇酒)는 후한의 화타(華陀)가 만들었다고 하는데 약재를 청주에 넣어 두어 번 끓인 것이다. 그리고 송나라의 계향어주(戒香御酒)를 이자겸(李資謙)이 소개하였고, 양이나 말의 젖으로 만든 젖술이 몽고에서 들어오고 있다.

한편, 고려의 문학작품 속에도 멋이 있는 많은 술 이름이 나타난다. 『한림별고(翰林別曲)』에 황금주(黃金酒), 자주(煮酒), 송주(松酒), 예주(醴酒), 죽엽주(竹葉酒), 이화주(梨花酒), 오가피주(五加皮酒)가 나오고, 이규보의 시 속에는 이화주(梨花酒), 자주(煮酒), 화주(火酒), 초화주(椒花酒), 파파주(波把酒), 백주(白酒), 방문주(方文酒), 춘주(春酒), 칠일주(七日酒), 천금주(天金酒), 녹파주(綠波酒), 동동주 등이 나오고, 그밖에 시나 글에 녹주(綠酒), 청주(淸酒), 국화주(菊花酒), 부의주(浮蟻酒), 창포주(菖蒲酒), 유하주(流霞酒), 구하주(九霞酒), 탁주(濁酒) 등의 이름이 나온다.

고려시대의 문헌에는 이들 술의 제법은 없으나 그 이름만큼은 우리 고유의 것이 대부분이며, 멋이 있어서 이름만으로도 구미를 당긴다. 고려의 술은 대부분 조선시대에 이어지고, 조선시대의 문헌 속에 이들을 만든 구체적인 방법이 나오게 된다.

2.3 조선시대의 술

조선시대에는 술의 제조법을 기록한 문헌이 많이 남아 있어서 술 빚기에 관하여 문헌상으로는 체계를 세울 수 있게 되었다.

1) 조선시대의 누룩

좋은 술을 만들기 위해서는 우선 좋은 누룩부터 만들어야 한다. 조선 초기의 『사시찬요초(四時纂要抄)』에서는 보리, 밀가루를 녹두즙과 여뀌와 더불어 반죽하여 잘 밟아서 막누룩(떡누룩)을 만들고 있으며, 1680년경의 『음식지미방』에서는 밀기울을 반죽하여 꼭꼭 밟아서 만든다 하였으니 이른바 막걸리용의 거친 막누룩이다. 어디까지나 단단하게 밟아야 좋은 막누룩을 만들 수 있느냐에 대하여는 고사가 여럿이 남아 있다.

1766년의 『증보산림경제(增補山林經濟)』에는 술 빚는 방법이 집대성 되어 있는

데, 여기에서는 우선 누룩을 디디는데 좋은 날을 택하고 있다. 누룩의 재료는 밀과 쌀이 주가 되고, 녹두가 다음이며, 보리는 드물다. 밀을 잘게 쪼갠 알갱이를 쓰고 쌀을 곱게 가루 내어 이용하고, 쌀 알갱이에 밀가루를 부착한 것도 있다. 재료 처리는 가볍게 찐 것도 있지만 거의 전부가 날것을 쓰고 있다.

누룩의 형태는 대부분 떡처럼 생긴 막누룩이지만(약 50%), 일부는 쌀 알갱이를 그대로 쓰는 낱알누룩(약 10%)도 있다. 쌀누룩, 낱알누룩은 우리 전통의 것이 아니고 일본의 것이라고 착각하기 쉽지만 조선시대에는 이런 누룩들도 다채롭게 쓰고 있었다. 1823년 『임원십육지(林園十六志)』에는 여러 종류의 중국 누룩이 소개되어 있지만 우리나라에서 뿌리를 내리지 못하였다.

2) 조선시대의 술 종류와 제조법

조선시대의 술은 우선 발효주와 증류주로 나누고, 발효주와 증류주의 두 가지를 혼용한 술, 약재나 꽃향기, 색소 등을 첨가한 재제주(再製酒), 특수한 방법으로 만든 술 등으로 나눌 수 있다.

『증보산림경제』에 기록된 순 발효주로는 백하주(白霞酒, 方文酒), 삼해주(三亥酒), 연엽주(蓮葉酒), 소국주(小麴酒), 약산춘주(藥山春酒) 경면녹파주(鏡面綠波酒), 벽향주(碧香酒), 부의주(浮蟻酒), 일일주(一日酒), 삼일주(三日酒), 칠일주(七日酒), 잡곡주(雜穀酒), 하향주(荷香酒), 이화주(梨花酒), 청감주(淸甘酒), 감주(甘酒), 하엽주(荷葉酒), 추모주(秋麰酒) 죽통주(竹筒酒), 두강주(杜康酒) 등이 있다.

그리고 꽃 열매, 약재 등을 넣고 함께 발효시키는 것으로는 도화주(桃花酒), 지주(旨酒), 포도주(葡萄酒), 백자주(柏子酒), 호도주(胡桃酒), 와송주(臥松酒), 백화주(百花酒), 구기주(枸杞酒), 오가피주(五加皮酒), 감국주(甘菊酒), 석창포주(石菖蒲酒) 등이 있으며, 순수 발효주에 약재의 성분을 우려내는 것으로는 소자주(蘇子酒), 지약주(漬藥酒), 복령주(茯笭酒) 등이 있다.

조선시대의 순 발효주의 제조법을 『증보산림경제』를 통하여 정리하면 다음과 같다. 덧술을 하지 않고 그대로 발효시키는 단양법(單釀法)이 순 발효주 전체의 45%이며(주모를 쓰는 경우와 쓰지 않는 경우 모두 포함), 덧술을 한 번 하는 이양법(二釀法)이 43%, 두 번 덧술을 하는 삼양법(三釀法)이 12%이다. 원료 곡물은 멥쌀과 찹쌀의 비율이 6 : 4이고, 잡곡(조, 기장, 보리 등)은 거의 무시할 정도이다. 재료 곡물의 처리방법은 밥 또는 지에밥 5, 범벅모양 3, 구멍떡과 같은 떡의 형태 1, 쪄낸 가루 1의 비율이다.

중국에서는 지에밥 모양의 것이 가장 많고, 범벅모양은 적고, 떡의 형태는 아예 없다. 일본은 밥 모양뿐이고, 그 밖의 것은 없다. 우리나라 곡물처리법의 특징은 범벅모양의 것이 많고, 떡 모양이 있다. 주모 만들기는 다음과 같이 설명하고 있다.

백미 한 말을 깨끗이 씻어서 물에 담그되 겨울은 10일, 봄·가을은 5일, 여름은 3일을 기다려 쌀 속에 물이 스며들어 불으면 꺼내어 충분히 쪄서 여기에 누룩을 조금 넣어 손으로 잘 주물러 항아리에 넣고 단단히 마개를 하여 겨울에는 따뜻한 곳에, 여름은 서늘한 곳에 두고 익기를 기다려 술 빚는 데 쓴다. 그 맛이 약간 시고 떫으며 매끄러운 것이 좋다. 이것은 저산을 발효시키면서 효모를 증식시킨 것으로서 신맛을 가하면 발효과정에서 유해세균을 방지하는 효과를 거둘 수 있다. 요즈음도 주모를 만들 때 젖산을 일부러 넣고 있다.

단양 또는 이양의 순 발효주의 술덧(醪)에 용수를 박아서 그 속에 괸 술을 퍼낸 것이 청주인데, 이것을 조선시대부터 약주라고 이르게 되었다. 약재가 들어가지 않으면서 왜 약주인가에 대해서는 몇 가지 설이 있기는 하지만, 서성(徐渻, 1558～1613)의 어머니가 남편을 잃고 가난하여 술장사를 하게 되었는데 그 집의 청주가 매우 좋았고, 서성의 호가 약봉(藥峰)이며 그가 살고 있는 곳이 약현이어서 청주를 약주라고 부르게 되었다는 설이 지배적이다. 백하주(白霞酒), 향온주(香醞酒), 소국주(小麴酒), 경면녹파주(鏡面綠波酒), 벽향주(碧香酒), 청면주(淸明酒), 석탄주(惜呑酒) 등이 약주에 속한다.

또 보다 섬세한 방법으로 여러 번 덧술을 한 청주 이름에 중국의 당나라 시대에는 춘(春)자를 붙였으므로 우리도 그에 따라 춘(春)을 붙였다. 호산춘(壺山春), 약산춘(藥山春) 등이 이에 속하며, 비록 춘(春)자는 붙지 않아도 그런 무리의 술로서 삼해주(三亥酒), 백일주(百日酒), 사마주(四馬酒), 법주(法酒) 등이 있다.

탁주(濁酒)는 그 말의 개념이 매우 애매하다. 여하간 맑은 약주에 비하여 흐린 술을 통틀어 말한다. 쌀누룩이나 가루누룩을 써서 발효시킨 빽빽한 술덧을 먹는 것이 순 탁주로 이화주(梨花酒), 사절주(四節酒), 혼돈주(混沌酒) 등이 있다. 일본의 백주는 밥알 그대로 발효시킨 것을 갈아서 제품으로 하는데 젖같이 희고 맛이 달다. 그런 것도 순 탁주이다. 또 청주 찌꺼기에 물을 부어 가면서 손으로 주물러 짜낸 뿌연 술도 탁주이다.

제주도로 유배된 인목대비의 어머니가 만든 모주(母酒)가 그것이다. 술을 빚는 데 쓰는 연모나 방법이 일반 발효와는 다른 특이한 것을 이양주(異釀酒)라 하는데, 여기에는 와송주(臥松酒), 죽통주(竹筒酒), 지주(旨酒), 동양주(冬陽酒), 청서주(淸署酒), 봉래춘(蓬萊春) 등이 있다. 또 약주에 향기를 주기 위하여 복숭아꽃, 송화, 송순, 연잎, 매화, 동백, 두견화 등을 이용한 가향주(加香酒)로는 도화주(桃花酒), 송화주(松花酒), 송순주(松荀酒), 하엽주(荷葉酒), 연엽주(蓮葉酒), 화향입주방(花香

入酒方), 두견주(杜鵑酒) 등이 있고, 약주를 빚을 때 약재를 미리 넣거나 만들어진 약주에 약재의 성분을 우려내는 재제주로는 자주(煮酒), 구기주(枸杞酒), 오가피주(五加皮酒), 도소주(屠蘇酒), 밀주(蜜酒), 송절주(松節酒), 거승주(巨勝酒), 벽력주(霹靂酒), 호골주(虎骨酒), 무술주(戊戌酒), 양고주(羊羔酒), 서여주(薯蕷酒) 창포주(菖蒲酒) 등 많은 종류가 있다.

소주는 조선조에 접어들면서 더욱 발전하였다. '논지'로 만들던 소주도 흙으로 된 고리, 구리로 된 고리를 이용하여 만들게 되었다. 서울 공덕리 같은 데서는 대량의 소주를 만들었으며, 고려 때부터 유명했던 안동소주의 명성은 더욱 높아졌다. 고급 약주인 삼해주의 명성은 더욱 높아졌다. 고급 약주인 삼해주의 술덧을 증류하여 얻은 소주도 나오게 되었다. 그리고 과하주(過夏鑄), 송순주(松荀酒)와 같은 소주와 약주의 중간형인 술도 있었다. 이와 같이 조선시대의 술은 누룩이나 빚는 방법이 지방에 따라 달라서 자랑할 만한 술이 매우 많다.

3) 조선시대의 술 만드는 기구

술을 만드는 기구는 다음과 같은 것이 있다.

(1) 맷돌 : 밀이나 쌀 등 곡물을 갈아 누룩을 만들고, 술을 빚는 재료인 곡물을 가는 데 필요하다.

(2) 누룩고리(국어사전에는 고지로 되어 있음) : 누룩을 만드는데 쓰이는 나무로 된 틀로 모난 것과 둥근 것이 있다. 모난 것은 나무판으로 정(井)자 모양으로 만들고, 둥근 것은 작은 쳇바퀴를 가는 새끼로 안팎을 촘촘히 감아서 사용하였다. 누룩고리에 헝겊을 깔아놓고 누룩 재료인 밀가루나 밀기울을 반죽하여 여기에 가득 채운 뒤에 베 헝겊을 덮어씌우고 발로 밟아서 누룩을 만든다.

(3) 술독 : 크기가 한 말들이에서 한 섬들이 까지 가지가지이지만 다 같이 높은 온도에서 구워낸 것이어야 한다. 독 안에는 푸른 솔가지를 꺾어서 넣고 솥에 거꾸로 엎어두고 쪄서 식힌 다음 사용한다. 독 밑에는 두꺼운 나무판자를 깔고 술을 빚어 넣은 후에는 이불 같은 것으로 독을 감싸고 엮어서 옷을 입힌다.

(4) 용수 : 약주를 거르는 데 쓰는 기구로서 대를 가늘게 쪼갠 줄기나 버들가지, 칡넝쿨 등으로 엮어서 폭이 좁고 운두는 깊게 원통형으로 만든다. 보통 잘 익은 술독에 용수를 박아 하루가 지난 뒤에 이 용수에서 술을 떠낸다.

(5) 술 자루 : 마포로 크게 만들어 술밥과 누룩을 버무려 담고 입구를 잘 묶은 다음 술독에 넣어 물을 알맞게 넣고 깨끗한 돌로 눌러 두었다가 술이 잘 익은 뒤에 맑은 술을 떠낸다. 자루 속에 남아있는 재강으로는 막걸리를 마든다.

(6) 첫 다리 : 주로 술을 거를 때 체를 올려놓는 기구이다. 체받이라고 하는데 두 갈래로 아귀진 자연 목을 그대로 이용하거나 사닥다리 모양으로 틀을 짜기도 한다. 이것을 통 또는 함지 같은 그릇에 걸쳐두고 그 위에 체를 얹어서 술을 거른다.

(7) 체 : 가루를 곱게 치거나 액체를 거를 때 쓰는 기구로서 명주실, 말총, 철사 등으로 엮은 것이다. 술을 거르는 방법은 체 안의 재강을 양손으로 쥐어짜는 것이 보통이나 체에 삼베헝겊을 깔고 재강을 넣은 뒤에 이를 잘 덮고 깨끗한 돌로 눌러주어 자연히 걸러지게 한다. 이때 체 밑에는 싸리나 판자로 만든 받침을 깔게 한다.

(8) 소줏고리 ; 소주를 고는 그릇으로 구리나 오지로 만든다. 두 짝을 위아래로 장구통과 같이 겹쳐 놓은 것 같으며 위짝은 아래가 좁고 위가 넓으며, 아래짝은 아래가 넓고 위가 좁다. 중간의 짤록한 주위에 소주가 흘러나올 수 있도록 귓대가 아래로 향하여 붙어 있다. 이밖에 술을 거르거나 짜내는 틀로 술주자가 있다.

4) 근대의 술

근대에 접어들면서 북부에서는 중국의 술이 들어오고, 1876년에 강화도 조약이 체결됨에 따라 일본에서 알코올이 수입되고 일본의 탁주나 청주도 만들어지게 되었다. 일본의 청주는 상품명의 하나인 정종(正宗)이라는 이름으로 널리 퍼졌다. 1900년대에 접어들면서 맥주가 수입되었다. 여기에 1909년에 주세법이 발표되어 일본인은 보다 효율적으로 주세를 받아들이기 위하여 술 빚기에 가지가지로 통제를 하게 되자 그토록 다채롭던 우리의 누룩이나 술은 매우 단순하게 규격화되면서 전통적인 술은 법적으로 점차 만들지 못하게 되었다.

누룩은 조국(粗麴)과 분국(粉麴)의 둘로 통제되었고 이것마저 1927년부터는 곡자제조회사에서 만들게 되어 우리 술은 단순화의 길을 더욱 치닫게 되었다. 조국(粗麴)은 밀을 세 조각 정도로 낸 그대로를 원료로 하여 만든 누룩으로서 탁주나 소주 만들기에 쓴다. 충청도, 경상도에서는 밀을 부수어서 얻은 가루의 20~40%를 체에 밭쳐낸 나머지 것을 원료로 하여 만든다. 또 밀가루 전부를 걸러낸 밀기울만으로 누룩을 만들기도 한다.

한편, 분국(粉麴)은 약주나 과하주 제조용으로서 밀가루만으로 만든 것으로 백국(白麴)이라고도 한다. 이 밖에 함경북도 등지에서는 귀리, 피, 호밀 등을 술지게미와 섞어 누룩을 만드는 일이 있는데 거의 자가용으로 일부 쓰이지만 판매용은 전부가 밀로써 만들게 되었다. 곡자로는 평양, 원산, 서울 공덕리 등의 곡자와 남한산성의 곡자, 동래의 산성 곡자 등이 유명하였다.

약주 빚기도 단순해졌다. 주세법에 따른 약주는 일본의 청주보다 신맛, 단맛이 세다. 대개의 경우 주모를 만든다. 주모는 독에다가 물과 가루 낸 곡자를 만든다. 주모는 독이 대에 물과 가루 낸 곡자를 넣어 이른바 물 곡자로 하고 여기에 멥쌀을 가루내어 쪄서 떡 모양으로 한 것을 넣어 주모를 만들고 다시 멥쌀, 순곡, 물로 빚어 이것을 젓지 않고 발효시킨 다음 술덧에 용수를 박아 놓는다. 용수 속에 괸 술을 전주(全酒) 또는 순주(醇酒)라 한다. 다음에 술덧에 물을 조금 넣어 휘저은 것에 용수를 박아 술을 다시 얻는데 이것을 후주(後酒)라 한다. 전주와 후주를 따로 저장하여 두었다가 마실 때 적당히 섞는다.

탁주는 조선시대의 순 탁주는 쌀 낱알이 남아 있는데 비하여 근대의 탁주는 쌀 낱알이 뭉개져서 뿌옇고 신맛과 냄새가 나며, 알코올은 6～7% 정도이다. 탁주를 만드는 방법은 곳에 따라 다른데, 이것을 크게 나누면 주모를 만들어 찹쌀, 조곡, 물을 버무려 10일간 정도 발효시키는 것, 주모를 쓰지 않고 찹쌀 조곡, 물로 버무려 5～7일 발효시키는 것, 약주 찌꺼기에 물을 부어서 만드는 것 등이다. 이들은 탁주 술덧이나 술 찌꺼기를 체 위에서 물을 부어 가면서 손바닥으로 문질러 짜낸다. 또 서울에서는 백주(白酒)라는 것이 있었다. 이것은 탁주와 약주의 중간에 해당하는 것으로 술독에 물, 멥쌀가루 찐 것, 곡자가루를 섞어 떡 모양으로 하고 찹쌀지에밥을 넣어 7～10일 발효시켜서 그 술덧을 탁주처럼 체 위에서 손바닥으로 짜낸 것이다.

소줏고리에서 고아낸 소주는 값이 비싸다. 그런데 1897년경부터 주정(알코올)의 수입이 늘어나고, 이것을 재래의 소주에 섞어 물로 희석하여 마시게 되자 그 값이 매우 싸서 수요량이 늘어났다. 그리하여 남부지방은 탁주, 중부지방은 약주, 북부지방은 소주를 많이 마시는 경향을 나타내게 되었다.

한편, 소주나 약주에다 다른 물질을 섞어 조미하는 혼성주(混成酒)도 주세법에 허용되고 있었다. 서울의 과하주(過夏酒)를 비롯하여 송순주(松荀酒), 감홍로(甘紅露), 이강주(梨薑酒), 오미자주 등이 있었다. 그리고 일제 치하에서는 일본식 청주 제조업이 크게 발달하였으며, 한편 이 땅에 사탕무를 심어 당밀로 소주를 만들었으나 기업의 실패에 따라 고구마로 알코올을 만들게 되었고, 대만에서 값싼 알코올이 수입되자 소주는 알코올에다 재래소주를 20%정도 섞은 것으로 바뀌게 되었다.

1938년경부터 일본의 전쟁 때문에 우리나라에도 심한 식량부족을 가져오게 되자 술 원료인 쌀이 통제를 받게 되었고, 1940년부터 탁조 이외의 술은 배급제가 실시되었다. 탁주만은 농주로서 특혜를 받았고 이에 따른 탁주의 밀주도 성행되었다. 또 1934년부터 일본의 삿뽀로맥주회사와 쇼와기린맥주회사가 서울 영등포 맥주공장을 세워 제품을 내게 되었다.

한편, 술 원료인 곡물 때문에 일본인들은 대용 청주를 개발하게 되었다. 알코올에다 포도당, 엿, 호박산, 젖산, 글루탐산 등을 섞어 일본청주와 비슷하게 하여 이것을 이연주(理研酒)라 하였다. 이러한 것이 군용으로 조금씩 만들어지고 있었다. 또 1940년 일본인 나가시마(長島)가 제1청주를 만들었고, 1942년에는 여기다 포도당, 젖당 또는 호박산을 첨가한 이른바 제2청주를 만들어 내자 우리나라에서도 1942, 1943년에 각각 제1청주, 제2청주를 만들게 된 것이다.

2.4 현대의 술 산업

광복 후 우리나라는 만성적인 식량 부족으로 해마다 외국에서 양곡을 도입해야 하였던 실정에서 쌀로 술을 빚을 형편이 못되어 1962년부터 소주의 원료인 알코올의 제조에 잡곡만을 허용하였다가 지금은 쌀의 재고량이 늘어남에 따라 사정이 다르게 되었다. 쌀을 원료로 하던 막걸리와 약주도 1964년부터 이의 사용량이 금지되어 밀가루 80%, 옥수수 20%의 도입양곡을 섞어 빚게 되었다.

좋은 탁주는 뿌연 유백색이 잘 나타나야 한다. 여기에는 당분이 완전히 발효되지 않고 걸쭉하게 남아있다. 이것으로 탁주 특유의 감칠맛과 혀에 닿는 촉감, 목을 넘어가는 느낌을 나타낸다. 잡곡으로 만든 것은 술잔에 따라 놓으면 위는 맑아지고 밑에 앙금이 생겨서 볼품과 맛이 떨어지므로 탁주 대신 소주를 찾는 사람이 많아졌다. 그러다가 우리나라에서도 쌀 생산량이 늘어나 쌀이 남게 되어 다시 쌀 막걸리, 쌀 약주를 만들게 되었다. 그러나 옛 맛이 아니다.

옛날에는 잘 도정한 쌀에 밀 곡자를 섞어 빚었으나 지금은 종국을 써서 만든 누룩을 쓰고 있으니 만든 법부터 다르다. 맛이 옛날과 같을 수 없다. 인기가 없어 1년 만에 다시 밀가루 막걸리를 빚게 되었다. 이렇듯 술 정책이 일제시대부터 국가가 지나치게 관여하고 통제함으로써 우리 고유의 토속주는 자취를 감추게 된 것에 아쉬움을 깨닫게 되자 정부에서는 일도일(一道一) 민속주의 노력을 전개하게 되었다. 그러나 이것은 항상 식량정책과 주세법과의 상충을 조화해 나가야 할 문제점을 내포하고 있다.

3. 술의 생리

술은 알맞게 마시면 잠을 부르고 피의 순환을 좋게 하며, 식욕을 돋우고 스트레스나 욕구불만을 부드럽게 한다. 또 신진대사를 높여 피로를 푸는 등 효능이 있는 것이다. 그러나 과음을 하면 대뇌피질의 작용을 저하시켜 긴장상태를 해이시키므로 비정상적인 행동을 하게 될 뿐만 아니라 숙취 때문에 고통을 받는다. 또 과음을 계속하면 소장점막에서의 지방의 합성을 촉진하고, 고지혈증을 일으키기도 한다. 또 알코올을 계속 흡수하면 간 질환을 가져온다. 그리고 술에 함유되는 알코올은 위에서 흡수되어 피 속에 들어가서 간에서 효소에 의하여 분해될 때 acetaldehyde라는 유해물질이 생겨 숙취의 원인이 된다. 이 성분은 간에서 분해하지만 알코올이 계속 흘러 들어오면 해독자용의 뒤따르지 못한다.

알코올에 의한 취함이 깬 뒤에도 acetaldehyde가 미처 분해하지 못할 때 숙취를 가져오게 된다. 숙취를 풀기 위한 이른바 해장술은 과음을 되풀이하는 결과를 가져올 뿐이다. 그런데 술은 알코올 이외에 미량의 단백질과 당질이 있을 뿐 비타민은 맥주나 탁주 이외는 없다.

4. 음주관

우리나라 사람은 생활의 예의를 중히 여기던 민족이다. 비록 취하고자 하여 마시는 술이라도 심신을 흐트러지게 하지 않고 어른께 공경의 예를 갖추고 남에게 실례를 끼치지 않는 것이 음주의 예절이다. 음주 때의 이러한 예절이 주례인데 우리는 주도(酒道)로 지켜왔다.

주도(酒道)는 특히 어른을 공경하는 데에 뜻이 있다. 온 고을 사람들이 모여 향약(鄕約)을 읽고 술을 마시며 잔치하는 예절로서 향음주례를 하던 때가 있었는데, 이때 젊은이와 어른은 나이를 따져 차례를 정하고 연장자에게 먼저 술잔을 올려 대접한다. 우리들의 주도는 어른을 받들며 순풍미속을 일으키던 이 같은 향촌의 주례에서 민속예로 굳혀져 왔다.

이 향음 예를 중히 여기던 정도전(鄭道傳)은 『삼봉집(三峰集)』 향음주조에서 「이때의 술은 즐겁게 마시되 함부로 하지 않으며, 엄히 하되 어른과 소원해지지 않는다」고 하였다. 잔치 때에 지체 있는 어른께는 의자에 모시고 식탁 위의 음식으로 대접하지만, 지체가 낮은 이에게는 좌상에 마주 앉아 마시도록 하였던 것이 『고려도경(高麗圖經)』 향음주조에서 전하는 옛 주석의 예법이다.

음주의 예에서 우리들에게 비교적 널리 알려진 주법은 소학에 나타나는데 이에 의하면 어른이 술을 권할 때 일어서서 나아가 절을 하고 술잔을 받되 어른이 이를 만류할 때야 제자리에 돌아가 술을 마실 수 있다. 그러나 어른이 들기 전에 마셔서는 안되고, 또한 어른이 주는 술은 감히 사양할 수 없다는 것이다. 소학을 생활의 규범으로 삼았던 사회에서는 이러한 의식을 더욱 중히 하였다.

술상에 임하면 또 어른께 술잔을 먼저 권해야 한다. 찬물도 위아래가 있다 하여 음주에는 장유유서(長幼有序)가 반드시 지켰다. 어른이 술잔을 주면 두 손으로 공손히 받아야 하고, 어른 앞에서는 함부로 술을 마시는 것은 삼가하고 윗몸을 뒤로 돌려 술잔을 가리고 마시기도 한다.

어른께 술을 권하는 데는 정중한 몸가짐으로 하여 두 손으로 따라 올린다. 오른 손으로 술병을 잡고 왼손은 오른 팔 밑에 대고 옷소매 또는 옷자락이 음식에 닿지 않도록 조심하여 따른다. 도포를 입던 옛날에는 술병은 든 오른손의 긴 소매 자락이 음식에 묻지 않도록 왼손으로 치켜 올려 따르던 예가 공손히 하는 주례가 된 것이다.

이덕무(李德懋)는 『사소절(士小節)』에서 받은 술이 아무리 독하더라도 못마땅한 기세를 해서는 안 된다고 하였는데 그렇다고 경한 모습으로 훌쩍 마시는 것도 예가 아니다. 박지원(朴趾源)은 『양반전(兩班傳)』에서 술을 마실 때에 수염을 빨지 말아야 한다 함은 역시 주례의 하나이다. 술을 못하는 사람은 권하는 술을 사양하다가 마지못하여 술잔을 받을 때 싫증을 내고 버리는 것이 아니라 점잖게 입술만을 술에 적시고 잔을 놓아야 한다. 동배간의 주석에서는 주법이 그처럼 세심하지 않으나 서로 존경하는 자리에서는 주법에 세심함은 마찬가지이다.

우리들의 음주관은 갖가지의 음주풍속에도 나타나 있다. 예를 들어 손님을 맞이하면 정성을 다하여 그를 대접하는 풍습이 있다. 이는 인정의 표시를 술로 대신하는 예절이다. 집에서 손님을 맞이하면 간직해 둔 가양주를 내놓기도 하고, 그렇지 않으면 술을 사다가 손님을 대접한다. 애주가는 평소 반주(飯酒)를 하는데 끼니때나 손님에게 반주상을 올리는 것은 상례이다. 반주상에 앉아 주주객반(主酒客飯)의 다정한 식음(食飮)이 이루어진다. 이는 주인이 손님에게 술을 권하고, 손님은 주인에게 반(飯)을 권하는 예절로 그만큼 손님에게 대접은 술을 우선으로 한다.

술상에 앉으면 대작하여 술을 서로 주고받는 수작(酬酌)을 하고 잔에 술을 부어 돌리는 행배(行杯)의 주례가 있다. 이때 권주 잔은 반드시 비우고 되돌려주는 반배(返杯)를 한다. 반배는 가급적 빨리 이행하고 주불쌍배(主不雙杯)라 하여 자기 앞에 술잔은 둘 이상 두지 않는 것이 주석에서의 예절이다. 지금에 와서는 수작이나 행배의 음주 예를 꺼리는 사람이 적지 않으나 정을 담은 술잔의 음주는 역시 이러한 권주에 있다. 술은 권하는 맛으로 마신다는 우리들의 정다운 주도가 여기에 나타난다.

손님이 떠날 때는 작별의 아쉬움을 술로 달래는 예절로서 이별의 술을 마신다. 또 밖에서 음주를 할 때는 흔히 주점을 찾는다. 길가에 있는 주점은 원래 길손을 위한 술집으로 이를 주막이라 한다. 글자 그대로 막을 쳐 놓고 술을 팔정도의 간단한 차림이 시골 길가의 주막이다. 그러나 술손님을 끌기 위하여 시장이나 큰길 등 사람의 내

왕이 빈번한 곳에 주막이 성하였다. 『고려사』의 기록에 의하면 주막은 고려 성종 때부터 있었던 술집으로 사교장이었으며 주식을 팔던 곳이었다. 그러나 당시 술을 팔던 풍속은 자세히 전하고 있지 아니하며 구체적으로는 말하기 어렵다.

한말(韓末)의 풍속에 의하면 탁주를 담은 술항아리, 항시 물이 끓고 있는 부뚜막의 검은 큰 가마솥, 그 곁에 앉아서 술을 떠주는 주파(酒婆) 등이 인상 깊은 우리네 주점의 모습이다. 특히 겨울철 추위에 거냉(去冷)한 탁주는 요기와 어한(禦寒)으로 애용되어 우리의 주점은 따뜻한 정을 찾을 수 있는 곳으로도 인식되어 있다.

최근에 이르러 도시의 뒷골목이나 도로 으슥한 곳에 노점처럼 나타난 포장마차의 술집에서도 겨울의 추위를 녹아는 정이 오고간다. 이곳에서는 주로 참새구이 또는 닭의 통집 요리 등을 안주로 하여 소주를 판다. 근래의 술집에 또 목로주점(木爐酒店)이 있다. 이 역시 도시의 뒷골목이나 으슥한 노변의 집에서 많이 보이는 주점이다. 기다랗고 좁은 널빤지로 만든 술상이 목로인데, 이곳에서 큰 막걸리 사발을 놓고 의자도 없이 서서 술을 마시므로 이를 선술집이라 하고 또 사발 막멀리집 혹은 대폿집이라고도 하였다.

지금은 처음의 모습과 달리 의자를 두고 소주까지 팔기 시작하여 선술집이니 대폿집의 느낌은 찾기 어렵다. 고급 요정에서는 기생이 술자리에 나오고 색주가에서는 그보다 격이 낮은 아가씨들이 술대접을 한다. 그러나 우리나라 술의 이미지는 농가에서 마시는 푸짐한 막걸리, 즉 농주에 있다. 길손을 불러 술을 같이 하고 이웃집 어른과 친구를 불러 나누어 마시는 것이 농주이다. 근대 양조장이 산업화된 이래 양조장의 탁주가 농주로 일반화되어 왔지만 종전 농가에서는 가양주로 이를 마련하여 맛을 내는 부부의 술 빚는 솜씨는 농군들의 주흥을 돋우는 농가의 자랑이었다.

우리네의 주도(酒道)는 결국 인간 질서를 존중하면서 인정과 즐거움을 바탕으로 한 푸짐하고 여유 있는 음주관(飮酒觀)으로 이어져 온 것이다.

5. 술의 민속과 그 의미

우리나라 사람들이 술을 마셨다는 기록은 아득한 부족국가 시대부터의 일로 전한다. 『삼국지(三國志)』 위지 동이전의 기록에 의하면 부여의 영고(迎鼓), 고구려의 동맹(東盟) 예의 무천(舞天) 등의 집단 행사에 술을 마셨다는 것이 술의 역사가 오래 됨을 뜻한다. 이러한 행시를 연례적으로 치르면서 음주를 겸하였으니 우리네의 술 문화는 이런 식으로 전승되어 온 것이다.

『삼국유사(三國遺事)』 가락국기에서 매년 세시(歲時)에 술을 마신다 함은 술의 민속이 일반화되어 있음을 의미한다. 특히 세시(歲時) 풍속으로 되어오던 명절에는 그 계절에 알맞은 시식(時食)이 있었다. 그 중에서 뺄 수 없는 것이 명절마다 연례적으로 빚어오던 술이다. 이는 시절의 미각을 찾고자 빚었던 것으로 이를 시양주(時釀酒)라 한다. 즉 매년 세시(歲時)마다 민간 습속으로 마시는 술이다.

일반 세시기(歲時記)에 전하는 시양주(時釀酒) 중에 우선 봄철의 것을 보면 일년의 괴질과 사기를 물리친다고 하여 설에 마시는 도소주(屠蘇酒)가 있다. 설을 맞이하는 술이라 하여 이를 세주(歲酒)라 한다. 세주는 차게 마시는데 여기에는 봄의 뜻이 있다고 한다.

정월 대보름에는 이명주(耳明酒, 귀밝이술)를 마시는데 역시 데우지 않고 차게 마시는 청주로 된 시양주이다. 봄철 청명에는 맛이 좋다는 청명주(淸明酒)를 담근다. 이 술은 이익(李瀷)이 특히 좋아하였다고 한다. 3월에는 여름을 탈 없이 보낼 수 있기를 바라는 뜻으로 술집에서 과하주(過夏酒)를 빚어 판다.

시양주로 알려진 삼해주(三亥酒)와 사마주(四馬酒)도 봄철의 술이다. 정월 첫 해일(亥日)에 시작하여 3차에 걸쳐 해일(亥日)에 담그는 삼양주(三讓酒)이므로 이를 삼해주라 하고, 정월의 오일(午日)에 시작하여 4차에 걸쳐 오일(午日)에 담그는 사양주(四讓酒)이므로 이는 사마주(四馬酒)라 하는데 모두 정성으로 빚었던 이름난 민속주다.

시식으로 마시는 술에는 이처럼 계절과 세시(歲時)에 따른 민속상의 의미가 있다. 질병을 쫓고 건강을 위한다는 술이므로 각 가정에서는 그 양조가 뜻대로 잘 되어 제맛을 낼 때 상서롭게 여긴다. 유희춘(柳希春)의 일기에서 세주(歲酒)의 맛이 좋고 나쁨을 들어 길흉을 점쳤다 함은 이 같은 민간 사고로 말미암은 것이다.

술은 제례, 혼례, 향음주례(鄕飮酒禮) 등의 행례(行禮)의 풍속에서 중요시 되었다. 제례에는 선조의 제삿날에 지내는 기제사(忌祭祀)와 그 밖의 속절(俗節)에 가지는 세시제(歲時祭)가 있는데, 후자의 명절에 가지는 의식으로서 이때의 아침 제사가 차례(茶禮)이다. 차례가 끝나면 지방에 따라서는 동신제(洞神祭), 샘굿, 영동굿 등 여러 가지 제의(祭儀)를 행한다. 제례의 종류는 이처럼 여러 가지이지만 제물의 기본은 술과 과일과 포육이다. 비록 간략한 제의(祭儀)라 하더라도 주과포(酒果脯)를 갖추어야 한다. 그리고 격식을 갖춘 주례에는 초헌, 아헌, 종헌 등 삼헌(三獻)을 올린다. 이는 신위께 술잔을 세 차례 따라 올리는 의식이다.

제례가 끝나며 음복을 하는데 이는 제사를 지낸 다음 복을 탄다는 뜻으로 제물을 나누어 먹는 일이지만 술 마시는 것을 위주로 생각한다. 이처럼 제례에 술을 필수적인 것으로 이의 민속상의 뜻은 강신을 바라는 데 있다.

혼례에도 술을 반듯이 준비한다. 구 혼례에는 대례를 올리는 예식장에서 근배례(巹

杯禮)를 향하여 신랑, 신부가 잔을 교환한다. 신 혼례에는 결혼식을 마친 뒤 폐백례(幣帛禮)를 행하면서 이 의식을 가지기도 한다. 이때 신랑, 신부가 교환하여 마시는 술이 합환주(合歡酒)다. 설사 술을 못하는 경우라도 반듯이 합환주를 받아다가 입술에 적셔야 한다고 하니 이는 민속상으로 이성이 만난 즐거움과 백년가약을 다짐하는 뜻을 가지게 하는 예절이다. 술의 민속은 또 향음주례(鄕飮酒禮)에서도 전해 왔다. 앞에서 예로 든 우리네의 주도(酒道)에서 말한 향음주례가 바로 그것이다. 이는 중국에서 온 풍속이지만 일찍부터 우리들의 미풍양속으로 화해버린 것이다.

『동국세시기(東國歲時記)』 3월조에 전하는 이 풍속의 한 예를 보면 향촌에서는 따뜻한 봄철을 맞이하여 먼저 80세가 넘는 어른을 한 자리에 모신다. 아울러 60, 70세가 되는 어른을 또 한 자리에 모시고, 60세 미만의 사람들은 다른 자리에서 나이대로 앉아서 향약(鄕約)의 낭독을 들은 다음 두 번 절하고 웃어른께 술을 대접하여 잔치를 벌이는데 가을철에도 이를 되풀이한다. 곳에 따라 다소의 차이가 있고 시대에 따라 많이 변해왔지만 옛 풍습으로 행하던 이 의식은 위에 든 내용의 예법과 비슷하였으니 이때의 음주는 향약으로 지키던 윤리의 도를 숭상하면서 상하의 화합과 동족으로서의 일체감을 가지게 하는 데에 의의를 지닌 민속이었다.

6. 술의 예술·멋과 흥취

멋있는 생활은 반드시 흥을 바탕으로 한다. 정신적·육체적 활동을 미적으로 나타내는 것도 대개 이 흥으로 말미암아 있게 된다. 술을 마시고 흔히 예술 활동에 민감하게 됨은 바로 이러한 흥취 때문이다.

『삼국지(三國志)』 등 옛 기록에 의하면 우리 민족은 상고 때부터 여러 가지 제의(祭儀)를 가지면서 음주와 가무를 즐겼다고 하니 그때의 노래와 춤이 음주에서 생기는 흥취로 말미암은 것임은 물론이다. 원시시대부터 있었던 제의(祭儀)에는 제수품으로 제주(祭酒)를 올리는 일이 필수적인데 이 제의(祭儀)에서 음복이라는 종교의식이 이루어진다. 그러는 사이 주흥이 일면 종교성은 희박해지고 시(詩)·가(歌)·무(舞)의 예술적 서정에 빠져들게 마련이다. 그것이 집단적일 때 그 흥취는 더욱 고조된다.

부여의 영고(迎鼓), 고구려의 동맹(東盟) 예의 무천(舞天) 등 종교적 행사가 그 한 예이다. 예술의 기원은 대개 원시시대의 종합예술에까지 소급되는데 우리네의 예술 활동은 이처럼 술과 연관되어 성하였다. 이리하여 술의 흥취는 예로부터 문학이나 음악 또는 화화 등 여러 가지의 미적 현상화를 통하여 발산되었다.

먼저 고전문학의 경우를 보면 신라 유리왕 9년의 가배(家俳) 행사에 주식(酒食)이 마련되고 백희가무(百戱歌舞)가 성행하였다는 기록이 있다. 당시 어느 여인의 입에서 나오던 회소회소(會蘇會蘇)라 한 시적 탄사는 회소곡의 연유가 되는데 이때 부르던 노래는 필시 술을 마시고 흥겹게 놀던 주흥과 관계된 것임을 알 수 있다.

『삼국유사』에 나오는 구지가(龜旨歌)도 구간(九干) 등의 3월 계욕제의(禊浴祭儀)에서 부른 것으로 전하여 제주(祭酒)에서의 작흥과 관계된 것으로 볼 수 있다. 그러나 상고 문학에 대한 기록은 많지 않아 상세한 언급이 어렵다. 이에 대하여 고려 이후에는 술의 문학이 적지 아니하다. 『청산별곡(靑山別曲)』과 쌍화점, 『한림별곡(翰林別曲)』 등은 술과 관계된 고려의 노래이다.

술 노래는 대개 주흥에서 제작되기 때문에 내용은 취락을 주로 하기 마련이다. 그 대표적인 것이 고종 때의 『한림별곡』의 제4연이다. 여기에는 황금주(黃金酒)와 백자주(柏子酒) 등 일곱 가지의 다양하고 사치스런 술과 앵무잔(鸚鵡盞), 호박배(琥珀杯) 등이 열거되어 있고, 주호(酒豪)로 아름 난 중국의 유령(劉伶)과 도잠(陶潛)을 선옹이라 하여 그들과 같은 낭만을 즐기는 멋이 담겨 있다.

고려의 이규보(李奎報)도 술 없이는 시를 짓지 않았다는 문인이다. 그는 『동국시상국집(東國李相國集)』 권 11란의 주호명(酒壺銘)에서 「술이 거나하여 몸이 풀리고 마음이 활달해지면 춤도 추고 노래도 부르나니 이는 모두 네(酒)가 시킨 것」이라 하여 평소 즐겨하던 가무가 주흥을 이르게 한다고 하였다.

그는 또한 술의 전기로 『국선생전(麴先生傳)』을 지었다. 이는 술에 밝은 작자가 이에 얽힌 고금의 이야기를 전기적으로 서술하여 가전체(假傳体)의 의인화한 작품이다. 임춘(林椿)도 술의 전기로 『국순전(麴醇傳)』을 지었지만 고려 때의 술의 문학은 시와 문을 종합해 볼 때 역시 이규보를 으뜸으로 한다. 조선시대의 술의 문학은 시조와 가사를 통하여 능히 이해할 수 있다. 음주의 낙을 아는 시가 시인이라면 으레 술 노래를 만들었기 때문이다.

조선시대의 시인의 쌍벽으로 일컫는 윤선도(尹善道)와 정철(鄭澈)도 시주 객으로 이름이 나있다. 『산중신곡(山中新曲)』에서 윤선도의 운치 있는 음주의 낭만과 격이 높은 자연애의 홍치를 잘 구사하였다. 「잔 들고 혼자 앉아 먼 뫼를 바라보니 / 그리던 님이 오다 반가움이 하랴 / 말씀도 우움도 아녀 못내 좋아 하노라」

송강(宋江) 문학에서는 고산에 비하여 술의 시가 더 많이 나타난다. 정철(鄭澈)은 지나치게 탐닉됨을 반성하여 단주(斷酒)를 결심한 적이 있는데 그것이 계기가 되어 『주문답 삼수(酒問答 三首)』를 지은 바 있으나 결코 술과 절연 할 수 없다는 것이 이 시조의 내용이다. 특히 정철이 지은 『장진주(蔣進酒)』는 주객들에게 널리 회자되어 오던 술 시조의 하나이다.

시의 제작을 풍류적으로 서정(抒情)의 표출이라고 볼 때 이러한 시적 서정을 자극하고 돕는 중요한 매체는 술이었다. 때문에 주흥을 시정(詩情)으로 한 시문에는 다음의 두 가지 면이 대조적으로 나타난다. 산수와 풍월을 즐기고자 하던 자연애의 심정에서 음주를 하고 시를 짓는 경우와 인생의 무상을 탄하며 실의와 우수를 달래고자 하여 음주하며 시를 짓는 경우의 두 가지이다.

앞에 든 윤선도의 『산중신곡(山中新曲)』은 전자의 경우이고, 정철의 『장진주(蔣進酒)』는 후자의 경우이다. 그러나 이들은 다 같이 술의 흥취를 노래한 데서 공통적으로 풍류적인 면을 느끼게 한다. 이처럼 술의 풍류는 시를 짓게 하고 또 창(唱)의 충동을 일으켰다. 술 하면 시가 나온다는 관념에서 시주(詩酒)는 짝지어진 한 낱말이 되지만 시에 못지않게 술로 연유되는 풍류가 또한 음악임은 『성산별곡』에서 보는 바와 같다. 이 같은 술의 풍류는 고미술에서도 드러나는데 연회 등 주연의 그림에서 많이 본다.

특히 조선조에 그려졌던 각종 계회도(契會圖)를 비롯하여 기로회(耆老會)나 수석역(壽席宴) 또는 시사회(詩社會) 등의 그림에서 음악이 연주되는 가운데 주흥을 돋우며 시주(詩酒)의 풍류를 즐기던 선비들의 멋과 그 흥취를 상상할 수 있다. 16세기 작으로 전하는 「독서당 계회도」를 보면 한강 위에 배를 띄어 놓고 허자(許磁), 송순(宋純) 등 12명의 시객들이 계회(契會)겸 선유하는 모습이 보이는데 그 옆에 띄어 놓은 작은 배는 술통을 실고 물결에 출렁이고 있어 한층 풍류적이다.

영조 때의 화가 김홍도의 「만월대계회도(滿月臺契會圖)」에서는 술잔치의 모습이 한층 간드러지게 무르익은 듯이 보인다. 이는 개성의 송악산 기슭에 있는 만월대에서 수많은 선비들이 계회(契會)를 가지고 돌잔치를 하는 주연을 그린 것이다. 주안상을 앞에 놓고 반원으로 줄지은 선비들, 중앙에는 술병을 놓은 삼족상이 있고 그 앞에 춤을 추는 두 무희, 그리고 젓대를 불고 현악기를 타며 장구를 치는 6명의 악대가 주연의 흥을 돋우고 있는데 그 주위에는 술에 만취된 여섯 선비가 여자의 술잔을 받고 있으며 또한 취하여 엎드러진 선비를 일으키고 있는 동자의 모습 등이 있어 주연의 만화경을 그대로 보인 듯하다.

16세기 말경에 그려진 선조(宣祖) 「기영희도(耆英會圖)」는 나이 많은 7명의 기영(耆英)들이 외상을 앞에 놓고 연주에 맞추어 추는 네 무희의 춤을 감상하며 술잔치를 벌이고 있는 그림이다. 왼쪽 구석에 놓여 있는 술동이는 음주의 흥을 자아내게 하는 회화적 표현이다.

술의 풍류는 또 주기(酒器)나 술 이름에도 나타난다. 술을 담는 그릇으로는 은은한 비색의 고려청자나 순백의 이조백자로 만든 목이 길쭉하여 곡선이 아름다운 술병이 애용되었다. 호박배(琥珀杯), 만호배(瞞瑚杯), 옥배(玉杯), 금배(金杯) 등 사치스런 술잔은 물론 그 모양에 따라 앵무배(鸚鵡杯) 또는 도화배(桃花杯)라 명명하고 이에 술을 따라 마시며 즐기던 음주의 흥취는 퍽이나 인상 깊은 술의 풍류다.

술의 이름에는 술맛을 댕기게 하는 낭만적인 것이 많다. 맛을 더하기 위하여 가향주(加香酒)를 만드는데 그에 따라 명명된 이화주(梨花酒), 두견주(杜鵑酒), 송화주(松花酒), 연엽주(蓮葉酒) 등은 그 이름부터 아름답다. 술 빛이 흰 아지랑이와 같다는 비유에서 붙여진 백하주(白霞酒), 푸른 파도와 같다는 데서 붙여진 녹파주(綠波酒) 일명 경면녹파주(鏡面綠波酒), 푸르고 향기롭다는 데서 붙여진 벽향주(碧香酒), 맛이 좋아서 차마 삼켜 마시기 아쉽다는 데서 붙여진 석탄주(惜呑酒), 이들은 모두 주색들의 멋진 발상에서 나온 술 이름이다.

술을 즐기던 우리 조상들은 이처럼 솜씨 좋은 가향주를 자랑하기도 하고, 생애는 주일배(酒一杯)라는 식의 낭만적인 멋을 터득하기도 하며 곡수유상(曲水流觴)의 흥취를 즐기기도 하였으니 이에서 나온 미적 감흥은 곧 술의 풍류가 되고 곧 술의 예술이 된 것이다.

제 2 장

누 룩

1. 누룩의 개요

술 제조에 관여하는 미생물은 누룩을 만들어 자연계에서 생육시켰다. 누룩의 품질은 술 제조에 있어서 일차적으로 영향을 미치는 요인이 된다. 우리나라에서는 『고려도경(高麗圖經)』에 처음 누룩에 관한 기록이 보이는데 『삼국유사(三國遺事)』, 『삼국사기(三國史記)』 등의 문헌에 기록이 보이는 것으로 미루어 삼국시대에 누룩이 있었을 것으로 추측된다. 그리고 구체적인 제조법은 『사시찬요초(四時纂要秒)』, 『규곤시의방(閨壼是議方』 등 조선시대의 문헌에도 많이 수록되어 있는데, 이에 의하면 누룩의 재료로는 밀과 쌀, 녹두, 보리 등이 이용되었다.

한말(韓末)에 이르러서는 밀가루로 만드는 분국(粉麴) 그리고 밀과 밀기울을 섞어서 만드는 조국(粗麴)으로 나누어 용도를 달리 하였고, 함경도 지방에서는 귀리, 겉보리, 피 등을 술지게미와 섞어서 찐 것을 원료로 하기도 하였다.

누룩의 제조는 대부분 농가에서 부업으로서 여름철과 가을철에 소규모로 하였으나 1927년부터는 회사를 설립하여 생산공업으로 자리를 굳히게 되었다. 그 후 소주를 생산하는 지방에서는 누룩이 소주제조용 흑국(黑麴)으로 바뀜에 따라 누룩 생산이 감소하여 약주용으로만 남게 되었다. 1940년대 들어 와서 개량식 제국법으로 통일화 되었으며, 1950년 이후부터는 누룩개량법이 다각도로 시도되었다. 요즈음에는 밀가루로 만든 분국(粉麴)과 밀을 세 조각으로 깨어서 얻은 가루와 밀가루로 만든 조국(粗麴)으로 나누어 그 용도를 달리 하고 있다.

분국(粉麴)은 약주 · 과하주용으로 쓰고, 조국(粗麴)은 탁주 · 소주용으로 쓰고 있다. 여기에 누룩의 효소역가를 높여 술의 생산량과 주질(酒質) 개량의 차원에서 순수 누룩곰팡이를 한두 종류를 혼합 접종하여 사용하는 양조장도 있다.

누룩의 품질은 술의 맛과 향, 그리고 알코올 농도를 결정하는 중요한 요소로 작용한다. 누룩은 밀(小麴), 쌀(米), 보리(大麥) 그리고 녹두(綠豆) 등의 곡류를 가루낸 후 적당히 수분을 가하고 반죽하여 만든다. 누룩에는 전분을 당화시키는 곰팡이인 국균이 주로 번식되며 이를 '국(麴)' 또는 '곡(麯)'이라 한다. 국균 이외에도 공기 중에 있던 효모균, 유산균 등이 함께 번식하는데, 이때 누룩곰팡이와 효모가 잘 숙성될 수 있는 환경을 만들어 주면 질 좋은 누룩을 얻을 수 있다.

우리 조상들은 전통적으로 통밀을 갈아서 밀누룩을 만들었다. 밀누룩은 밀을 껍질째 갈아서 만들기 때문에 껍질 속에 풍부한 단백질, 비타민, 효소 등이 누룩곰팡이균을 균일하게 번식시켜 다른 곡류보다 발효성이 좋다. 특히 밀누룩을 사용하여 빚은 술은 다른 누룩으로 빚은 술보다 깊은 맛과 향이 있다.

한방에서는 누룩을 '신국(神麴)', '신국(神麯)' 또는 '약누룩' 이라고 하여 약용으로도 사용하였다. 『동의보감(東醫寶鑑』(1663년)에는 누룩의 성질에 대해 「누룩은 독이 없고 소화를 도우며 이질을 치료하는 약재」라고 기록되어 있다.

누룩이란 술을 빚을 때 사용하는 발효제로서 효소를 생산하는 곰팡이를 곡류에 번식시킨 것이다. 누룩곰팡이는 그 빛깔에 따라 황국균(黃麴菌), 흑국균(黑麴菌), 홍국균(紅麴菌) 등이 있다. 우리의 막걸리나 약주에 쓰이는 것은 주로 황국균이다.

누룩은 한문으로 국(麴) 또는 국(麯)으로 표기한다. 국(麴)은 살균한 배지에 원하는 미생물을 인공적으로 접종한 경우에 사용되고, 국(麯)은 미생물을 자연 접종한 경우에 사용되나 문헌에는 이 두 자를 혼동해서 사용한 경우가 많고 고지(koji)를 개량국자라 부르기도 한다. 누룩을 한방에서는 신국(神麴)이라고 하는데 소화제의 구실도 해왔다. 누룩곰팡이는 녹말 분해효소, 단백질 분해효소 등을 생산하므로 그만한 근거가 있는 것이다.

누룩은 밟는 시기에 따라 춘국(春麴 : 1～3월), 하국(夏麴 : 4～6월), 추국(秋麴 : 8～10월), 동국(冬麴 : 11～12월)으로 구별하기도 한다. 누룩이 처음에 만들어진 것은 중국의 춘추 전국시대로 알려져 있다. 우리나라에서는 삼국시대 이전으로 보고 있다.

1.1 막 누룩의 일반 제법

누룩의 제조 시기는 초복 이후가 가장 좋으며, 중복 뒤나 말복 뒤는 그 다음으로 좋다. 막누룩의 일반적인 제법은 ① 밀을 거칠게 빻아서 고운체로 밀가루를 1/5 정도 빼고 남은 밀기울에 물을 조금 부어 바슬바슬하게 고루 버무린다. ② 밀기울이 겨우 엉킬 정도로 물을 넣고(2할 정도) 비빈 것을 누룩틀(고지)이나 그릇 같은 것에 보자기를 싸서 눌러 발로 단단히 밟아서 누룩의 형을 만든다. 누룩을 반죽할 때 물기가 많아서 질면 술이 붉고 곡자 냄새가 난다. 그러므로 물을 적게 사용하도록 하고 처음부터 물을 다 넣지 말고 반죽을 하면서 조절한다. ③ 짚을 깔고 디딘 누룩을 펴놓고 그 위에 또 짚을 덮어서 띄운다. 양력 7~8월 날이 더울 때는 헛간에 짚을 깔고 가마니 등으로 살짝 덮어 바람이 설렁설렁 들게 하고 자주 뒤집어 준다. ④ 3일간 띄우면 40℃ 정도의 열을 내어 열 오르기 10일, 또 열 내리기 10일, 총 20일 정도 완성시킨 후 건조한 곳에 2~3개월 저장 숙성시킨 후 사용하면 좋다. 저장기간은 최소한 1개월 이상이라야 한다. 이것을 일반적으로 곡자라 한다.

1.2 조선시대의 누룩

조선시대의 누룩을 기술한 고문헌들을 문헌별(연대별), 편찬자, 연대, 주요 내용을 정리하여 표 2-1에 나타내었다.

표 2-1. 조선시대의 누룩을 기술한 고문헌

책 명	편찬자	연 대	주요 내용
사시찬요초 (四時纂要抄)	강희맹 (姜希孟)	성종 때 (1469~1494)	농업서적, 식품재료 생산서 세종의 명으로 편찬[조국(造麴)]
음식디미방 (飮食知味方) 규곤시의방 (閨壼是議方)	안동 장씨 (安東 張氏)	1680년 1670년 숙종 때 초기	일반요리, 식품가공서, 술 51종, 향온국(香醞麴), 이화주국(梨花酒麴)
동국세시기 (東國歲時記)	홍석모 (洪錫謨)	현종 15년 (1849년)	시문집, 우리나라의 연중행사 및 풍속을 설명한 책
고사촬요 (攷事撮要)	어숙권 (魚叔權) 박희현 (朴希賢) 증보	명종 9년 (1613년)	식생활 종합서, 식품가공서, 술 10종, 구산주법(救酸酒法), 구산법(救酸法), 내국향온법(內局香醞法)
색경(穡經)	박세당 (朴世堂)	숙종 2년 (1676년)	식품재료 생산서, 신국(神麴)
민천집설(民天集說)	강희맹 (姜希孟)	1752~1822년	식생활 종합서, 가정백과전서, 신국(神麴)

(계속)

책 명	편찬자	연 대	주요 내용
동의보감(東醫寶鑑)	허준(許浚)	1611년	응용영양서, 의서, 신국(神麴)
주방문(酒方文)	하생원(河生員)	1600년대 후기	이화주국(梨花酒麴)
규합총서(閨閤叢書)	빙허각 이씨	1815년	이화주국(梨花酒麴)
주방(酒方)	찬자 미상	1800년대 초기	이화주국(梨花酒麴)
주찬(酒饌)	찬자 미상	1800년대 초기	이화주국(梨花酒麴)
양주방(釀酒方)	찬자 미상	1837년	이화주국(梨花酒麴)
김승지댁방문(金承旨宅方文)	찬자 미상	1860년	이화주국(梨花酒麴)
음식방문(飮食方文)	찬자 미상	1800년대 중엽	이화주국(梨花酒麴)
역주방문(歷酒方文)	찬자 미상	1800년대 중엽	이화주국(梨花酒麴)
증보산림경제(增補山林經濟)	유중임(柳重臨)	영조 42년(1767년)	식생활 종합서, 가정백과전서, 술 62종, 조국(造麴), 구산주법(救酸酒法), 작주부본법(作酒腐本法) 녹두국(綠豆麴), 미국(米麴), 요국(蓼麴), 모국(麰麴), 면국, 이화주국(梨花酒麴)
태상지(太常志)	이근명(李根命)	1873년	정법(政法), 예법서, 조국(造麴), 양주, 조맥아, 맥국법(麥麴法), 면국(麵麴)
임원십육지(林園十六志)	서유구(徐有榘)	순조 27년(1827년)	식생활 종합서, 가정백과전서, 술 284종, 치국법(治麴法), 내부비전국, 맥국법, 요국(蓼麴), 미국(米麴), 백국(白麴), 모국(麰麴), 향온국, 홍식, 면국, 이화주국
농정회요(農政會要)	최한기(崔漢綺)	1830년	내부비전국, 녹두국, 동양주국(東陽酒麴), 요국(蓼麴), 미국(米麴), 백국, 모국(麰麴), 홍국(紅麴), 이화주국, 신국(神麴)

(계속)

책 명	편찬자	연 대	주요 내용
조선무쌍신식요리제법(朝鮮無双新式料理製法)	이용기(李用基)	1924년	내부비전국(內府秘傳麴), 이화주국, 홍국, 미국(米麴), 백국(白麴), 모국(麰麴)
온주법(蘊酒法)	찬자 미상	1700년대 후기	녹두국(綠豆麴), 이화주국(梨花酒麴)
군학회등(群學會騰)	?	1800년	일반요리, 식품가공서, 녹두국(綠豆麴), 요국(蓼麴), 미국(米麴)
오주연문장전산고(五州衍文長專散稿)	이규경(李圭景)	1850년	기타 총서, 녹두국(綠豆麴), 홍국(紅麴)
산림경제(山林經濟)	홍만선	숙종 41년(1915년)	식생활 종합서, 가정백과전서, 요국(蓼麴), 신국(神麴), 향온국(香醞麴)
고사십이집(攷事十二集)	서명호(徐命浩)	정조 11년(1787년)	식생활 종합서, 가정백과전서, 요국(蓼麴), 이화주국(梨花酒麴)
감서종식법(甘緖種植法)	유중임(柳重臨)	1766년	구황서, 서류서, 요국(蓼麴), 이화주국
고사신서(攷事新書)	서명호(徐命浩)	영조 47년(1771년)	식생활 종합서, 가정백과전서, 요국(蓼麴), 이화주국(梨花酒麴)
학음잡록(鶴陰雜錄)	보유	1800년 말엽	식생활 종합서, 가정백과전서, 요국(蓼麴)
산림경제촬요(山林經濟撮要)	찬자 미상	1800년대 중엽	식생활 종합서, 가정백과전서, 미국(米麴)
농가월령가(農家月令歌)	찬자 미상	순조 16년(1861년)	농서, 월령시, 요국(蓼麴), 이화주국
조선주조요제(朝鮮酒造要提)	찬자 미상		이화주국(梨花酒麴), 미국(米麴)
본초강목(本草綱目)	이시진(李時珍)	1552년~1578년	신국(神麴), 백국(白麴), 미국(米麴), 홍국(紅麴), 모국(麰麴), 면국(麵麴)

1.3 문헌에 기록된 조선시대 누룩의 종류

고려시대까지는 누룩 제조방법을 기록으로 남겨 놓은 문헌을 찾을 수 없으나, 조선시대에는 누룩의 재료와 제조방법을 여러 문헌들을 통하여 자세하게 기록으로 남겨 놓고 있다.

조선시대 농서(農書)인 『사시찬요초(四時纂要抄)』(15세기경)에는 계절에 따른 술 빚기, 누룩 만들기, 장 담그기 등이 수록되어 있으며, 한글로 서술된 최초의 음식 조리서인 『음식디미방(飮食知未方)』(1670년)과 농사요결서인 『증보산림경제(增補山林經濟)』(1766년) 등에서도 누룩 제조법에 관한 기록을 볼 수 있다.

조선시대 누룩의 종류는 내부비전국(內府秘傳麴), 녹두국(綠豆麴), 동양주국(東陽酒麴), 맥국법(麥麴法), 요국(蓼麴), 미국(米麴), 백국(白麴), 모국(麰麴), 신국

표 2-2. 조선시대의 누룩의 종류와 문헌

누룩 종류	문 헌
내부비전국(內府秘傳麴)	임원십육지, 농정회요, 조선무쌍신식요리제법
녹두국(綠豆麴)	증보산림경제, 온주법, 농정회요, 군학회등, 농가월령가
동양주국(東陽酒麴)	농정회요, 오주연문장전산고
맥국법(麥麴法)	태상지, 임원십육지
요국(蓼麴)	산림경제, 고사십이집, 증보산림경제, 감서종식법, 고사신서, 임원십육지, 농정회요, 학음잡록, 군학회등, 농가월령가
미국(米麴)	본초강목, 증보산림경제, 임원십육지, 농정회요, 조선주조요제, 군학회등, 산림경제제요, 조선무쌍신식요리제법, 농가월령가
백국(白麴)	본초강목, 임원십육지, 농정회요, 조선무쌍신식요리제법
모국(麰麴)	증보산림경제, 본초강목, 임원십육지, 농정회요, 조선무쌍신식요리제법
신국(神麴)	본초강목, 봉의보감, 색경, 산림경제, 민천집설, 농정회요
이화주국(梨花酒麴)	음식디미방, 주방문, 산림경제, 고사십이집, 증보산림경제, 감자종식법, 고사신서, 온주법, 해동농서, 규합총서, 주방, 주찬, 임원십육지, 농정회요, 양주방, 김승지댁 주방문, 음식방문, 역주방문, 조선무쌍신식요리제법, 농가월령가
면국(麵麴)	본초강목, 증보산림경제, 임원십육지, 조선무쌍신식요리제법
홍국(紅麴)	본초강목, 임원십육지, 농정회요, 오주연문장전산고, 조선무쌍신식요리제법
향온국(香醞麴)	음식디미방, 산림경제, 임원십육지

(神麴), 이화주국(梨花酒麴), 면국(麵麴), 홍국(紅麴), 향온국(香醞麴) 등이 있으며, 기록된 문헌은 표 2-2와 같다.

1) 『사시찬요초(四時纂要抄)』와 『음식디미방』 속의 누룩(1688년경)

『사시찬요초(四時纂要抄)』(成宗代)에서 누룩 만들기를 다음과 같이 설명하고 있다. "복중(伏中)에 누룩을 만든다. 누룩이 좋지 않으면 술의 맛이 박(薄)하다. 보리 열 말, 밀가루 두 말로 누룩을 만든다. 녹두 즙(汁)에 여뀌와 더불어 반죽하여 밟아서 떡처럼 만들어 연잎과 도꼬마리 잎으로 싸서 바람이 잘 통하는 곳에 걸어서 말린다. 누룩은 반죽을 단단하게 하고 강하게 밟아야만 좋은 누룩이 된다. 그렇지 않으면 좋은 술이 되지 않는다"는 것이다. 보리와 밀가루를 섞어서 만든 막 누룩이다.

다음은 『음식디미방』(1680년)의 누룩 만들기를 알아보자. "시기는 6월과 7월 초순이 좋다. 누룩의 분량은 밀기울 닷 되에 물 한 되씩을 섞어 꽉꽉 밟아 디디고, 비 오는 날이면 더운물로 디딘다. 더울 때이니 마루방에 두 두레씩 매달아 자주 뒤적거리고 썩을 우려가 있을 때는 한두 차례씩 바람벽에 세운다. 날씨가 서늘하면 고석(짚방석)을 깔고 서너 두레씩 늘어놓고 위에 또 고석을 덮어놓고 썩지 않게 자주 골고루 뒤집어 가며 띄운다. 거의 다 뜬 것을 하루쯤 볕에 쬐어 다시 거두어 더 뜨게 한다. 이것을 여러 날 두고 밤낮으로 이슬을 맞히는데 비가 올듯하면 거두어들인다."고 하였다. 이것도 막 누룩이다. 하여튼 막 누룩(餠麴)은 잘 밟아야 한다. 이에 관한 고사(故事) 하나를 소개한다.

고려 말의 문신인 조운흘(趙云仡)은 조선 초에 강릉 태수(太守)가 되었다. 태수(太守)로 있으니 객(客)이 끊일 사이 없고 그 때마다 술대접을 해야 한다. 술이 좋으면 객이 더욱 찾게 되니 하인들이 말하기를 "누룩을 잘 밟으면 단단해져 술맛이 좋다. 강릉 태수의 술이 잘 되었다 하면 객이 더 모여들게 된다. 슬슬 밟아서 술맛이 나쁘도록 하라"는 것이다. 그 후 그렇게 만든 누룩으로 술을 빚으니 술맛이 약하고 산미가 많다. 객이 오면 이러한 술을 두어 잔 권하고는 술맛이 나빠서 권할 수 없다면서 술상을 물리고 하였다는 것이다. 그런데 조선 명종대(明宗代)의 김안국(金安國)은 여주에 은둔하고 있을 때 조운흘(趙云仡)의 고사를 생각하고 누룩을 잘 밟지 않고 이것으로 술을 만들어 쓰니 술맛이 시고 텁텁하였다. 손과 술을 나누면서 한 수의 시로서 풍자하였다.

"누룩은 풍미(風味)로서 만드는데
이다지도 신술이 나오나
이 술이야 어찌 그대의 근심을 덜겠나.

강릉태수(江陵太守)의 축객(祝客)을 비웃을 때
촌노(村老)로 하여금 그 법을 가르칠 뿐이지."

2) 『동국세시기(東國歲時記)』와 『고사촬요(故事撮要)』 속의 조선시대의 누룩(1500년경)

『동국세시기』에서는 6월 유두곡(流頭麯)이라 해서 6월은 술보다 누룩을 빚는데 적당한 달로서 옛날부터 유두일(流頭日)을 맞아 누룩을 만드는 행사가 중요하다고 하였다. 『고사촬요(故事撮要)』에는 소면곡(小麵麯)을 만드는 법이 나오는데 「밀을 갈아서 가루를 치지 말고 반드시 반 두레에 한 말씩 넣고 빻아온 녹두를 한 홉씩 섞어 만들어라」라고 하였다.

3) 『증보산림경제(增補山林經濟, 조선시대, 1700~1800년)』 속의 누룩

『증보산림경제』(1766년)의 구체적 누룩 만들기는 『음식디미방』의 경우와 거의 같고, 여기서는 국(麴)을 곡(麯)이라고 표기하였다. 국(麴)과 곡(麯)은 같은 뜻의 자(字)이다. 그리고 술맛의 좋고 나쁨은 오직 누룩의 좋고 나쁨에 있다고 하였다.

(1) 조국(造麯)의 길일(吉日)

신미(辛未)·을미(乙未)·경자(庚子)는 누룩 만들기의 길일(吉日)이다. 삼복(三伏) 중에 만들면 벌레가 생기지 않고 초복(初伏)이 지난 후가 가장 좋으며, 중복(中伏) 뒤나 말복(末伏) 전이 다음이다. 한편 목일(木日)에 누룩을 만들면 술이 시어진다. 또 매월 삭일(朔日 : 초하룻날)에 만들면 좋다.

(2) 국(麯)의 종류

진면국(眞麵麯 : 밀가루를 단단히 반죽하고 원판모양)으로 하되 작게 하고 도랑이 있다. 여기서는 조국(粗麯 : 밀가루·밀기울을 섞어 만든 막 누룩)과 분곡(紛麯 : 밀가루 막 누룩)을 나누어 설명하지 않고 있다.

(3) 요국(蓼麯)

쌀 알맹이에 밀가루를 부착하여 종이 주머니에 넣어 곰팡이 번식을 꾀하니 주머니 속에서 균사(菌絲) 때문에 약간 단단한 덩이모양이 된다. 그러나 막 누룩과 달리 쉽게 낱알 모양으로 환원할 것이므로 낱알 흩임 누룩(準散麯 : 준산국)이라고 볼 수 있다.

(4) 녹두국(綠豆麯)

녹두로 빚은 누룩으로, 조신시대 사온서(司醞署)에서 향온주를 만들 때 사용하던 특수한 누룩이다. 녹두는 해독효과가 있고 술의 향을 좋게 하는 재료이다. 녹두국을 만들 때는 물에 불린 쌀과 찐 녹두를 절구에 넣고 찧어 작고 얇은 모양으로 누룩을 디딘다. 이때 습기가 있으면 오랫동안 두고 사용할 수 없으므로 물을 적게 넣는 것이 특징이다.

(5) 미국(米麯)

쌀가루를 약간 쪄서 누룩을 디디고 솔잎에 묻어 띄운다.

(6) 추모국(秋麰麯)

가을보리로서도 누룩을 디디지만 술맛이 세지 않다.

(7) 이화주법(梨花酒法)의 국(麯)

쌀가루를 달걀만한 덩이로 하여 독 속에서 솔잎으로 격을 지어 넣는다. 7일 지나서 꺼내어 반나절 말리는 일을 되풀이해서 완전 건조하면 종이주머니에 넣어둔다. 이화(梨花)가 핀 후 곧 여름이 지나서 술 빚는 데 쓴다.

(8) 국(麯)의 재료

재료는 밀과 쌀이 주가 되고, 녹두가 다음이며 보리는 드물다. 밀은 잘게 쪼갠 알맹이, 쌀은 곱게 가루 내어 사용하고 쌀 알맹이에 밀가루를 부착시킨 것도 있고, 녹두는 즙액(汁液) 또는 난도물(爛搗物)이 사용된다. 재료처리는 가볍게 찐 것도 있기는 하나 거의 전부 날 것이 쓰이고 있다.

(9) 국(麯)의 성형

반죽한 것을 헝겊・짚・풀잎 등으로 싸서 발로 밟는 일이 많고, 헝겊・짚・풀잎을 깐 누룩틀(고지)에 넣어서 밟는 일도 있다. 형태는 원판상이 대부분이고, 이른바 막누룩(散麴)이다.

4) 『농가월령가(農家月令歌)』 속에서 조선시대의 누룩(1800년경)

『농가월령가』(1813년)에서는 「밀기울 한데 모아 누룩을 디디어라」란 구절이 나온다.

5) 『**태상지**(太常志)』**와** 『**임원십육지**(任員十六志)』 **속의 조선시대 누룩** (1800년경)

『태상지(太常志)』(1873년)의 조국법(造麯法)을 보면 밀 15석(石)에 녹두 엿 말, 엿 되 닷 홉을 반죽하여 잘 디딘다고 하였다. 『임원십육지』(1823년)에는 맥국법(麥麴法)·면국법(麵麴法)·홍국(紅麴)·황의(黃衣)·여국(女麴)의 제법 등을 주로 중국 문헌을 이용하여 소개하고 있다. 그런데 조선시대의 궁중용 누룩 만들기는 술빚기와 더불어 내자사(內資寺)에서 다스리고 있었다.

2. 누룩의 종류에 따른 누룩 디디기

2.1 국(麴)

1) 『음식디미방』

6월에 밀기울 닷 되에 물 한 되로 반죽하여 누룩틀에 베보자기를 깔고 누룩 감을 넣고 싸서 발뒤꿈치로 단단히 밟는다. 자주 뒤슬러서 썩지 않게 고루 띄운다. 띄운 후에 볕에 말려 재운 뒤 다시 뜨면 여러 날 이슬을 맞힌다. 특히 비올 때는 물을 끓여 쓴다.

2) 『산림경제』

여뀌를 따서 녹두즙액과 및 열 근, 밀가루 두 근을 섞어 반죽한다. 누룩을 단단히 디뎌서 한 덩이마다 연잎이나 도꼬마리 잎으로 꼭 싼다. 서늘한 곳에 매달았다가 10월에 갈무리해 둔다. 초복 후, 중복 후, 또는 말복 전에 디딘다.

3) 『온주법(蘊酒法)』

초복과 중복의 경우에 재료를 물에 넣고 갈아 기울을 섞어서 틀에 넣어 디딘다. 말복에는 녹두만 거피하여 여뀌 잎 두 섬과 섞어 맷돌에 갈아 그 즙에 기울을 섞어 디딘다. 초복, 중복, 말복에 디딘 누룩은 닥 잎으로 잘 싼 후 다시 잣 잎으로 싸서 바람 없는 음지에서 여러 날 뜨게 한 후 햇살 드는 곳에 둔다.

술 빚을 때에 누룩을 밤낮으로 볕에 5~6일간 바래어 깨끗이 한 후 가루를 내어 쓴다. 녹두가 적거든 날씨에 따라 한 되씩 더 넣는다. 초복에는 기울 한 근, 녹두 한 되, 중복에는 기울 한 근, 녹두 두 되, 말복에는 기울 한 근, 녹두 서 되이고 여뀌 잎은 두 섬이다.

4) 『임원십육지』

『증보산림경제』를 인용하여 나무로 작은 되 크기만 하게 만든 우물정자의 틀에 베 보자기를 편 후 피마자 잎으로 다시 덮고, 보자기로 싸서 문철(門凸)모양으로 단단히 밟는다. 누룩의 가운데가 우묵하지 않으면 물기가 모여 썩을 염려가 있다.

『옹회잡지』를 인용하여 8～9월에 짚을 이어 겨를 담고 한 덩이에 한 냥중의 누룩을 담아 따뜻한 곳에 둔 지 5～6일 만에 바람 부는 곳에 내었다가 곧 도로 덮어 놓은 지 21일 만에 띄워진다. 50～60일이면 쓸 수 있다.

2.2 내부비전국(內府秘伝麴)

밀가루, 녹두에다 황미(黃米)를 가루 내어 함께 섞어 빚는데 둥글게 빚지 않고 네모난 모양(方麴)으로 빚는다.

1) 『임원십육지』

『준생팔전』을 인용하여 삼복 안에 녹두 서 말을 먼저 갈아 까불러 껍질을 물에 담가놓고 누런 쌀 네 말을 갈아서 밀가루 백 근과 녹두가루를 녹두껍질 물을 쳐가며 반죽을 되게 하여 밟아서 네모진 모양으로 만든다. 대광주리에 넣어 햇빛에 바랜지 60일이면 완성된다.

2.3 녹두국(綠豆麴)

쌀과 녹두를 각 한 말씩 갈아서 잘고 얇게 디딘다. 『온주법』에는 녹미주국(綠米酒麴), 『양주방』에는 백수 환 동주 누룩으로 표기되었다.

1) 『증보산림경제』

쌀과 녹두를 물에 담가 하룻밤 지난 후 녹두를 멍석 위에서 반 정도 건조시킨 다음 물 머금은 쌀과 찐 녹두를 돌절구에 넣고 찧어 누룩 덩어리를 작고 얇은 모양으로 단단히 디딘다. 만약 습기가 있으면 좀이 살아서 오래 두고 쓰기 곤란하므로 물을 적게 넣는다. 여름 양조용으로 쌀 한 말에 누룩 두 되를 넣어 빚으면 청량하지만 쌀을 닷되만 사용해도 된다. 밀가루를 사용할 때는 소량을 쓰고 찹쌀을 사용할 수도 있다.

2)『온주법』

▶ 재료 : 찹쌀 닷 되, 커피, 녹두 한 말, 솔잎

찹쌀을 하룻밤 물에 담갔다가 가루 낸 것과 거피하여 찐 녹두를 섞은 후 다시 찧어 오리알 크기로 쥐어서 솔잎으로 짠 것을 띄운다. 바람 부는 곳에 가끔 내놓았다가 21일 만에 볕에 말려 술 빚는 데 사용한다.

봄 양조용으로 사용된다.

3)『양주방』

▶ 재료 : 녹두 한 말, 찹쌀 닷 되, 솔잎

정월 초열흘 전에 녹두를 맷돌에 타서 껍질을 벗겨 겨우 익을 만큼 쪄서 찧은 것과 가루 낸 찹쌀을 켜켜로 넣어 한데 섞이거든 이화주국 만한 크기로 쥐어서 솔잎에 재워 두었다가 7일 만에 뒤적이고, 14일 만에 바람 쐬어 21일 만에 말려 둔다.

여름 양조용으로 사용된다.

2.4 동양주국(東陽酒麴)

연꽃, 도꼬마리, 담죽(淡竹)의 잎, 날삼 등을 큰 병에 받아 물을 넣어서 77일간 둔 후 잘 이겨 거르고 그 즙으로 녹두를 삶아 둔다. 다음 도인(桃仁 : 복숭아씨 알갱이), 천오두(川烏頭 : 중국 사천성에서 나는 약재. 오두의 원뿌리), 행인(杏仁 : 살구 씨의 껍데기 속의 알갱이) 등을 잘라서 밀가루와 녹두를 섞어 밟아낸 것을 뽕나무 잎에 싸서 바람이 잘 통하지 않는 곳에서 3～5일간 두었다가 누룩방의 문을 열고 통풍시키면서 건조시켜 얻는다.

1)『농정회요』

▶ 재료 : 밀가루 백 근, 복숭아씨 서 근, 살구 씨 서 근, 바곳뿌리 한 근, 녹두 닷 되, 목향 네 냥, 품질 좋은 육계(肉桂) 여덟 냥, 매운 여뀌 열 근, 매화 열 근, 도꼬마리 열 근

밀가루, 복숭아씨, 살구 씨, 바곳뿌리, 바곳을 껍질 벗겨 준비하고 목향, 육계, 매운 여뀌는 물에 7일 동안 담갔다가 매화에 물이 스미게 하고 창이 잎을 준비한다. 목향, 육계, 매운 여뀌 담근 물에 녹두를 삶아내어 빚는다. 여뀌 등 세 가지 맛이 녹두를 삶을 때 함유되도록 빚는다.

한 섬의 쌀에 누룩 열 되를 넣어 술을 빚으면 술이 많이 나오고 독하지 않다.

2.5 요국(蓼麴)

찹쌀, 밀가루, 달인 여뀌 즙을 사용하여 디디지 않고 만드는 흩임 누룩(散麴)으로 주머니 속에서 균사가 생겨 약간 단단한 덩어리 형태가 되는 누룩이다.

1) 『산림경제』

▶ 재료 : 찹쌀, 밀가루, 여뀌 즙, 종이 봉지

『신은(新隱)』을 인용하여 찹쌀을 달인 여뀌 즙에 하룻밤 담갔다가 건져내어 밀가루와 고루 섞어 종이 봉지에 담는다. 바람 드는 곳에 저장하며 한여름에 만든다.

두 달이면 쓸 수 있다. 이 누룩으로 술을 빚으면 진한 술이 된다.

2.6 미국(米麴)

쌀가루를 약간 쪄서 여뀌 즙으로 반죽하여 누룩을 디디고, 닥나무 잎, 솔잎에 묻어서 띄운 것이다. 특별히 찹쌀가루로 디뎌서 눈같이 흰 누룩을 설향국(雪香麴)이라 한다.

1) 『본초강목』

▶ 재료 : 찹쌀가루 한 말, 천연 여뀌 즙, 닥나무 잎

찹쌀가루를 천연 여뀌 즙과 반죽하여 둥글게 만든 것을 닥나무 잎으로 싸서 바람 드는 곳에 매달아 두면 49일 후에는 쓸 수 있다.

2) 『증보산림경제』

정월 초하루에 쌀이나 찹쌀을 물에 담갔다가 가루 내어 약간 찐 후 단단히 디딘 것을 솔잎에 싸서 띄운다. 술을 빚을 때 쌀 한 말에 누룩가루 두 되를 넣으면 맛이 독하다.

2.7 백국(白麴)

밀가루에 찹쌀가루를 더 넣어 빚은 누룩이다.

1)『본초강목』

▸ 재료: 밀가루 닷 근, 찹쌀가루 한 말, 닥나무 잎

밀가루, 찹쌀가루를 우물물로 반죽하여 체에 친 후 누룩을 디딘다. 닥나무 잎으로 싸서 바람 드는 곳에 매달아 둔다. 50일 후면 쓴다.

2)『임원십육지』

『준생팔전』을 인용하여 밀가루 한 상(相), 찹쌀가루 한 말을 축축하게 버무려 냉건습을 고루 조절하여 체에 받힌 가루를 단단히 디디고 종이로 싸서 바람 부는 곳에 50일 동안 걸어 두었다가 낮에는 볕에 말리고, 밤에는 이슬을 맞혀 바랜다.

2.8 모국(麰麴)

보리를 이용하여 디딘 누룩이다.『증보산림경제』에 추모국(秋麰麴)이라 하고 봄보리보다는 가을보리를 이용하여 디딘 누룩이 술맛이 독하지 않다고 하였다.『임원십육지』는『증보산림경제』를 인용하여 춘모국, 추모국,『본초강목』을 인용하여 맥국(麥麴)이라 하고 맥국은 6월 6일에 디딘다고 하였다.

2.9 신국(神麴)

중국 누룩으로 여섯 신(神)의 색과 비슷한 여섯 가지 생물이나 곡물을 넣어 신(神)들이 모여 회의하는 날인 6월 6일에 디디는 누룩이다.

〈육신(六神)의 누룩〉

백호(白虎) - 백출(白朮)	청룡(靑龍) - 청호(菁蒿)
구진(句陳) - 창이(蒼耳)	현무(玄武) - 행인(杏仁)
등사(螣蛇) - 야요(野蓼)	주작(朱雀) - 적두(赤豆)

1)『본초강목』

▸ 재료: 밀가루 백 근, 청호菁蒿) 자연즙 서 되, 붉은팥 서 되, 행인(杏仁) 서 되, 창이 즙, 여뀌 즙

『제민요술』을 인용하여 신(神)들이 모여서 회의하는 날인 5월 5일, 6월 6일 혹은

삼복 일에 재료를 배합하는데, 이는 육신인 백호(西), 구진(中央), 등사(中央), 청룡(東), 현무(北), 주작(南)의 배합이다. 이 즙과 밀가루, 콩, 행인을 섞어 떡을 만들어 닥 잎이나 마 잎으로 싼다. 생황이 입히기를 기다리며 자주 들여다본다.

2) 『동의보감』

6월 6일에 기울 섞인 메밀가루 스물 닷 근, 창이 자연즙 한 되, 여뀌 잎 자연즙 한 되 세 홉, 청호(제비 쑥) 자연즙 한 되, 행인(연한 것) 한 되 서 홉, 붉은팥(삶아 찧어 연한 것) 한 되를 삼복 안의 상인일(上寅日)에 단단히 닫는다.

2.10 이화주국(梨花酒麴)

쌀가루를 알 크기만큼씩 쥐어서 짚이나 솔잎으로 싸서 가마니로 덮어 놓았다가 7일마다 뒤적거리고 잘 띄워지면 꺼내어 볕에 말렸다가 거풍하며, 양조할 때에 고운 가루를 내어 사용한다고 하였다.

1) 『음식디미방』

쌀 세 말을 가루로 하여 크기는 주먹크기로 뭉쳐서 짚으로 싸 빈 가마니에 담아 더운 구들에 두고 자주 뒤슬러서 누렇게 띄운다.

2) 『산림경제』

『신은(新隱)』을 인용하여 1월 1일 3일 전에 찹쌀을 여뀌 즙에 하룻밤 담갔다가 건져내어 마른 밀가루와 고루 섞어 드는 것은 체로 건져 버리고 종이 봉지에 담아 바람맞이에 저장하여 한여름에 만든다. 두 달이면 쓸 수 있으니 술을 빚으면 아주 진국 술이 된다고 하였다.

2.11 면국(麵麴)

밀가루를 반죽하여 누룩틀에 넣고 밟은 것으로 밀가루로만 만든 것을 분국(粉麴)이라 하고, 밀가루와 밀기울을 섞어서 만든 것을 조국(粗麴)이라고 한다.

1) 『증보산림경제』

5~6월 상인일(上寅日)에 밀가루를 원형으로 작고 얇고 굳게 디딘다.

2)『임원십육지』

밀을 깨끗이 맷돌에 갈아 놓고 또 녹두를 맷돌에 갈아 두부같이 물을 짜고 여뀌 잎을 짓이겨 녹두 물에 비비면 쑥물같이 물빛이 맑고 또 맵다. 그때 그것을 밀가루와 합해서 한 덩어리에 닷 되씩 틀에 넣고 단단히 밟는다. 시렁 위에 짚을 깔고 짚 위에 마른 쑥을 두껍게 깔아 누룩 디딘 것을 동여매어 쑥 위에 놓고 쑥을 다시 두껍게 펴고 또 짚을 덮어 삼칠일(21일) 동안 띄운 후에 말려서 바람 통하는 곳에 달아둔다.

3)『조선무쌍신식요리제법』

6월 6일에 밀누룩은 보리누룩과 같이 만드는데 껍질째 물에 씻어서 볕에 바싹 말린 후 6월 6일에 맷돌에 갈아서 밀 뜨물에 반죽하여 덩어리를 만들어 닥나무 잎으로 싸서 바람 통하는 곳에 달아 두었다가 70일이면 쓴다. 칠일주(七日酒)에 밀 누룩이나 밀기울 누룩을 가루 내어 쓴다.

2.12 홍국(紅麴)

중국 누룩인 홍국의 제법은 그 시대의 다른 누룩 제법에 비하여 방법을 과학적으로 표현하였으며, 특이한 사항은 우선 국모(麴母 : 찹쌀과 홍국에 물을 넣어 풀처럼 만든 것)를 찐 멥쌀에 섞어서 띄운다는 것이며, 그 이후의 제조과정은 일본식 청주용 누룩 제법과 비슷한 형식의 흩임 누룩 제조법이었다.

이렇게 빚은 누룩에는 주로 붉거나 노란 곰팡이가 생기기 때문에 홍국(紅麴)이라 불려왔으며 주로 술 이외에도 초나 젓 담그는 데도 사용되었다. 천대홍주(天台紅酒)에는 홍국이 사용되지만 관서감홍로(關西甘紅露)에는 지초를 사용해서 붉은 기를 낸다고 쓰여 있으며, 현재도 지초는 전통적인 진도 홍주를 양조할 때에 사용되고 있다.

1)『본초강목』

멥쌀 한 석 닷 말을 물에 하룻밤 담갔다가 밥을 만들어 15덩이로 나누어서 국모(麴母) 서 근을 집어넣고 한 곳에 모은 후 위를 덮어 둔다. 열이 많이 나면 곧 덮은 보자기를 젖히고 온도가 내려가도록 고루 섞어주고 다시 보자기로 덮어 둔다. 제 2일째 낮에 3덩이로 만든 후 1시간당 5덩이 → 1덩이 → 5덩이 → 1덩이로 만드는 일을 여러 차례 반복하여 제 3일째 만들어진 국(麴)을 대광주리에 담아 새로 길은 물에 50～60% 정도 담는다. 제 4일째에도 똑같은 일을 반복하여 햇빛 있는 날 말리고 쌀

깊숙이까지 생황(生黃)이 생기도록 한다.

2) 『임원십육지』

『본초강목』과 『거가필용』을 각각 인용하여 홍국을 만들 때 긴요한 것은 처음에 헝겊을 덮고 그 위에 두꺼운 빈 가마니 같은 것으로 다시 덮고 아래는 풀로 싼다. 만일 더우면 곧 덮었던 것을 벗겨 하룻밤이라도 자지 말고 항상 들여다보면서 온도에 유의한다. 붉은색은 자초(紫草), 향온주국(香醞酒麴)이 쓰이고, 향온주, 관서감홍로 등은 이 홍국을 이용하여 만든 술이다.

2.13 향온국(香醞麴)

향온국(香醞麴)은 보릿가루와 녹두가루를 섞어 누룩을 만드는 방법으로 녹두국(綠豆麴) 제법 대로 빚으면서 쌀 대신에 보리를 이용한 것이다. 이 누룩은 향온주와 내국홍로 방에 사용된다.

1) 『음식디미방』

▶ 재료 : 밀가루 한 말, 녹두 한 홉

한 두레당 갈은 밀을 한 말씩 넣고 물을 더 넣지 말고 녹두 빻은 것을 한 홉씩 섞어 만든다.

2) 『임원십육지』

『고사촬요』를 인용하여 보리를 갈아서 체에 거르지 않은 가루와 녹두 간 것을 섞어서 디딘 국인데 한 덩이당 보릿가루 한 말, 녹두 한 홉이 된다.

이상과 같이 누룩의 원료는 본래 밀인데 밀을 갈아서 사용하거나 밀기울, 밀가루로 사용하고 그밖에 녹두, 콩, 황미(黃米), 쌀가루, 찹쌀가루, 보릿가루, 메밀가루, 적소두 등으로 누룩을 디딘다. 누룩의 재료로 밀가루를 사용하거나 또는 술을 빚을 때 밀가루를 넣으면 유기산 생성이 빠르며 쌀로만 빚은 술보다 산도가 좋다. 유기산은 술맛과 산성도를 조정하여 주는 역할을 하여 부패균 등의 잡균의 살균 및 발육을 억제하는 작용이 있다고 한다.

곡식가루에 물을 넣어 반죽하거나 녹두 즙, 여뀌 즙, 쑥물을 넣어 반죽하기도 하였다. 또 복숭아씨, 살구 씨, 바곳뿌리, 목향, 육계, 여뀌, 칭호, 창이, 연화, 백출, 천초, 당밀, 당귀, 축사, 방향, 복령, 관계, 단향, 백지, 오수유, 감초, 행인, 백단, 감과 등을 넣기도 하였다. 특히 홍국을 만들 때 붉은 색을 내기 위해서는 자초를 넣었다.

누룩의 모양은 네모, 둥근 모양, 달걀 크기, 주먹 크기로 빚어서 띄울 때는 여뀌 잎, 연잎, 도꼬마리 잎, 닥나무 잎, 잣나무 잎, 피마자 잎, 짚, 솔잎, 창이 잎, 쑥, 가마니풀 등을 덮어서 21일, 49일, 50일, 70일간 띄웠다. 누룩을 디디는 시기는 정월 초하루, 정월 초열흘 전, 여름, 삼복 안, 초복, 중복, 말복, 5~6월 상인일, 6월 6일 등이었다. 이밖에 국자, 분국, 조국, 흑국이라고 부르는 누룩이 있으나 일제하에 발간된 책 속에 기록된 것이다.

① 국자(麴子) : 『조선주조요제』(1935년), 『조선주양조법개요』(1936년), 『주조독본』(1938년), 『한국주류조사서』(1908년), 『조선산업지』(1910년), 『조선주의 양조법』(1912년), 『조선소주양조법』(1925년) 『조선주제조방법』(1933년)
② 분국(粉麴) : 『조선주조요제』, 『주조대요』, 『조선주 제조법』
③ 조국(朓麴) : 『조전주조요제』, 『주조대요』
④ 흑국(黑麴) : 『조선주조요제』, 『조선주조사』, 『조선주 개량독본』

2.14 중국식 누룩

금경로국, 연화국, 양능국, 백주국, 만전향주국, 여국 등이 있으나 중국식 누룩이다.

① 금경로국(金莖露麯) : 『임원십육지』, 『농정회요』
② 연화국(蓮花麴) : 『임원십육지』, 『농정회요』
③ 양릉국(襄陵麴) : 『임원십육지』, 『농정회요』
④ 백주국(白酒麴) : 『임원십육지』, 『오주연문장전산고』
⑤ 만전향주국(滿殿香酒麴) : 『임원십육지』, 『오주연문장전산고』
⑥ 여국(女麴) : 『본초강목』, 『임원십육지』

1) 금경로국(金莖露麯)

밀가루, 녹두, 찹쌀을 가루 내어 반죽하여 디디는 제법으로 내부비전국의 재료와 비교해서 황미(黃米) 대신에 찹쌀을 사용하는 것만 다르다. 『임원십육지』에는 『준생팔전』을 인용하여 밀가루 열 닷 근, 녹두 서 말, 찹쌀 서 말을 가루 내어 디딘다. 『농정회요』에도 『임원십육지』와 같다.

2) 연화국(蓮花麴)

주재료는 흰 밀가루, 녹두, 찹쌀가루 등으로 금경로국의 재료와 같으며, 부재료로 연꽃과 천초를 넣어 일반 누룩 제법으로 제조하였다. 『역주방문』의 연화주는 누룩을 사용하지 않고 밥을 지은 후 도꼬마리에 싸서 야생 곰팡이와 야생 효모를 생성시켜 만든 주본(酒本)에 덧술하여 양조한다고 하였으므로 연화국이 반드시 연화주에 사용된 것은 아닌 듯하다.

『임원십육지』에는 『준생팔전』을 인용하여 재료는 연화 서 근, 백출 백오십 냥, 녹두 서 말, 찹쌀가루 서 말 여덟 냥으로 일반 제법으로 디뎌서 만든다. 연화주는 보통 누룩가루를 사용하고 연잎을 항아리 밑에 깐다. 『농정회요』에도 『임원십육지』와 같다.

3) 양릉국(襄陵麴)

주재료로 밀가루, 찹쌀가루를 사용하고 부재료로 당밀, 천초를 넣어 일반 제법으로 빚는다. 『임원십육지』에는 『준생팔전』을 인용하여 밀가루 백오십 근, 찹쌀 서 말, 당밀 닷 근, 천초 여덟 냥으로 일반 제법으로 디딘다. 『농정회요』에도 『임원십육지』와 같다.

4) 백주국(白酒麴)

찹쌀에 부재료로 여러 가지 생약 성분을 첨가하여 디뎌서 띄운 중국 누룩이다. 『임원십육지』에는 『거가필용』을 인용하여 재료는 당귀 한 냥, 축사 한 냥, 목향 한 냥, 방향 한 냥, 복령향 한 냥, 천초 한 냥, 백출 한 냥, 관계 서 냥, 단향 한 냥, 백지 한 냥, 오수유 한 냥, 감초 한 냥, 행인 한 냥, 찹쌀 한 말로 띄운다.

봄에 찹쌀을 곱게 가루 내어 푸른 여뀌 자연즙과 섞어 고운 가루를 낸 약들과 섞어 반죽한 후 건습을 맞추어 찧어서 600~700개의 덩어리를 이화주국 만큼의 크기로 빚어서 중심을 오목하게 만든다. 짚으로 싸서 날씨가 추운지 더운지를 보아 대자리에 펴서 4일 후 청백색으로 누룩이 띄워지면 새로운 풀로 바꾸어 덮고 전체가 다 띄워졌으면 풀을 제고하고 거두어들인다. 7일 만에 거두어들인 것을 광주리에 담아서 매달아 두었다가 습기 많은 밤에 이슬 맞혀서 21일간 건조시킨다.

5) 만전향주국(滿殿香酒麴)

밀가루와 찹쌀가루에 여러 가지 생약 성분을 첨가하여 디뎌서 띄운 중국 누룩이다. 『임원십육지』에는 『거가필용』을 인용하여 재료는 밀가루 백 근, 찹쌀가루 닷 근, 연화 이백 타, 백지, 정향, 광복령향 각 두 냥 반, 목향 반냥, 백단, 축사, 감초, 단향 닷 냥, 백출 열 냥, 감과 백 개를 모두 갈아서 분말 낸 것에 밀가루와 연화 즙을 고루 섞어서 디딘다. 덩어리마다 종이로 싸서 봉하여 매달아 49일 후에 사용한다.

6) 여국(女麴)

『본초강목』에는 밀가루를 사용하고, 『임원십육지』에는 찹쌀을 사용하였다. 『임원십육지』에는 『제민요술』을 인용하여 찹쌀 세 말을 푹 쪄서 식힌 후 누룩 만들 듯이 떡 모양으로 만들어 제비쑥으로 위아래를 싸서 매단다. 맥국법(麥麴法)과 같이 21일간 놓아두면 노랗게 포자가 생기는데, 다 띄워지면 건조시킨다.

3. 누룩 성형과 모양

곡물의 가루나 알갱이에 물을 넣고 반죽한 것을 헝겊, 짚, 물잎 등으로 싸서 발로 밟거나 헝겊, 짚, 풀잎을 깐 누룩틀에 넣어서 밟는다. 누룩의 모양은 지방에 따라 다르며 크기와 품질도 다르다. 대개 원형, 원판 형, 네모 형 또는 원판 형이나 네모 형 가운데 구멍이 뚫린 모양이다. 그런데 일제시대에 누룩회사에 전매 제도가 시행되면서 통일되어 일반적으로 원료 한 되로 만든 원판형의 것이 보급되었다.

누룩의 직경이 너무 작으면 수분이 쉽게 발산되어 균의 침투가 좋지 않아 숙성이 잘 안 되고, 너무 얇으면 단시일에 숙성되어 빛깔은 좋지만 향미가 좋지 않을 뿐만 아니라 술지게미가 많아 주량이 적어진다. 반대로 너무 두꺼우면 내부의 수분 발산이 곤란하여 품온이 높아질 가능성이 있고, 제조 후 건조가 어렵다. 그래서 표 2-3과 같은 크기로 만들 것을 권장하였다.

표 2-3. 권장된 누룩의 크기

원료 및 수량	형 태	크 기
조국 두 되	원반형	직경 한 자 닷 푼, 두께 한 치 두 푼
조국 한 되	원반형	직경 여덟 치, 두께 한 치 한 푼
분국 한 되 반	원반형	직경 일곱 치, 두께 한 치 세 푼

4. 누룩 디디기 좋은 날

(1) 『증보산림경제』에는 누룩 만들기 좋은 날은 일전에 신미(辛未), 을미(乙未),

경자(庚子)일이며 또 제(際), 만(滿), 개(開)의 성일(成日)도 좋다고 하였다. 성일(成日)은 12성문이라 하여 위(違), 제(際), 만(滿), 평(平), 정(定), 집(執), 파(破), 위(危), 성(成), 수(收), 폐(閉)가 있는데 지지수(支持數)와 같이 일진(日辰)에 배열하여 행하고 있다.

여름 삼복중에 누룩을 만들면 벌레가 생기지 않는데 초복 후에서 말복 전 사이가 그 다음으로 좋다. 매달 초하룻날은 누룩 만드는 좋은 날이라고 하였다. 또 목일 - 일진(日辰)에 육갑(六甲)에 납갑(納鉀)을 붙여 갑자일(甲子日), 을축일(乙丑日), 해중금일(海中金日)은 금일(金日)에 누룩을 만들면 술맛이 시다고 하였다.

(2) 『고려대 규곤요람』에는 대체로 술에는 누룩이 으뜸이요, 음식에는 장이 으뜸이다. 누룩과 장을 부디 제때에 만들어 두고 써야 한다고 하였다. 문헌에 기록된 누룩 만들기는 다음과 같다.

(3) 『사시촬요초』에는 "복중에 누룩을 만든다. 누룩이 좋지 않으면 술의 맛이 박(薄)하다. 보리 열 말, 밀가루 두 말로 누룩을 만든다. 녹두 즙에 여뀌와 더불어 반죽하여 밟아서 떡처럼 만들어 연잎, 도꼬마리 잎으로 싸서 바람이 잘 통하는 곳에 걸어서 말린다. 누룩은 반죽을 단단하게 하고 강하게 밟아야만 좋은 누룩이 된다. 그렇지 않으면 좋은 술이 되지 않는다."고 하였으니 보리와 밀가루를 섞어서 만든 막누룩이다. 그리고 누룩을 잘 디디는 비결은 전적으로 되게 반죽하여 꼭꼭 밟는 데 있다고 하였다.

(4) 『음식디미방』에는 주국방문(酒麴方文)이라 하고 "누룩은 6월에 디디면 좋고 7월 초생도 좋다. 누룩의 분량은 밀가루 닷 되에 물 한 되씩 섞어 꽉꽉 밟아 디디고 비 오는 날이면 더운 물로 디딘다. 더울 때이니 마룻방에 두 두레씩 매달아 자주 뒤적이고 썩을 우려가 있을 때는 한두 차례씩 바람벽에 세운다. 날씨가 서늘하면 고석을 깔고 서너 두레씩 들어 놓고 또 고석을 덮어 놓고 썩지 않게 자주 골고루 뒤집어가며 띄운다. 거의 다 뜬 것을 하루쯤 볕에 쬐어 다시 거두어 더 뜨게 한다. 이것을 여러 날 두고 밤낮으로 이슬을 맞히는데 비가 올 듯하면 거두어들인다."고 하였으니 이것도 막 누룩이다. 그리고 꽉꽉 밟으라고 하였다.

(5) 『증보산림경제』에서는 밀가루를 원판모양으로 반죽하여 베보자기를 고지(누룩틀)에 깔고 여기에 피마자 잎을 깔고는 베보자기로 싸서 발로 밟는다고 하였다. 『증보산림경제』의 누룩 만들기는 『음식디미방』과 거의 같고, 국(麴)을 곡(麯)이라고 표기하였으니 국과 곡은 같은 뜻이다. 그리고 술맛의 좋고 나쁨은

오직 누룩의 좋고 나쁨에 있다고 하였다.

(6) 『태상지』의 조국법은 “밀 열 닷 석에 녹두 엿 말 여섯 되 닷 홉을 반죽하여 잘 디딘다.”고 하였다.

(7) 『임원십육지』에는 막국법, 면국법, 홍국, 황의, 여국 등의 제법이 주로 중국 문헌을 인용하여 소개되고 있다.

(8) 『주방문』에는 단술 누룩법(감주 국조법)이라 하여 밀을 가루 내어 누룩을 만드는 법이 기록되었다.

(9) 『음식디미방』의 이화주 누룩법은 “백미 서 말을 희게 씻어 물에 하룻밤 재워 다시 씻어 곱게 빻아 주먹만큼 만들어 짚으로 싸고 공석에 담아 더운 구들에 두고 자주 뒤쳐서 누렇게 뜨면 좋다. 쓸 때 껍질 벗기고 가루로 만들어 쓴다. 처음에 만들 때 물을 많이 하면 썩어서 좋지 않다.”고 하였다.

(10) 『수은잡방』의 이화주 조국법은 “배꽃이 필 때 백미를 희게 씻어 밤재워 담갔다가 가루로 만들어 체로 쳐서 물을 약간 뿌려 오리 알 크기로 단단하게 만들어 공석에 볏짚을 깔고 두었다가 7일 후에 뒤집어서 21일 후에 빛깔을 보아 황백색의 곰팡이가 서로 섞여 있으면 바로 내어 잠깐 바람에 쏘였다가 저장해 두고 쓴다.”고 하였다.

(11) 『임원십육지』와 『김승지댁 주방문』에는 이화주 조국법이라고 하여 누룩 만드는 법이 기록되어 있다.

(12) 『음식디미방』의 이화주 누룩 법은 “백미 서 말을 희게 씻어 물에 하룻밤 재워 다시 씻어 곱게 빻아 주먹만큼 만들어 짚으로 싸고 공석에 담아 더운 구들에 두고 자주 뒤쳐서 누렇게 뜨면 좋다. 쓸 때 껍질 벗기고 가루로 만든다.”고 하였다. 이들은 모두 병국(餠麴)이고, 산국(散麴)에 관한 기록은 1400년대의 문헌에 여국이라 하여 쌀 낟알을 여뀌 즙에 하룻밤 담갔다가 밀가루를 묻혀 종이 주머니에 넣어 곰팡이를 번식시킨 것이다.

5. 누룩의 분류

『조선주조협회지』에 발표된 논문의 제국법은 우리나라 북부지방에서는 소주를 많이 마시므로 흑국균에 의한 소주 만들기를 도입하였다고 한다. 조선시대의 궁중용 누룩 만들기와 술 빚기는 내자시(內資侍)에서 맡아 다스렸으며, 이 당시의 누룩을 분류하면 다음과 같다.

- 누룩
  - 떡 누룩(餠麴)
    - 분국(粉麴) : 곡물을 가루 내어 덩어리로 만든 누룩 (이화국, 미국, 백국, 녹미주국)
    - 조국(粗麴) : 곡물을 거칠게 갈아서 덩어리로 만든 누룩 (소맥국, 분국)
    - 초국(草麴) : 여뀌 잎, 닥나무 잎 등 약초를 넣거나 그 즙에 반죽하여 덩어리로 만든 누룩
  - 흩임 누룩(散麴) : 곡물의 낱알이 흩어져 있는 상태의 누룩 (홍국, 요국)

표 2-4. 『제민요술』에 수록된 누룩의 분류

누룩의 분류		누룩의 이름
병국(餠麴)	분국(粉麴)	삼곡맥국(三斛麥麴), 신국(神麴) 1, 2, 3, 하동신국(河童神麴)
	조국(粗麴)	진주춘추국(秦州春秋麴), 이국, 대주백타국(大州白墮麴). 백료국(白醪麴)
산국(散麴)		황의(黃衣), 황증(黃蒸), 얼(糵), 여국(女麴)

병국(餠麴)에 번식하는 곰팡이는 내부까지 기어드는 발효형이고 거미줄곰팡이(*Rhizopus*속), 효모, 솜털곰팡이(*Mucor*속)도 많다. 산국(散麴)에 번식하는 곰팡이는 표면에만 번식하는 호흡형이고, 누룩곰팡이(*Aspergillus*속)가 많다. 분국(粉麴)은 약주용에 쓰이고, 조국(粗麴)은 탁주용, 소주용으로 쓰인다.

누룩은 떡 누룩이 98%로 대부분이고, 흩임 누룩은 10% 정도이다. 떡 누룩은 가루로 하여 디디는 경우가 80%로 많고, 물이나 즙액에 우려내는 물 누룩의 경우는 20%이다. 또 누룩에 맥아를 섞기도 한다.

6. 한말의 국자(麴子: 사실은 麯子로 쓰는 것이 좋다)

빻은 밀을 물과 반죽하여 보자기에 싸서 고지(누룩틀)에 놓고 성형한 다음 쑥으로 싸서 부엌의 시렁이나 온돌방의 벽에 매달아 놓고 띄운다. 누룩제조 중에 3～4회의 헤치기(적환)를 하여 미생물의 성장을 균일하게 한다. 출국까지의 시간은 누룩의 크기에 따라 다르기는 하지만 20～30일 걸린다. 농가에서는 각자 소량씩 곡자(麯子 : 국자)를 만들어 시장에 내어 팔고, 팔다 남은 것은 도매상에 맡긴다. 그리고 곡물상에서도 대개 부업으로 곡자를 판매하였다.

6.1 분곡(粉麯)과 조곡(粗麯)

곡자에는 분곡(粉麯 : 밀가루 막 누룩)과 조곡(粗麯 : 밀가루, 밀기울 막 누룩) 2종류가 있다. 분곡(粉麯)은 밀가루로 만들고 주로 약주·과하주용이며, 조곡(粗麯)은 밀을 세 조각으로 타서 얻은 가루와 밀기울을 함께 그대로 써서 만든 것으로 탁주·소주용이다. 또 조곡(粗麯)은 밀가루를 2～4할을 체에 받쳐낸 나머지로 만드는 일도 있는데 충청도·경상도에 많다. 또 밀기울만으로 만드는 경우도 있다. 이밖에 함경도 지방에서는 귀리·겉보리·피 등을 술지게미와 섞어서 찐 것을 원료로 하는 경우도 있다.

6.2 곡자(麯子)의 제법과 시기

서울 및 영남지방의 조곡은 원료를 반죽하여 헝겊에 싸서 틀에 넣어 단단히 밟아 청초(青草) 또는 짚으로 싸서 온돌에 퇴적하여 만드는데 이것은 편원형이다. 한편 호남이나 충청도 지방에서는 퇴적하는 대신에 실내에 매달아 둔다. 이것은 원주형 또는 모자형이다. 퇴적한 것은 4～5일로 만들어지는데 비하여 매달아 만드는 것은 10～30일쯤 걸린다. 분곡은 보통 조곡보다 저온 발효시키는 것이니 퇴적하는 것보다 매달아서 만드는 것이 만들기 쉽고 품질이 좋다.

곡자는 1·2·3월에 만든 것을 춘곡(春麯), 4·5·6·7월에 만든 것을 하곡(夏麯), 8·9·10월에 만든 것을 절곡(節麯), 11·12월에 만든 것을 동곡(冬麯)이라 한다. 밀을 수확한 후의 8～9월에 만드는 절곡(節麯)이 가장 많다.

6.3 곡자 분류

① 제조시기: 춘곡(春麯), 하곡(夏麯), 절곡(節麯), 동곡(冬麯)
② 용 도: 탁주용, 약주용, 소주용, 과하주용
③ 원료의 처리방법: 조곡(粗麯), 분곡(粉麯)
④ 제조방법: 퇴적, 매어달기
⑤ 형상과 용량: 크고 두꺼운 것, 작고 얇은 것
⑥ 형 상: 편원형, 원주형, 만두형, 각형, 컵형, 장방형, 방형, 모자형, 월형, 원반형

6.4 곡자의 명산지와 사원

1) 평양 · 원산 · 공덕리의 곡자(麯子)

곡자로서 유명한 것은 북부지방의 평양곡자, 원산곡자(만두형)가 있고, 중부지방으로서는 고양군 공덕리의 것이 가장 오랜 역사를 갖고 있다. 남는 가루를 제거하지 않고 곱게 가루 내어 만들었으니 약·탁주에 아울러 사용하기에 알맞다.

2) 남한산의 산성곡자(山城麯子)

남한산의 산성 안은 둘레의 산 때문에 절구의 밑바닥처럼 되어 있고, 4계절의 변화가 온화하여 수질이 좋고 밀의 생산이 많아서 곡자 제조에 천혜의 조건을 갖추고 있다. 그 역사도 비교적 오랜 것이다.

3) 유천(愉川) · 선산(善山) 곡자(麯子)

남부지방으로서는 경북 유천곡자가 수백 년의 역사로서 알려져 있다. 대구지방에 쓰이는 곡자의 거의가 이곳의 것이다. 이것은 약·탁주에 아울러 사용할 수 있지만 주로 탁주용이 된다. 그리고 경북 선산의 분곡이 또한 유명하다.

4) 동래의 산성곡자

경남 동래군 구포면 산성리에서 생산되는 산성곡자도 잘 알려진 것이다. 이곳은 동래 온천 뒤쪽의 산속에 남한산의 산성처럼 성벽에 둘러싸인 한촌이다. 산성인 관계로 논이 없어서 수백 년 이래 마을사람 모두가 곡자로써 생계를 유지하고 있다는 것이다. 이곳의 뒷산에서 솟아나오는 샘물이 매우 좋은 약수로서 이것으로 곡자를 만든다. 이곳의 곡자는 탁주 전용이다.

이곳에서는 마을에 밀이 들어오면 집집 아낙네들은 밤을 새워 맷돌질을 하여 가루가 된 것을 구시(나무 반죽통)에 넣어 반죽을 한다. 반죽한 것을 정성껏 힘 있게 밟아 모양을 뜬다. 동네 큰 처녀 8명이 한 조가 되어 구른다.

"큰 거랑 작은 거랑 사시사철 넘나들다
달걀 같은 내 뒤꿈치 밭두렁이 되누나.
이 누룩 빚은 술 어느 님 마실까만
주홍에 답 못하는 이내 몸만 늙는구나."

누룩 디디기에 혼기 놓친 노처녀의 탄식이 막걸리 맛만큼이나 씁쌀음이 저려온다고 하였다.

5) 그 밖의 지방의 곡자

경북 오지에 각형, 전남 목포에는 서 홉 컵 형의 곡자가 만들어지고 있었고, 온양과 평택의 곡자도 유명하였다.

6) 사원의 곡자

경상도에서는 고려시대 유풍(遺風)을 받아 사원에서 스님의 내직(內職)으로서 곡자를 만들어 판매하는 일이 있었는데 동래 범어사, 양산 통도사, 산성군 원청사, 합천군 해인사, 산청군 대원사, 사용군 옥천사 등이 그 보기이다. 그 가운데서 통도사가 가장 유명하고 범어사, 옥천사도 유명하다. 범어사에서는 해마다 200~300석 이상의 밀을 써서 곡자를 만들어 부산지방에 판매하였으며, 통도사에서는 이보다 규모가 컸다는 것이다. 부산지방의 범어사에서는 곡자를 직접 술 만드는 집에 가져가서 팔기도 하였다는 것이다.

7. 누룩 만들기(製麴)

누룩 디디기에는 재래식 방법과 개량식 방법이 있는데 다음과 같다.

1) 재래식 방법(전통누룩)

전통누룩은 통밀을 거칠게 갈아 물과 일정한 비율로 섞은 후 발로 디뎌서 일정한 크기로 만드는데, 별도의 효모제를 첨가하지 않고 예로부터 이어져 내려온 전통의 방법으로 빚는다. 누룩은 술의 품질을 좌우하므로 술의 제조에 매우 중요하며, 잘 법제(法製)된 누룩으로 술을 빚으면 술의 색도 깨끗해지고, 술에서 나는 곰팡이 냄새도 적어진다. 부산 금정구 금성동 산성마을에서는 현재까지도 직접 손으로 만든 전통누룩을 이용하여 막걸리를 만들고 있다.

전통누룩은 통밀을 가루 내어 적당한 양의 물을 섞고 반죽을 한 뒤 보자기에 싸서 누룩틀에 넣은 후 이 누룩틀에 넣은 밀가루 반죽을 발꿈치를 이용해 일정한 강도로 밟아 성형을 시킨 다음 누룩방 또는 구들방이나 부엌의 벽 쪽에 매달아 띄우는데, 보통 3~4회 정도 위치를 바꾸어 가며 누룩곰팡이의 증식을 고르게 한다.

완성 시기는 누룩의 크기에 따라 달라지지만 보통 약 15~20일 내외가 된다. 누룩은 가능한 한 오랜 시간 동안 적당한 온도와 습도에서 발효시켜 숙성한 것이어야 좋은 품질과 깊은 향을 가진 술을 만들 수 있다.

2) 개량식 방법

1940년대에 들어와서 전국적으로 보급되었다. 개량누룩은 살균한 당질 원료에 순수 배양균을 인위적으로 접종하여 만든다. 일제 강점기에 획일적인 대량 생산을 위해 곡자회사에서 만들기 시작했으며, 안전하고 편하게 술을 담글 경우나 대량 생산에 주로 사용한다. 개량누룩을 사용하여 술을 빚으면 술의 품질을 고르게 하는 장점이 있지만, 술맛을 매우 단순하게 하는 단점도 있다.

개량식은 밀가루 한 되에 물을 섞어 원판모양으로 덩어리를 만든 것을 약 10일간 40℃에서 발효시간 후 건조실에 옮겨서 서서히 건조시키면 9～13일 정도 걸린다. 그 후 누룩회사가 생긴 후부터는 국자실을 이용하여 온도와 습도를 조절할 수 있게 됨에 따라 어느 계절이나 같은 품질의 누룩을 만들 수 있게 되었다.

참고문헌

1. 이계호 : 한국 약주·탁주의 특성과 신기술, 한국산업미생물학회, 국제주류 심포지엄, 주류산업의 현황과 신기술개발(1994)
2. 이성우 : 한국식품사회사, 교문사(1984)
3. 이효지 : 한국전통 민속주, 한양대학교출판부(1996)
4. 장지현 : 전통식품 -그 유구한 역사와 찬란한 미래- 인제대학교 식품과학연구소 국제식품과학 총론, 전통식품의 새로운 인식과 바람직한 발전(1993)
5. 한국산업미생물학회, 국제주류 심포지엄 -주류산업의 현황과 신기술의 개발(1994)

제 3 장

일제하의 주세법과 술 / 한말의 곡자와 상용주

옛날부터 우리나라 사람들은 약주(藥酒), 탁주(濁酒), 소주(燒酒)를 널리 애음하였고, 특히 남부 지방에서는 탁주를 거의 곡식(穀食)과 마찬가지로 상음하고 또 조상의 제사용으로 없어서는 안 될 생활필수품이기에 간단한 자가 제법이 널리 보급되어 있어서 그 생산량의 파악이 어렵고 품질이 집집마다 특이하였다. 한편 북부 지방에서는 소주를 상용하고, 중부 지방의 상류층에서는 약주가 상용되었다. 그리고 주조업은 천업으로서 부녀자들이나 하는 일로서 경시하였고 제법(製法)도 전통의 고수를 벗어나지 않았으며, 온돌이나 가옥의 한쪽 구석을 이용하여 제조장으로 삼고 있었을 뿐이었다.

이러한 가운데 북부의 국경지대에서는 중국의 고량주(高粱酒 : 배갈)의 수입이 많았고, 원산・인천 등지가 개항됨에 따라 주정(酒精 : 알코올)을 일본에서 수입하여 재래의 소주에 혼합하여 판매하게 되어 재래 소주산업이 크게 압박을 받게 되었다. 또한 강화도 조약이 체결된 1876년 이후 일본 사람들이 이 땅에 건너오기 시작하여 부산에서 일본식 탁주(濁酒)를 만들었다.

1884년에는 일본청주를 만들게 되었으며, 1897년경부터 점차 마산・인천・서울에서도 일본청주가 만들어지게 되었다. 그러나 일본청주의 질이 좋지 않아서 일부 노동자 계급의 수요에 쓰였을 뿐이고 정종(正宗, 마사무네) 등 일본 수입 술에 완전히 압도되어 있어서 「정종」이란 상품명이 일본청주를 가리키는 통칭명이 되었다.

1905년의 술 수입량을 보면 청주 27,500석, 맥주 8,700석에 이르고 있으며, 맥주는 주로 삿뽀로맥주이었다. 따라서 「삿뽀로」란 상품명이 맥주의 통칭명이 되기도 하였다. 1901년에 궁내부(宮內府)에 맥주가 납입되었다는 기록도 남아 있다.

1. 일본 주세법의 발포

우리나라에서는 옛날부터 술에 세금을 물게 한 적이 없고 자가 양조에 대하여 정부로서는 거의 방임상태에 있었다. 마침 1904년(광무 8년) 8월 한일협약 성립의 결과로서 일본 정부의 추천에 의해 재정고문이란 직책이 발탁하게 된데 이어서 1906년(광무 10년)에 통감부(統監府) 설치를 하기에 이르렀다. 여기에 있어서 한국 재정고문은 주세를 창설하는 방침 하에 우선 주법의 상태에 대한 조사를 시도한 다음 심중심의결과 1909년(융희 3년) 2월 법률 제3호로서 주세법 발포(총 제8조로 구성)를 하기에 이르렀다.

이 주세법은 술의 양조를 자가용·판매용을 가리지 않고 무제한 면허제로 하여 다음 해에 양조할 생산량을 해마다 11월까지 소속 세무서에 신고하면 그 생산량에 따라 양성주(釀成酒)·증류주(蒸溜酒)·혼성주(混成酒)의 3종으로 구분하여 각 종별로 과세하는 간접세였다. 이 주세는 연초세(煙草稅, 담배세)와 더불어 우리나라에 있어서의 최초의 간접세였다.

한편, 이 주세법의 발포와 동시에 재래주의 과학적인 검토와 개량을 위하여 서울 아현리에 1904년 10월(광무 8년) 양조시험소(釀造試驗所)가 설립되었다. 양조시험소는 정부수립과 함께 1949년 6월 재무부 양조시험소로 재출발하였고, 1966년 2월 국세청 양조시험소로 개편되었다. 1970년 2월 국세청 기술연구소로 개편하여 국세행정의 과학화에 기여하고 있다. 1997년 12월에 국세청 기술연구소 88년사를 발간하였다.

주세법이 생기기 이전에는 자가 제조 및 판매가 자유로웠던 관계로 술도 다양하였으며 제조하는 장소 또한 무수하였다. 주세법 창설 당시 제조장 수는 155,832장(場)이나 되었다. 그러나 국권이 일본으로 넘어가고 조선 총독부 정치로 이어지면서 일제 수탈 작업의 일환으로 주세가 세금자원으로 이용되면서 전통 향토주는 자취를 감추게 되고, 신식 술이라는 획일적인 술들이 일제의 통제 하에 제조되기 시작하였다. 그래도 밀주가 성행하게 되자 1916년 1월에 주류 단속이 강화되는 가운데 모든 주류를 약주, 탁주, 소주로 획일화 시켰다.

이로 인하여 전래의 전통주는 몰살당하고 1917년부터는 주류 제조업의 정비가 시작되면서 자가 양조는 전면적으로 금지되고 각 지방마다 대단위 주류 제조업 공장이 새로 선정되었다. 여기에 수반하여 1920년을 기점으로 신기술이 도입되어 재래식 누룩을 사용하던 방법에서 흑곡, 황곡의 배양균을 사용하는 입국법이 활용됨과 동시에 전통주는 완전히 맥이 끊기게 되었다.

주세법(법률 3호, 1909년(메이지 429년, 융희 3년))의 주요 조문은 아래와 같다.

1.1 주세법 [1909년(융희 3년, 2월 3일) 법률 제3호)]

제1조. 주류를 제조하는 자에게는 본법에 의거 주세를 과함

제2조. 본법에 있어 주류와 칭함은 다음 3류로 한다.

제1류 양성주: 청주, 약주, 백주, 탁주, 과하주, 기타 양조 제성(製成)할 수 있는 주류

제2류 증류주: 소주, 기타 증류 제성한 주류

제3류 혼성주: 양성주 또는 증류주에 다른 물질을 혼합 제성한 주류, 기타 양성주 또는 증류주가 아닌 주정함유 음료

제3조. 주류를 제조할 자는 제조장 1개소마다 정부의 면허를 받을 것. 그 제조를 폐지할 시는 면허의 취소를 구해야 한다. 전 항에 의거 면허를 받은 자에게는 감찰을 교부한다.

제4조. 주류 제조자는 제조장에 잘 볼 수 있는 곳에 감찰을 항상 제시할 것

제5조. 주류 제조자는 매년 11월 말일 내에 다음 해 제조할 주류 및 제조 수량을 정하여 제조장을 관할하는 재무서에 신고 할 것

제6조. 주세는 주류 제조장 1개소마다 제조 수량에 준하며, 다음 수량별로 매년 이에 납부한다(이하 생략).

한편, 주세령(총 제53조)은 1916년(대정 5년 7월 25일) 법률 제30호 제1조와 제2조에 의거 공포되었다. 주세령(종래의 주세법을 개정한 것으로)의 주요 조문은 아래와 같다.

1.2 주세령 [1916년(대정 5년), 법률 제30호]

제1조. 본령에 있어 주류라 함은 주정 및 주정을 함유한 음료를 말함. 본령에서 조선주라고 칭함은 조선 재래의 방법에 의하여 제성한 탁주, 약주 및 소주를 말한다.

제2조. 주류를 나누어 다음 3류로 한다.

제1류 양성주: 청주, 탁주, 약주, 맥주로 칭하는 유로서 료(醪; 술덧) 및 기타의 발효액으로부터 제성한 것

제2류 증류주: 소주, 고량주, 주정 등을 말하며, 료(醪) 및 기타의 발효액, 주류, 주백, 기타의 것에서 증류하여 제성한 것

제3류 재제주: 백주, 미린, 송로주, 감홍주, 이강주 등으로 양조주 또는 증류주의 1종으로 타 주류와 타 주류를 혼합하여 제성한 것(청주 또는 양조주인 과실주에 조선총독부가 정한 것에서만 혼합하여 제성된 음료는 양조주라 하고, 재제주의 1종과 타의 주류 기타의 것도 혼합하여 제성한 음료는 재제주라고 한다)

그 후 주세령은 1919년(대정 8년 3월 27일) 3월, 1920년(대정 9년 8월 27일) 8월, 1922년(대정 11년 4월 21일) 4월 개정하였다. 소화 시대(1926년)에 들어와서 조선 내의 주조업은 일대 약진하여 주세의 세제상에 지위는 나날이 향상되었다. 1927년(소화 2년 3월 1일) 주세령을 개정하여 세율이 증가되었다. 한편으로는 문묘 제사용 주류의 면세제도를 도모하는 방침 아래 1934년(소화 9년 6월 25일) 다시 주세령을 개정하여 세율의 인상과 함께 주세 행정상 다년의 현안이었던 자가용 주면허 제도를 폐지하였고, 조선소주 또는 비조선소주의 구분 철폐 그리고 자가용 곡자의 면허제도 창설 등을 이루어 주세제도를 확립하였다.

이와 같이 주세령은 5차에 걸쳐 개정되어 주세에 의한 착취가 지능화하고 자가용 술의 면허제도를 극도로 억제하여 1932년에는 자가용 술 면허자가 단 1명 남았고, 1934년에는 그마저 완전히 없어졌다. 따라서 천업으로 여겨져 왔던 주조업에 양반계급이 다투어 종사하게 됨에 따라 주조업자가 비대해 가고 술의 품질이 주세를 위하여 규격화 되어감에 따라 그 그늘에서 우리의 여러 명주가 사라지고 심한 주세에 백성들의 원성이 높아졌으며 밀주의 성행과 일제의 악질적 단속의 악순환이 되풀이되었던 것이다. 정성들여 빚어서 조상에 올리는 제주나 산신제에 쓰는 조리 술까지도 이제 만들 수 없게 되었다. 우리네 전통의 고래주도 차츰 그 자취를 감출 수밖에 없었던 것이다. 풍류가 깃들었던 우리 조상의 술 빚기도 없어졌다.

1916년 7월 주세령 시험결과 점차 특수지방에 동업자 단체가 설립되어 1928년(소화 3년)에는 부근에 129개의 조합이 생겨 이것이 또 도의 조합연합회를 조직한 것이 194개 단체가 되었으며, 1929년 9월 1일 회원 2,200명으로 조선주조협회가 설립되었다. 회칙은 제18조 구조로 구성되었고, 설립목적은 주조에 관한 개량 발전에 두고 주조에 관한 학술연구, 주조에 관한 잡지 발행, 주조 종사자의 양성, 기타 주조에 관한 개량 발전사업 등으로 세분화 하였다.

2. 한말(韓末)의 곡자(麯子)
(한말에는 麴字와 麯字는 달리 쓰고 있었다)

농가에서는 각자 소량씩의 곡자(麯子)를 만들어 시장에 내어 팔고, 팔다 남은 것은 도매상에 맡긴다. 그리고 곡물상에서도 대개 부업으로 곡자를 판매하였다.

2.1 분곡과 조곡

곡자에는 분곡(紛麯, 밀가루, 막누룩)과 조곡(粗麯, 밀가루, 밀기울, 막누룩) 2종류가 있다. 분곡(紛麯)은 밀가루로 만들고 주로 약주・과하주용이며, 조곡(粗麯)은 밀을 세 조각으로 타서 얻은 가루와 밀기울을 함께 그대로 써서 만든 것으로 탁주・소주용이다. 또 조곡(粗麯)은 밀가루를 2~4할을 체에 바쳐낸 나머지로 만드는 일도 있는데 충청도・경상도에 많다. 또 밀기울만으로 만드는 경우도 있다.

이밖에 함경도 지방에서는 귀리・겉보리・피 등을 술지게미와 섞어서 찐 것을 원료로 하는 경우도 있다.

2.2 곡자의 제법과 시기

서울과 영남지방의 조곡(粗麯)은 원료를 반죽하여 헝겊에 싸서 틀(고지)에 넣어 단단히 밟은 다음 청초(靑草) 또는 짚으로 싸서 온돌에 퇴적하여 만드는데 이것은 편원형이다. 한편 호남이나 충청도 지방에서는 퇴적하는 대신에 실내에 매달아 둔다. 이것은 원주형 또는 모자형이다. 퇴적한 것은 4~5일로 만들어지는데 비하여 매달아 만드는 것은 10~30일쯤 걸린다.

분곡(紛麯)은 보통 조곡(粗麯)보다 저온 발효시키는 것이므로 퇴적하는 것보다 매달아서 만드는 것이 만들기 쉽고 품질이 좋다. 곡자는 1, 2, 3월에 만든 것을 춘곡(春麯)이라 하고, 4, 5, 6, 7월에 만든 것을 하곡(夏麯), 8, 9, 10월에 만든 것을 절곡(節麯), 11, 12월에 만든 것을 동곡(冬麯)이라 한다. 밀을 수확한 후의 8~9월에 만드는 절곡(節麯)이 가장 많다.

2.3 곡자 분류

① 제조시기 : 춘곡(春麯), 하곡(夏麯), 절곡(節麯), 동곡(冬麯)

② 용도 : 탁주용, 약주용, 소주용, 과하주용

③ 원료의 처리방법 : 조곡(粗麯), 분곡(紛麯)
④ 제조방법 : 퇴적, 매어달기
⑤ 형상과 용량 : 크고 두꺼운 것, 작고 얇은 것
⑥ 형상 : 편원형, 원주형, 만두형, 각형, 컵형, 장방형, 방형, 모자형, 월형, 원반형

3. 한말(韓末)의 상용주

3.1 약 주

약주는 황해도 이남 특히 서울 부근에서 널리 음용되고, 북부지방에는 수요가 매우 적다. 갈색을 띤 연노랑색의 투명한 술이지만 대개는 약간 혼탁된 것으로 일종의 방향을 가지며, 일본식 청주보다 감미와 산미가 세고 12~18%의 알코올을 함유한다.

약주 빚기는 독에 물을 넣고 가루누룩을 집어넣어 수국(水麴)을 만든다. 여기에 찹쌀가루를 쪄서 떡처럼 만든 것을 넣어서 주모(酒母·腐本·酒本)를 만들고 다시 멥쌀·분곡(紛麯)·물로 빚어 숙성시킨다.

숙성된 술덧에 용수를 박아 넣고 그 속에 괴인 술은 퍼낸다. 이것을 전주(全酒, 전술 또는 순주라고도 한다)라 한다. 이렇게 해서 다 퍼내면 처음 술 빚을 때 넣은 물과 동량 또는 배량의 물을 넣어(後水라 한다) 다시 우려내어 용수에 괴인 술 곧 후주(後酒)를 퍼낸다. 전주와 후주는 따로 저장해 두었다가 마실 때 적당히 섞고 판매용의 약주로도 삼는다. 또 주모에 조곡을 사용하는 경우, 술 빚는데 곡자를 쓰지 않는 경우, 주모를 쓰고 술밑 빚는데 멥쌀 쓰는 경우, 주모를 쓰지 않고 찹쌀·조곡·물로 단번에 빚어 넣어 숙성시키는 경우 등이 있다.

약주 제조의 원리는 일본식 청주와 비슷하나 1~2석의 독에 소량 빚어 넣고, 또 일반적으로 저어주는 일이 거의 없는 점이 다르고 또 누룩의 종류도 다르다. 그리고 약주 빚을 때 여러 가지 약초를 섞어 줌으로써 약용으로 쓰는 약용약주도 있다.

3.2 조선탁주

조선시대 식품서 속의 탁주는 대부분 순탁주(純濁酒)이다. 그런데 한말(韓末)의 탁주는 막 걸러서 쌀알이 뭉개진 뿌연 빛깔의 혼탁액(混濁液)이다. 산의 냄새가 세고 알코올은 6~7% 정도이다. 그 제법은 여러 가지이지만 대표적인 것은 멥쌀, 조곡(粗麯), 물로써 술밑을 빚는다. 이밖에 멥쌀 대신 찹쌀을 쓰는 경우와 약주지게미로

만드는 것 등이 있으며, 주모를 미리 만들어 두고 이것으로 술을 빚는 경우도 있기는 하지만 대부분의 경우 주모를 쓰지 않는다.

지에밥에 5할 정도의 곡자와 10할 정도의 물을 넣고 잘 저어서 20℃ 정도의 곳에서 젓지 않고 방치하여 5～10일로 술덧이 숙성하면 자배기나 항아리에 체발을 놓고 여기에 말총으로 만든 체를 걸쳐놓고 바가지로 술덧을 퍼내어 체 속에서 손바닥으로 주물러 뭉개어 걸러내고, 다시 빚을 때 2～3배의 물을 부어가면서 주물러 거르고 지게미는 꼭 짜낸다.

그런데 이 막걸리는 가난한 나라의 가난한 백성의 몸과 마음의 조건에 꼭 들어맞는 술이다. 만복감과 취홍을 동시에 얻을 수 있기 때문이다. 이렇게 해서 막걸리는 민족의 애환과 떼어놓을 수 없는 민중의 술이 되었다. 여기서 이주홍(李周洪)의 막걸리에 관한 수필을 읽어보자.

「술을 빚기 위해 찹쌀로 고두밥을 쪄서 말릴 때가
어린 내게는 제일 기뻤다.
쫄깃쫄깃 입안에서 씹히는 고두밥의 촉감과 맛과
익은 쌀의 고소한 향기!
방아에다 누룩을 찧을 때의 어머니의 얼굴은 언제나
제신 앞에 임하는 그대로의 경건한 표정이었다.」

고두밥과 누룩 빻은 것을 따뜻한 물에 비벼 독에다 넣고 담요나 이불을 둘러놓으면 3～4일이나 4～5일 후에는 메케한 주정냄새와 함께 뽀그락 뽀그락 소리를 내며 술이 괸다. 온 방안을 채워 오는 향긋한 술 냄새! 술을 발명한 조상의 신비가 살갗에 느껴지면서 5～6일째가 되면 익은 정도를 보아서 처음으로 체에 걸러 시음으로 들어간다. 양푼이나 사구에 걸러놓은 것을 조롱박으로 떠서 사발에 나눠 담는 순간의 어머니의 표정은 다운(茶韻)의 그것에도 비함직한 기쁨에 찬 것이리라.

「술그릇부터 대인 기풍의 큼직하고도 흰 사발! 그 안에 담긴 젖빛도 뜨물 빛도 아니나 젖빛에도 가깝고 뜨물 빛에도 가까운 조화의 빛깔!
달거나 쓰거나 시거나 맵거나 하는 것과는 거리가 멀게 어쩌면 이 막걸리를 위해서만 아껴놓았을 것 같은 독특한 매혹의 맛!
적당히 시장기를 면해 주는 포만감! 천천히 와서 천천히 가는 취기(醉氣)!
이래서 선비나 일군이나 이 텁텁하고 만만스런 막걸리를 어느 고급주 부러워함 없이 친해온 것이 아닐까?」

「짚방석 내지 마라 낙엽엔들 못 앉으랴
순불 피지 마라 어제 진 달 돋아온다.

"아희야 박주산채(薄酒山菜)일망정 없다 말고 내어라"
할 때 우리의 머리에 떠오른 술이 무슨 술이겠는가?
"새벽 비 일갠 날에 일거스라 아희들아
뒷 메 헤고 사리 하마아니 자라시랴
오늘은 일것거 오나라 새 술 안주하리라"
했을 때 막걸리 아닌 다른 술을 마시자고 새 고사리 안주를 생각했겠는가!」

우리네 서민들의 생활에서는 막걸리상만 대하고 앉으면 은정도 원정도 구별이 없어졌다. 길한 일도 흉한 일도 이 술 한 잔이면 다 해소되는 것이었다. 조상의 봉제사도 이걸로 하였고, 손님의 영접도 전송도 이걸로 하였고, 명절의 놀이도 이걸로 흥을 돋우었고, 씨름판도 이것이 없어서는 즐거움을 이어낼 수가 없었다.

3.3 소 주

북부지방(평안도·함경도)에서는 소주를 많이 마시고 또 연중 만들고 있으나 다른 술의 음용은 매우 적다. 성루 이남에서는 주로 여름철에 만들고 제조량도 매우 적다. 이에 비하여 북부지방에는 약주나 막걸리가 거의 없다. 그런데 이 소주의 제조방법은 지방에 따라 차이가 있고, 곡자(麯子)는 일반적으로 조곡(粗麯)이며, 곡물로서는 남부지방은 주로 멥쌀·찹쌀이며, 북부지방에서는 기장이 주가 되고, 조·옥수수 그 밖의 잡곡을 쓴다.

서울에서는 공덕리나 마포 동막 부근에서 많이 제조되었다. 3월경 큰 독에 물 8말쯤 넣고, 쌀 9말을 쪄서 넣어 다시 곡자 50개를 부수어 넣고 매일 12회 휘저어 주면 3주간 정도로 숙성한 다음 5월쯤부터 이 술덧을 고리를 써서 증류한다. 한 독에서 37~8%의 소주를 소주병에 18개(1병은 너 되 정도, 따라서 일곱 말 두 되가 된다)를 얻는다. 소주지게미는 돼지 사료로 쓴다.

한편, 약주지게미를 증류하여 소주를 얻기도 한다. 그런데 광무 원년(光武 元年, 1897)경부터 주정(알코올)의 수입이 늘어나고, 이것을 재래 소주에 섞어 물로 희석하여 마시게 되니 그 값이 매우 싸서 수요량이 늘어났다. 1897년에 서울·인천 등지에서 수입한 주정이 천 석 이상에 이르렀다. 그리하여 1905년에는 거래소주 한 말에 6원 이상하던 것이 1908년에는 4원 50전까지 내리게 되었다.

3.4 백 주

백주(白酒)는 서울지방에서 쓰이는 것으로 다른 지방에는 거의 없다. 이 백주는 합주(合酒)라고도 한다. 탁주 만드는 방법과 비슷하지만 조금 다른 점이란 탁주는 조곡(粗麯)을 쓰는데 비하여 백주는 약주처럼 분곡(粉麯)을 쓰고, 그 양이 탁주보다 조금 많아서 약주와 비슷하고 숙성기간도 탁주보다 조금 길어서 약주에 가까우며, 술밑에서 백주 얻는 방법은 탁주처럼 체에 걸러 쌀알을 뭉개어 걸러내니 약주와 탁주의 중간물이라고 보겠다.

조선시대의 순 탁주인 이화주(梨花酒)에서는 쌀누룩을 쓰는데 비하여 서울식 백주는 분곡(粉麯)을 쓰는 점이 대조적이며, 중국이나 일본의 백주와는 제조원리가 다른 막걸리의 일종이다. 백주 만들기의 또한 방법으로 막걸리에다 다시 분곡·찹쌀·멥쌀 등을 섞어 다시 숙성시켜 막 걸러내는 것이 있다.

3.5 과하주

과하주(過夏酒)는 서울식과 금천식(金泉式)이 있다. 서울식은 주로 여름철, 금천식은 주로 겨울철에 마신다. 서울식의 과하주는 5~6월경부터 9~10월경까지 주로 상류층에서 마시는 것으로 제법은 곡자(국자 분 너 홉, 맥아가루 너 홉, 찹쌀 한 되 닷 홉, 소주 서너 되를 독 속에 혼화하여 방치하면 5~6일로써 숙성한다. 숙성하면 술덧에 용수를 박아 넣어 그 속에 괴인 것을 퍼내고 다시 그 지게미에 소주를 섞어 휘저어 다시 용수를 박아 넣어 괴인 술을 퍼내어 전자를 합하여 과하주 닷 되 정도를 얻는다.

그 나머지 지게미로 탁주를 만들기도 하고, 또 다시 짜서 위의 과하주에 혼용하는 일이 있으며, 한편으로는 지게미 그대로를 식용하는 일도 있다. 이것은 『음식디미방』이나 『증보산림경제』에 나오는 과하주와 같은 원리의 혼양주(混釀酒)이다.

다음은 금천식 과하주(過夏酒)의 제법을 알아보면 이때의 곡자는 분곡이고, 모양은 원반형 또는 방형이며, 한 개는 밀가루 닷 되로 만든다. 이러한 분곡 두 개에 찹쌀 엿 되의 비율로 빚어 넣는다. 찹쌀은 하룻밤 동안 침지하여 충분히 쪄낸 것에 분곡을 섞어 물을 뿌리면서 떡 매로 찧어서 진득진득한 떡 모양으로 한 것을 독 속에 넣어 밀봉·방치하면 약 1개월로 숙성한다. 보통 한번 빚어 넣으면 약 한 말 엿 되의 술이 생긴다. 이 때의 술은 처음 빚을 때 물을 일부러 쓰는 일이 없으니 자체에서 녹아나와 괴인 것을 퍼낸다. 따라서 술을 거르거나 압착하는 일이 없다.

이와 같이 하여 얻은 금천식 과하주는 단맛이 매우 세고 알코올 농도가 매우 낮다. 이것은 빚어 넣을 때 따로 물을 쓰지 않았고 또 누룩의 양이 많아서 당화작용이 크게 진행되는데 비하여 알코올 발효가 장애를 받기 때문이다. 금천식 과하주(過夏酒)는 이와 같이 혼양주(混釀酒)가 아니고 질이 좋은 약주의 일종이다. 그런데 금천주 과하주는 조선시대의 식품서 속에 그 제법이 보이지 않는다. 여기서 금천의 향토사에 따라 과하주의 유래에 대하여 알아보자.

옛날 금릉(金陵 : 금천의 옛 이름) 지방에 금을 토하는 신기한 우물이 있어 사람들은 이곳을 금천(金泉)이라 하였다. 이 전설의 진부는 고사하고 이곳에 맛좋은 물이 솟아 나오는 과하천(過夏泉)이 있어서 이것으로 좋은 술을 빚으니 전국에 그 명성을 얻어 돈을 벌었으니 금이 솟아 나오는 샘이란 해석도 가능해진다.

임진왜란 때 명나라 장군 이여송(李如松)이 이곳을 지나면서 좋은 샘물로 타는 듯한 갈증을 시원히 풀고 보니 이 물맛이 어디선가 맛본 적이 있는 것 같았다. 그런데 이곳의 지명이 금릉(金陵)이라 하니 생각이 났다.

중국에도 금릉(金陵)이 있어 이태백(李太白)이 즐겨 놀던 곳이며, 그곳의 유명한 물맛의 샘을 과하천(過夏泉)이라 한다. 이 샘물로 빚은 술을 과하주(過夏酒)라 한다고 전하니 그 때부터 이곳의 샘도 과하천(過夏泉)이라 하였고, 이 샘물로써 술을 빚어서 역시 과하주(過夏酒)라 하였다는 것이다.

4. 한말(韓末)의 지방 특산주

한말(韓末)의 지방 특산주로서 이름난 것을 적어 보면 다음과 같다. 즉 감홍로(관서지방), 죽역고(전남 담양), 호산춘(전북 여산), 노산춘(충청도), 백주(강원도 홍천·홍성), 벽향주(평안도), 특주(경기도 금포), 이강주(금천·황해도 봉산), 두견주(충남 당진), 홍주(전남 진도) 등이 있다.

5. 일제하의 곡자와 술

5.1 일제하의 곡자

곡자(麯子)의 제조는 소수의 전업자 이외에는 대부분이 농가의 부업으로 여름과 가을철에 소규모로 이루어지고 있었으며 그 품질·형상 또한 가지가지였다. 소맥을 분쇄하여 물로 반죽한 다음 틀에 넣고 발로 밟아서 따뜻한 장소에 놓아두거나 방안에 매달아 두면 공기 중의 곰팡이가 번식하여 전분을 당화효소가 생성되어 누룩으로 사용한다. 이것이 일정 하에 들어감에 따라 판매용 곡자의 제조는 면허제도로 바뀌고 주조업자 스스로 곡자를 만드는 일이 많아졌다.

1927년부터 종래의 소규모의 제조에서 탈피하여 곡자 제조업자나 주조업자가 모여서 곡자제조회사를 조직·설립하였다. 최초의 것은 1927년의 금천개량곡자조합이다. 그 결과 공장설비의 완비를 기하고 종래 적기 작업만 하던 것이 4계절의 제조가 가능해졌다. 따라서 품질도 점차 향상되고 제품도 균일화하고 생산량이 늘어나서 생산 공업으로서 자리를 굳히게 되었다. 그러나 소주를 생산하는 지방에서는 곡자가 소주 제조용의 흑곡(黑麯)으로 바뀜에 따라 곡자 생산이 점차 감소하여 곡자는 약·탁주용으로만 남게 되었다.

5.2 일제하의 술

먼저 주정공장을 보면 민족 자본은 아니지만 1929년 지주선(池周善) 씨가 평양에 칠선양조주식회사를 최초로 설립하였다. 이 공장은 곡자 소주를 제조하였고, 제인공장에서 연속식 증류기를 사용하여 당밀을 원료로 하였다.

1936년 부산에 대선발효주식회사를 설립하고, 한편 1925년에 창업된 개성양조는 1939년에는 재래식 소주 제조에서 주정식 기계조주로 전환하였다. 그 후 중앙주조(주), 동해양주(주)가 1941년에 설립되었고, 1942년에 함남 덕원에 북선주조(주)가 설립되었으나 전시 때라 술 생산량은 많지 않았다. 이들 주조회사들은 일제 말엽의 불황으로 사업을 지키지 못하였다.

주조 제조의 면허가 없었던 조선 말기에는 주조 제조장 수를 파악하기는 어려운 실정이었으나 일본 사람들이 우리나라에서 술을 만들기 시작한 것은 1876년 부산에서 탁주를 제조한 것이 최초이며, 1884년에 부산에서 청주제조를 시작으로 1897년에는 마산, 인천, 경성 등 각 지방에 청주제조 공장이 늘어났다. 그러나 주세법이 시행되면서 영업용과 자가 소비용을 불문하고 신고를 받아 면허를 부여한 초기인 1909년 12월에는 총 주류 제조장의 수가 155,832개소였다. 그러나 1925년에 133,570개 제조장이 1928년에는 34,865개, 1929년에는 265개로 줄었고, 1934년에는 자가 소비용 주류제조 면허제는 폐지되었다.

1926년 이후 약주의 제조방법 개량, 기구·기계 등의 개선을 도모한 결과 주질(酒質)이 향상되었고, 1934년에는 110,000석의 생산량을 거양하였다. 탁주도 술밑을 사용하여 안전주조를 도모하여 1933년의 탁주 생산량은 1,550,000석이나 되었다. 1916년 이전의 탁주 분석 성적은 발견되지 않았으나 당시 제조방법은 백미, 찹쌀, 누룩(조곡)을 사용하였고, 발효기간은 4일～8일 정도였고, 후수(后水) 비율도 달라 제성주의 알코올 농도와 미발효 엑기스분도 큰 차이가 많았으므로 걸쭉한 미숙 주(酒)에서 완숙 주(酒)에 이르기까지 다양했을 것이다.

당시 조선주조협회에서 발행한 『조선주조사』의 자료를 보면 1919～1939년까지의

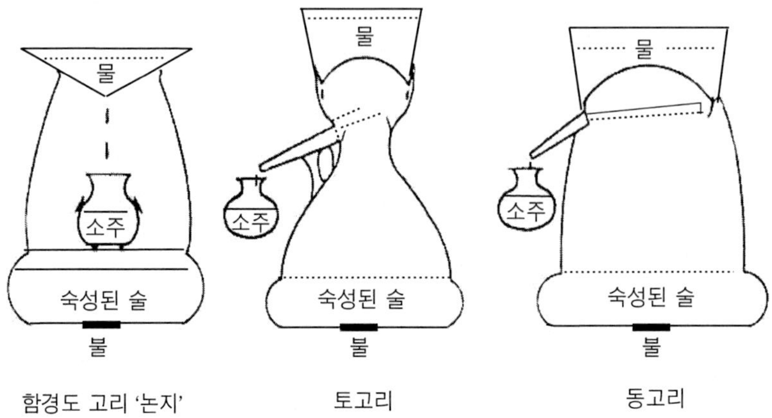

그림 3-1. 소줏고리

탁주의 알코올은 6～12%, 산도 5.0～9.0, 전주는 9.0～16.0%로 높았다. 1909년 약주의 발효가 끝난 전주의 알코올은 21%로 높았으나 판매용은 알코올 16.3%로 낮고, 당분 엑기스 총산도 낮아 가벼운 맛을 나타내었을 것이다. 1934년 분석한 내용을 보면 점차 알코올 함량이 낮아져 14.0～15.0%였다.

일본청주가 우리나라에서 생산된 것은 1984년 일본 사람이 제조한 것이 처음이고, 1925년 청주의 알코올 농도는 16%정도였다. 1910년 이전까지는 누룩으로 발효시켜 고리(古里)로 증류한 재래식 소주로 자가소비 또는 일부 음식점에서 판매되었다.

고리는 지역에 따라 상고리(上古里), 동고리(銅古里), 철(鐵)고리를 사용하였고 (그림 3-1), 수율은 아주 낮았다. 소주는 1927년 이후 흑국소주 생산은 왕성해지고 누룩을 사용한 재래식 소주는 점차 그 자취를 감추었다. 아울러 희석식 소주(주정소주)의 생산이 늘어나 1934년 450,000석이었고, 1934년 7월에는 주세법 개정으로 조선소주와 비조선소주의 구분이 폐지되었다.

1) 일본식 청주의 제조

나라를 빼앗긴 이후 일본 사람의 이주가 많아지고, 일본식 청주는 일본에서 만드는 것에 못지않게 이 땅에서도 생산되어 일본 사람은 물론 한국 사람도 많이 마시게 되고 업계는 크게 발전하였다.

2) 알코올식 기계소주

소주는 증류기의 개량 등으로 재래의 곡자소주도 제법 발전하였으나 그보다 1919

년에 평양에 알코올식 기계소주 공장이 세워지고, 이어 인천·부산에도 세워짐으로 해서 곡자소주는 이에 눌려 채산을 맞출 수 없어서 1920년경부터 흑곡소주로 전향하게 되었다. 알코올식 기계소주는 알코올에 재래소주 2할 정도를 섞은 것이다.

(1) 고문헌 속의 막걸리

막걸리(탁주)를 만드는 방법은 다양하다. 어떤 재료를 쓰는지, 혹은 어떤 누룩이나 효모를 쓰는지, 재료를 어떻게 가공하고 몇 번에 나눠 담그는지, 얼마 동안 발효시켜 어떻게 숙성시키는지에 따라 맛이 다른 술이 만들어진다.

① 『조선주조사』에 나오는 20세기 초기의 탁주 제조법

멥쌀과 거친 누룩과 물로 술덧을 담가 10일 내외에 거른다. 그밖에 찹쌀을 사용한 것, 약주를 뜨고 남은 술덧에서 거른 것들이 있다. 좀 더 상세히 설명하면 고두밥 10, 누룩 5, 물 10의 비율로 혼합하여 술덧을 만들어 20℃ 내외로 관리하는데, 이때 술덧을 전혀 젓지 않고 5~10일 동안 숙성시킨다. 이후 독에 체 받침과 체를 얹고 바가지로 술덧을 떠서 체 속에 부은 뒤 손바닥으로 비벼가며 으깨서 여과하여 잘 걸러지면 물을 부어 지게미를 걸러낸다.

② 『조선주조사』에 나오는 서울 지역의 탁주 제조법

㉠ 쌀 3말(48 kg)을 하룻밤 물에 담가 둔다.
㉡ 이튿날 소쿠리에 쌀을 건져서 반쯤 건조시킨 뒤 굵게 분쇄한다.
㉢ 분쇄한 쌀을 쪄서 자리 위에 넓게 펴서 식힌다.
㉣ 거친 누룩 7개를 거칠게 가루 내어 혼합한다.
㉤ 5~6말들이 항아리에 지에밥과 누룩을 담고 물 3동이(거의 3말)를 붓는다.
㉥ 잘 저은 뒤에 2~3일 또는 4~5일 발효시킨다.
㉦ 발효되면 체로 여과하는데, 지게미를 잘 비벼 부수고는 물 3말 정도를 부어 여과한다.
㉧ 그렇게 하면 9동이(8~9말) 분량의 탁주를 얻게 된다.
㉨ 보존기간은 4~5일이며, 그 뒤로는 술이 시어진다.

(2) 『조선무쌍신식요리제법』의 탁주 제조법(이용기, 1924년)

① 일반 막걸리 1

㉠ 하등 쌀이나 싸라기 한 말(18 ℓ) 가량을 절구에 찧어 굵은체에 친다.

ⓛ 체로 쳐낸 쌀을 쪄서 식힌다.
ⓒ 누룩 4장 가량을 찧어 섞되 여름에는 누룩을 반 장 쯤 더 넣는다.
ⓡ 물은 맑은 술(청주)을 빚을 때보다는 더 부어 술을 빚고, 항아리를 덮어 둔다.
ⓜ 겨울에는 10일, 여름에는 7일이 지나면 거르되, 술맛을 보아가며 물을 친다.
ⓑ 이렇게 빚더라도 5되(9ℓ)만 술밑으로 하고, 5되를 지에밥(고두밥)처럼 쪄서 덧술 할 수 있다.

② 일반 막걸리 2

ⓖ 묵은 멥쌀 좋은 것을 골라 맑은 물이 나도록 씻는다.
ⓛ 누룩을 볕에 여러 날 바래고 밤에 이슬을 맞힌 뒤 수비(水飛, 곡물의 가루나 흙을 물에 넣고 휘저어 잡물을 없애는 것)하여 술밑을 담근다.
ⓒ 찹쌀로 지에밥을 쪄서 덧술을 한다.
ⓡ 10일이 지나서 굵은체에 거르고 고운체에 밭치면 빛도 곱고, 훌훌하고 맛이 좋다.
ⓜ 이 술은 식전에 해장으로 하면 약주보다 낫다. 그러나 소주 해장은 단명할 수 있다.

3) 막걸리의 규격화

막걸리는 양조업이 허가제가 됨으로써 술 빚는 방법이 규격화되어 알뜰한 여인의 정성과 제주가 막걸리 빚기에 깃들지 못하게 되었다.

4) 주류 시험실

1924년에는 행정정리에 의하여 양조시험소가 폐지되었으나 1929년 총독부 주류 시험실로서 부활되어 주조의 연구가 계속되었다.

5) 당밀 알코올

설탕 무를 재배함으로써 당과 알코올 원료인 당밀 확보의 노력이 시작되었다. 1913년부터 1931년까지의 18년간에 걸쳐 대일본제당회사, 조선 질소회사 등이 기업화함으로써 상당량의 당밀을 생산하였으나 기후·풍토가 적합하지 않았고, 생산가가 지나치게 비싸게 들어 결국 실패하고 말았다. 이에 알코올 식 기계소주 업자는 비교적 값싼 대만의 당밀을 대량으로 수입하여 전시 통제시대까지 이것으로 알코올을 생산하였다.

6) 고구마 알코올

대만에서 사탕수수가 감소되고, 당밀의 수급사정의 변화로 알코올식 기계소주의 원료공급이 점차 불안해져 1935년 부산의 대선발효(주)에서는 제주도에서 알코올 원료가 되는 고구마 재배를 시도하여 성공하였다.

그러나 그 후 당밀의 사정이 약간 호전되어 고구마 원료의 소주는 대선발효(주)에서 약간 생산하는데 그치고 있었다. 그러다가 일본 본사에서는 전시 연료로서 무수알코올의 연구·기업화가 진행되어 1938년 조선총독부의 주선으로 동척회사(東拓會社)가 제주도에 고구마를 원료로 하는 무수 알코올 공장을 건설하였다. 이와 같이 대선발효(주)가 발안한 고구마 개발은 전쟁 중은 물론 해방 이후까지 제주도의 중요한 알코올 산업을 낳게 하였다.

7) 맥주

맥주의 수요가 점차 늘어나고, 이것을 전부 일본에서 수입하고 있었기 때문에 1933년 말 삿뽀로맥주(해방 후의 조선맥주), 소화기린맥주(해방 후의 동양맥주)의 두 회사가 영등포에 공장을 건설하여 1934년 4월부터 제품을 내게 되었다. 따라서 맥주는 일본에서 수입할 필요가 없어지고 일부는 만주에 수출까지 하였다.

8) 이연주(理研酒)

1936년에 부산의 대선발효(주)에서는 스즈기(鈴木梅太郎)가 발명한 이연주(理研酒 : 알코올에 포도당·엿·호백산·유산·글루탐산소다 등을 섞어서 일본식 청주와 비슷하게 만든 것)를 제조허가 받았다. 이 무렵 마산의 소화주류(昭和酒類), 인천의 조일양조(朝日釀造)에서도 역시 제조허가를 받았으나 1938년 말엽부터 시국의 영향을 받아 조미료나 약물 등의 입수가 점차 어려워져 제조에 지장이 있기는 하였으나 군에 수주 납입의 필요에 의하여 소량이지만 종전 시까지 단속적이나마 제조가 계속되었다.

9) 원곡의 통제

1936년에는 총독부에서 『미곡자치관리법』이 발포되었고, 전쟁에 따라 식량 확보가 절실한 문제가 되어 1938년 주조년도부터 주조미는 할당제가 되었으며, 1940년 주조년도부터는 탁주 이외의 주류는 배급제도가 실시되었다. 이에 따라 청주의 제조는 크게 억제되었고 알코올식 기계소주도 대만으로부터 당밀의 수입이 정지됨에 따라 고구마의 개발, 잡곡의 매입에 전력을 다하였다.

그런데 이 때 탁주원료의 할당만은 특별대우를 받았다. 탁주 제조의 억제는 오히려 밀주 조장의 결과를 가져온다고 보았던 것이다. 그러나 탁주의 밀조가 전쟁 말기에는 매우 많아서 적발된 반수가 1939년에 17,182반이던 것이 1943년에 34,564반에 이르렀다.

10) 2차 청주

1940년 만주에서 나가사마(長島長治)는 청주 술덧에 알코올을 첨가한 이른바 '제1차주'를 만들어 내었고, 1942년에는 여기에 포도당·유산(乳酸) 또는 호박산을 첨가하는 이른바 '제2차주'를 만들었다. 이것은 청주 술덧에 이연주(理研酒)를 섞어주는 것이다. 이 제1차주 및 제1차주를 우리나라에서도 각각 1942년, 1943년부터 만들기 시작하였다.

일본에서는 쌀이 남아돌게 된 지금에 이르기까지 이른바 특급청주란 것이 실은 청주의 양을 3배로 늘이는 '제2차주'인 3배 중량 청주로 대용되고 있다. 순 곡물로 양조한 특급청주가 일본에는 지금 거의 없다. 현재 우리의 특급청주도 이런 것이다. 나가시마(長島長治)는 제2차주로써 표창을 받았으나 우리의 서울식 과하주의 원리에 지나지 않는다.

제 4 장

술의 분류와 종류

주류는 에틸알코올을 함유하는 치취(致醉) 음료로서 산지・원료・제조법에 따라 많은 종류로 분류하고 있으며, 양조학이나 발효공학에서는 술을 표 4-1과 같이 분류하고 있다.

1. 주류의 분류

1.1 제조법에 따른 주류의 분류

1) 양조주(발효주)

원료를 그대로 또는 당화한 다음 효모로써 발효하여 만든 술이다. 대개는 여과하여 마신다. 알코올 함량이 낮고, 엑기스(extract) 함량이 높은 술이며 청주, 맥주, 포도주, 약・탁주가 여기에 속한다.

2) 증류주

증류주는 양조주(발효주)를 증류하여 만든 술을 말한다. 나무통에 저장하여 성숙하거나 향료식물로 향기를 부여하고 있다. 알코올 함량이 높고, 엑기스 함량이 낮은 술이다. 소주, 위스키, 브랜디(brandy), 보드카(vodka), 진(gin), 럼(rum) 등이 여기에 속한다.

3) 혼성주

양조주나 증류주에 식물의 꽃, 잎, 뿌리, 과일껍질을 담그어 식물의 향기・맛・색깔을 침출시키고, 다시 당, 색소를 가하여 만든 술이다. 일반적으로 알코올 함량, 엑기스 함량이 다 높은 술이다. 소위 리큐르(liquer)가 여기에 속하며 매실주도 혼성주의 일종이다. 때로는 재제주라고도 한다.

1.2 당화와 발효의 조합에 따른 분류

주로 양조주에 대한 분류이나 증류주의 원료가 되는 술덧이나 술에 대한 것이다.

1) 단발효주

포도·사과 등의 과일이나 수수 설탕즙액은 포도당, 자당을 함유하고 있으므로 효모에 의한 발효만으로 술이 된다. 이와 같이 술을 1회의 발효만으로 된다는 뜻에서 단발효주라고 한다.

2) 복발효주

곡류나 고구마류의 전분을 함유한 원료는 먼저 전분을 당화하고 나서 효모로 발효하는 두 가지의 공정을 거쳐 만든 술이다. 당화는 발효는 아니나 효모작용으로 이루어지므로 일종의 발효로 생각하고 2회의 발효를 거친다는 의미에서 이런 술을 복발효주라고 한다. 그러나 바르게는 당화-발효주라고 하여야 할 것이다.

당화제로서는 서양에서는 맥아를 사용하고, 동양에서는 미생물을 사용하여 왔다. 같은 동양에서도 우리나라에서는 누룩을 사용하여 왔고, 일본에서는 곡립에 황곡균과

표 4-1. 제조법에 의한 술의 분류

- 주류
  - 발효주 (양조주)
    - 단발효주 : 포도주, 사과주, 기타 사과주 그리고 kefir, kumis 등
    - 복발효주
      - 단행복발효주 : 매주
      - 병행복발효주 : 청주, 소홍주
  - 증류주
    - 곡주 : 위스키(whisky), 진(gin), 보드카(vodka)
    - 당밀 : 럼(rum)
    - 과실 : 브랜디(brandy)
  - 혼성주
    - 재제주 : 홍주(홍주)
    - 합성주: 합성청주, 감미포도주
    - 약용주 : 각종 약용주, 매실주

흑곡균을 사용하여 왔다.

(1) 단행복발효주(單行複醱酵酒)

복발효주 중 맥주는 당화가 완료되고 나서 발효를 행하므로 양자가 뚜렷이 구분된 공정으로 이루어진다. 이와 같은 술을 단행복발효주(단행 당화발효주)라고 한다.

(2) 병행복발효주(竝行複醱酵酒)

청주 술덧에서는 당화와 발효가 동시에 진행되므로 병행 복발효주(병행 당화발효주)라고 한다. 동양에서는 오랜 옛날부터 병행복발효식으로 술을 제조해 왔다.

1.3 주세법에 따른 분류

각 나라에서는 주세법에 따라 주류를 분류한다. 우리나라 주세법에는 주류의 정의와 분류는 다음과 같이 규정하고 있다.

<주세법 제1장 총칙(개정 2009년 12월 31일)>

제1조(과세대상) : 주류에 대하여는 이 법에 따라 주세를 부과한다.

제2조(납세의무자) : 다음 각 호의 어느 항에 해당하는지는 이 법에 따라 주세를 납부하여야 한다.

제3조(정의) : 이 법에서 사용하는 용어의 정의는 다음과 같다.
9개[주류, 주류의 규격, 알코올분, 불휘발분, 주조년도, 술밑, 술덧, 국(麴), 포탈(逋脫)] 용어의 정의가 있으나 생략한다.

제4조(주류의 종류) : 주류의 종류는 다음과 같다.

① 주정
② 발효주류 : 탁주, 약주, 청주, 맥주, 과실주
③ 증류주류 : 소주(증류식 소주, 희석식 소주), 위스키, 브랜디, 일반 증류주, 리큐르
④ 기타

그러나 2009년 12월 31일 개정 전의 주류의 분류는 달리 하고 있다. 참고로 소개하면 다음과 같다.

제3조(주류의 분류) : 주류는 다음과 같이 양조주, 증류주, 재제주로 분류한다.

(1) 양조주(釀造酒)라 함은 주료(酒醪), 기타 발효액으로 제성(製成)한 것으로서 다음의 것을 말한다.

가) 탁주
나) 약주
다) 맥주
라) 청주
마) 과실주
바) 명약주
사) 기타 증류주

(2) 증류주(蒸溜酒)라 함은 주료, 기타 알코올분을 함유하는 물료(物料)를 증류하여 제성한 것으로 다음의 것을 말한다.

가) 증류식 소주
나) 희석식 소주
다) 고량주
라) 주정
마) 위스키
바) 브랜디
사) 기타 증류주

(3) 재제주(再製酒)라 함은 주류의 일종에 다른 주류, 또는 기타 물료를 혼화하여 제성한 것으로 다음 것을 말한다.

가) 합성 청주
나) 합성 맥주
다) 기타 재제주

이는 우리나라에서 처음으로 만들어진 주세법(1909년 2월 13일)과 거의 같이 분류되어 있으나 현행 주세법에서 주류의 종류, 이름만 나열하였고 제조법은 무시하고 사용원료를 많이 규정하였다.

〈현재 우리나라의 주세법 · 주세법 시행령 · 주세법 시행규칙〉

현재 우리나라의 술에 관한 법률은 주세법, 주세법 시행령, 주세법 시행규칙, 주세법 통칙이 있다. 주세법은 1949년 10월 21일 법률 제60호로 공포되어 27차 개정되었고, 1999년 12월에 국회에 통과하여 현재 실행하고 있다. 총 제4장으로 제52조로 구성되어 있다.

주세법 시행령은 1970년 7월 13일 대통령 제5197호로 공포되어 30차 개정되었고, 총 제4장 제67조로 구성되었다. 주세법 시행규칙은 1969년 7월 30일에 재부부령 제616호로 공포되어 16차 개정되었다.

주세법에 의한 각종 주류의 정의는 다음과 같다.

1) 주정

(1) 전분 또는 당분이 포함되어 있는 물료를 발효시켜 알코올분 85도 이상으로 증류한 것

(2) 알코올분이 포함되어 있는 물료를 알코올분 85도 이상으로 증류한 것

2) 발효주류

가) 탁주

(1) 곡류의 국(麴)과 물을 원료로 하여 발효시킨 술덧을 여과하지 아니하고 혼탁하게 제성한 것

(2) 곡류 외의 전분이 포함되어 있는 물료와 국과 물을 원료로 하여 발효시킨 술덧을 여과하지 아니하고 혼탁하게 제성한 것

(3) 곡류·곡류 외의 전분이 포함되어 있는 물료와 국과 원료로 하여 발효시킨 술덧을 여과하지 아니하고 혼탁하게 제성한 것

(4) (1)내지 (3)의 규정에 의한 주류의 원료에 당분을 첨가하여 발효시킨 술덧을 여과하지 아니하고 혼탁하게 제성한 것

(5) (1)내지 (4)의 규정에 의한 주류의 발효·제성과정에 대통령령이 정하는 물료를 첨가한 것

나) 약주

(1) 곡류와 국과 물을 원료로 하여 발효시킨 술덧을 여과·제성한 것

(2) 곡류 외의 전분이 포함되어 있는 물료와 국과 물을 원료로 하여 발효시킨 술덧을 여과·제성한 것

(3) 곡류·곡류 외의 전분이 포함되어 있는 물료와 국과 물을 원료로 하여 발효시킨 술덧을 여과·제성한 것

(4) (1)내지 (3)의 규정에 의한 주류의 원료에 당분을 첨가하여 발효시킨 술덧을 여과·제성한 것

(5) (1)내지 (4)의 규정에 의한 주류의 발효·제성과정에 대통령령이 정하는 물료를 첨가한 것

다) 청주

(1) 곡류 중 쌀(찹쌀을 포함한다)·국과 원료로 하여 발효시킨 술덧을 여과·제성한 것 또는 그 발효·제성과정에 대통령령이 정하는 물료를 첨가한 것
(2) (1)의 규정에 의한 주류의 발효·제성과정에 대통령령이 정하는 주류 또는 물료를 혼합하거나 첨가하여 여과·제성한 것으로서 대통령령이 정하는 알코올분의 도수 범위 안의 것

라) 맥주

(1) 엿기름(밀, 엿기름을 포함한다. 이하 같다)·홉(홉 성분을 추출한 것을 포함한다. 이하 같다) 및 물을 원료로 하여 발효시켜 제성하거나 여과·제성한 것
(2) 엿기름과 홉, 쌀·보리·옥수수·수수·감자·전분·당분 또는 캐러멜 중 하나 이상의 것과 물을 원료로 하여 발효시켜 제성하거나 여과·제성한 것
(3) (1) 또는 (2)의 규정에 의한 주류의 발효·제성과정에 대통령령이 정하는 주류 또는 물료를 혼합하거나 첨가하여 인공적으로 탄산가스가 포함되도록 하여 제성한 것으로서 대통령령이 정하는 알코올분의 도수 범위 안의 것

마) 과실주

(1) 과실(과실즙과 건조시킨 과실을 포함한다. 이하 같다) 또는 과실과 물을 원료로 하여 발효시킨 술덧을 여과·제성하거나 나무통에 넣어 저장한 것
(2) 과실을 주된 원료로 하여 당분과 물을 혼합하여 발효시킨 술덧을 여과·제성하거나 나무통에 넣어 저장한 것
(3) (1) 또는 (2)의 규정에 의한 주류의 발효·제성과정에 과실 또는 당분을 첨가하여 발효시켜 인공적으로 탄산가스가 포함되도록 하여 제성한 것
(4) (1) 또는 (2)의 규정에 의한 주류의 발효·제성과정에 과실즙을 첨가한 것 또는 이에 대통령령이 정하는 물료를 첨가한 것
(5) (1) 또는 (2)의 규정에 의한 주류의 발효·제성과정에 대통령령이 정하는 주류 또는 물료를 혼합하거나 첨가한 것으로서 대통령령이 정하는 알코올분의 도수 범위 안의 것
(6) (1)내지 (5)의 규정에 의한 주류의 발효·제성과정에 대통령령이 정하는 물료를 첨가한 것

3) 증류주류

가) 소주(불휘발분이 2도 미만이어야 한다)

(1) 증류식 소주

① 전분이 포함되어 있는 물료, 국(麴)과 물을 원료로 하여 발효시켜 연속식 증류 외의 방법에 의하여 증류한 것. 다만 발아시킨 곡류(대통령령이 정하는 것을 제외한다)를 원료의 전부 또는 일부로 한 것. 곡류에 물을 뿌려 섞어 밀봉·발효시켜 증류한 것 또는 자작나무 숯(다른 물료를 혼합한 것을 포함한다. 이하 같다)으로 여과한 것을 제외한다.

② ①의 규정에 의한 주류의 발효·제성과정에 대통령령이 정하는 물료를 첨가한 것

③ ① 또는 ②의 규정에 의한 주류에 대통령령이 정하는 바에 의하여 주정 또는 대통령령이 정하는 곡물주정(이하 '곡물주정'이라 한다)을 혼합한 것

④ ①내지 ③의 규정에 의한 주류를 나무통에 넣어 저장한 것

(2) 희석식 소주

① 주정 또는 곡물주정을 물로 희석한 것

② 주정과 곡물주정을 혼합한 것을 물로 희석한 것

③ ① 또는 ②의 규정에 의한 주류에 대통령령이 정하는 물료를 첨가한 것

④ ①내지 ③의 규정에 의한 주류에 대통령령이 정하는 바에 의하여 (1) ①의 규정에 의한 주류를 혼합한 것

⑤ ①내지 ④의 규정에 의한 주류를 나무통에 넣어 저장한 것

나) 위스키(불휘발분이 2도 미만이어야 한다)

(1) 발아된 곡류와 물을 원료로 하여 발효시킨 술덧을 증류하여 나무통에 넣어 저장한 것

(2) 발아된 곡류와 물로 곡류를 발효시킨 술덧을 증류하여 나무통에 넣어 저장한 것

(3) (1) 또는 (2)의 규정에 의한 주류의 술덧을 증류한 후 이를 혼합하여 나무통에 넣어 저장한 것

(4) (1)과 (2)의 규정에 의한 주류를 혼합한 것.

(5) (1)내지 (3)의 규정에 의한 주류에 대통령령이 정하는 주류 또는 물료를 혼합하거나 첨가한 것

다) 브랜디(불휘발분이 2도 미만이어야 한다)

(1) 제4조 제1항 제2호 마목의 규정에 의한 주류(과실주지게미를 포함한다)를 증류 하여 나무통에 넣어 저장한 것

(2) (1)의 규정에 의한 주류에 대통령령이 정하는 주류 또는 물료를 혼합하거나 첨가한 것

라) 일반 증류주(불휘발분이 2도 미만이어야 한다)

다음의 (1)에 규정된 것으로서 제1호 또는 제3호 가목 내지 다목의 규정에 의한 주류 외의 것. 다만 (6)내지 (10)의 규정에 의한 첨가 물료에 과실이 포함되는 경우에는 이를 발효시키지 아니하고 사용하여야 한다.

(1) 수수 또는 옥수수, 기타 전분이 포함되어 있는 물료와 국(麴)을 원료(고량주 지게미를 첨가하는 경우를 포함한다)로 하여 물을 뿌려 섞은 것을 밀봉하여 발효시켜 증류한 것

(2) 사탕수수·사탕무·설탕(원당을 포함한다) 또는 당밀 중 하나 이상의 것을 주된 원료로 하여 물과 함께 발효시킨 술덧을 증류한 것

(3) 술덧 또는 기타 알코올분이 포함되어 있는 물료를 증류한 주류에 노간주나무 열매 및 식물약재를 첨가하여 증류한 것

(4) 주정 또는 기타 알코올분이 포함되어 있는 물료를 증류한 주류를 자작나무 숯으로 여과하여 무색·투명하게 제성한 것

(5) 전분 또는 당분이 포함되어 있는 물료를 주된 원료로 하여 발효시켜 증류한 것

(6) (1) 내지 (5)의 규정에 의한 주류의 발효·증류·제성과정에 대통령령이 정하는 물료를 첨가한 것

(7) (1)내지 (5)의 규정에 의한 주류를 혼합한 것 또는 이들 혼합한 주류의 증류·제성과정에 대통령령이 정하는 물료를 첨가한 것

(8) 제1호, 제3호 가목 내지 다목의 규정에 의한 주류의 발효·증류·제성과정에 대통령령이 정하는 물료를 첨가한 것

(9) 제2호·제3호 가목 내지 다목의 규정에 의한 주류를 혼합한 것 또는 이들 혼합한 주류의 증류·제성과정에 대통령령이 정하는 물료를 첨가한 것

(10) (1)내지 (5)·제1호·제3호 가목 내지 다목의 규정에 의한 주류를 혼합한 것 또는 이들 혼합한 주류의 증류·제성과정에 대통령령이 정하는 물료를 첨가한 것

(11) (1)내지 (10)의 규정에 의한 주류를 나무통에 넣어 저장한 것

마) 리큐르

제4조 제3호 라목의 규정에 의한 주류로서 불휘발분이 2도 이상인 것

4) 기타 주류

(1) 용해하여 알코올분 1도 이상의 음료로 할 수 있는 분말상태의 것
(2) 발효의 방법에 의하여 제성한 주류로서 제2호의 규정에 의한 주류 외의 것
(3) 쌀 및 입국(粒麴)에 주정을 첨가하여 여과한 것 또는 이에 대통령령이 정하는 물료를 첨가하여 여과한 것
(4) 발효의 방법에 의하여 만든 주류와 제1호 또는 제3호의 규정에 의한 주류를 섞은 것으로서 제2호의 규정에 의한 주류 외의 것
(5) 기타 제1호 내지 제3호 및 제4호 가목 내지 라목의 규정에 의한 주류 외의 것

1.4 한국표준산업분류에 따른 분류

한편, 우리나라에서 주류산업이란 넓은 의미로 주류와 발효제의 제조업과 판매업을 포함하여 가리킨다. 한국표준산업 분류에 따르면 우리나라의 주류산업은 표 4-2와 같은 분류체계상의 특징을 가진다. 즉 주류산업은 소분류상, 음식료품산업에 속하여 구분되고 있는 것으로, 전체 제조업 중에서 1～2% 정도의 부가가치를 생산하고 있는 것으로 알려져 있다.

표 4-2. 제조업 중 주류산업의 분류 체계

구 분	제조업 분류
중분류	음식료품 및 담배 제조업
소분류	음식료품 제조업
세분류	증류주 및 합성주 제조업 발효주 제조업 맥주 제조업
세세분류	주정, 소주, 인삼주, 곡식 증류주, 과실 증류주, 기타 증류주, 탁주, 약주, 청주, 과실 발효주, 기타 발효주, 맥주

1.5 『임원십육지』에 의한 분류

『임원십육지』는 『증보산림경제』를 토대로 하여 113권으로 된 식생활종합서이며 가정백과대전이다. 여기에서 삼국 이후 우리나라 술을 처음으로 아래와 같이 분류하였다.

가) 이류(弛類) : 백로주방(白露酒方), 향온주방, 녹파주방(綠波酒方), 벽향주방(碧香酒方), 유하주방(流霞酒方), 소국주방(小麴酒方), 부의주방(浮蟻酒方), 동정주방(洞庭酒方), 경액춘방(瓊液春方), 죽엽춘방(竹葉春方), 인유향방(麟乳香方), 석탐향방, 벽매주방, 오호주방(五壺酒方), 하향주방(荷香酒方), 향설주방(香雪酒方), 벽향주방(碧香酒方)

나) 주류(酎類) : 호산춘방(壺山春方), 잡곡주방(雜穀酒方), 두강춘방(杜康春方), 무릉도원주방(武陵桃源酒方), 동파주방(東坡酒方)

다) 시양류(時釀類) : 약산춘방(藥山春方), 삼해주방(三亥酒方), 춘주방(春酒方), 율미주방(栗米酒方), 법주방(法酒方), 청명주방(淸明酒方), 삼구주방(三九酒方), 칠미법주방, 당량주방(當粱酒方), 갱미주방, 납주방(臘酒方), 칠석주방(七夕酒方), 분국상락주방, 동미명주방(冬米明酒方)

라) 향양류(香釀類) : 도화주방(桃花酒方), 도로양방(桃露釀方), 송화주방(松花酒方), 송순주방(松荀酒方), 죽엽청방(竹葉淸方), 하엽청방(荷葉淸方), 연엽양방(蓮葉釀方), 영주방, 국화주방(菊花酒方), 만전향주방(滿殿香酒方), 밀온투병향방, 밀주방(蜜酒方), 화향입주법(花香入酒法)

마) 과라양류(菓羅釀類) : 송자주방(松子酒方), 핵도주방(核桃酒方), 상실주방(橡實酒方), 산사주방(山査酒方), 포도주방(葡萄酒方), 감저주방(甘藷酒方), 청서주방(淸署酒方), 봉래춘방(蓬萊春方), 신선벽도춘방(神仙碧桃春方), 죽통주방(竹筒酒方), 지주방(地酒方), 포양방(砲釀方)

바) 순내양류(旬內釀類) : 일일주방(一日酒方), 삼일주방(三日酒方), 하삼청방(夏三淸方), 백화춘방(白花春方), 계명주방(鷄鳴酒方)(要術), 두강주방(杜康酒方), 칠일주방(七日酒方), 사절칠일주방(四節七日酒方), 급수청방(急需淸方), 계명주방(鷄鳴酒方)(必用)

사) 제차류(醍醝類) : 천태홍주방(天台紅酒方), 건창홍주방(建昌紅酒方), 하동이백주방(河東酏白酒方), 백주방(白酒方), 왜백주방(倭白酒方)

아) 앙료류(鞅醪類) : 이화주방(梨花酒方), 집성향방(集聖香方), 추모주방, 백류

주방, 분국백류주방

자) 예류(醴類) : 감주방(甘酒方), 청감주방(淸甘酒方), 왜례주방(倭醴酒方), 왜미림주방(倭美淋酒方)

차) 소로류(燒露類) : 소주총방(燒酒總方), 내국홍로방(內局紅露方), 노주이주방(露酒二酒方), 절주방(切酒方), 관서감홍로방(關西甘紅露方), 관서계당주방(關西桂當酒方), 죽력고방, 적선소주방(謫仙燒酒方), 삼일로주방(三日露酒方), 모미소주방(麰米燒酒方), 소맥로주방(小麥露酒方), 교맥로주방(蕎麥露酒方), 이모로주방, 송순주방, 과하주방, 오향소주방, 포도소주방, 감저소주방, 천리주방, 왜소주방

카) 소주다취로법(燒酒多取露法), 소로잡법(燒露雜法), 소번황주법(燒燔黃酒法)

타) 의주제법(醫酒諸法) : 치주불배법, 요산주법(拗酸酒法), 해백주산법(解白酒酸法), 치주변미방(治酒變味方), 치산박주작호주방(治酸薄酒作好酒方), 치다수주법(治多水酒法), 치로주화염법(治露酒火焰法), 변탁주위청주방(變濁酒爲淸酒方)

파) 수주의기(收酒宜忌) : 수주불훼법(收酒不毁法), 수로주법(收露酒法), 수잡주법(收雜酒法), 잡기(雜忌)

하) 약양제품(藥釀諸品) : 도소주(屠蘇酒), 장춘주(長春酒), 신선주, 고본주(固本酒), 오수주(烏鬚酒), 신선고본주(神仙固本酒), 준순주(浚巡酒), 유학주(愈虐酒), 홍국주(紅麴酒), 거승주(巨勝酒), 오가피주, 선령비주(仙靈脾酒), 의이인주(薏苡仁酒), 천문동주(天門冬酒), 백령등주(百靈藤酒), 소자주(蘇子酒), 백출주(白朮酒), 지황주(地黃酒), 우슬주(牛膝酒), 당귀주(當歸酒), 창포주, 구기주, 인삼주, 서여주, 복령주(茯笭酒), 국화주, 황정주(黃精酒), 상침방, 밀주(蜜酒), 요주(蓼酒), 강주(薑酒), 장송주(長松酒), 회향주(茴香酒), 축사주(縮砂酒), 사근주(莎根酒), 인진주(茵蔯酒), 청호주(青蒿酒), 백부주(百部酒), 해조주(海藻酒), 선묘주, 통초주(通草酒), 남등주(南藤酒), 천금주(千金酒), 송액주(松液酒), 송절주, 백엽주(柏葉酒), 송지주(松脂酒), 초백주(椒柏酒), 죽엽주, 괴지주(槐枝酒), 우방주(牛蒡酒), 마인주, 자근주(柘根酒), 화사주(花蛇酒), 호골주(虎骨酒), 녹골주, 녹용주(鹿茸酒), 무술주(戊戌酒), 양고주(羊羔酒), 온눌제주, 백화주(百花酒), 주중지약법(酒中漬藥法) 등이 소개되고 있다.

1.6 이(李) 교수의 조선시대의 술 분류

(고)이성우 교수는 한국식품사회사에서 현대적 어휘로 재구성하여 조선시대의 술을 『임원십육지』의 분류법을 기준을 두고 다음과 같이 분류하였다.

가) 상용약주[常用藥酒, 이류(酏類)·청주(淸酒)] : 약주(藥酒), 백하주(白霞酒), 백로주(白露酒), 방문주(方文酒), 부의주(浮蟻酒), 향온주(香醞酒), 소곡주(小麯酒), 경면록파주(鏡面綠波酒), 벽향주(碧香酒), 청명주(淸明酒), 석탄주(惜呑酒), 동정춘(洞庭春) 등

나) 특수약주[特殊藥酒, 주류(酎類)·서류(醑類)·미주(美酒)·춘주(春酒)] :호산춘(壺山春), 삼해주(三亥酒), 백일주(百日酒), 약산춘(藥山春), 사마주(四馬酒), 법주(法酒) 등

다) 속성주류[速成酒類, 속성 발효주·순내양류(旬內釀類)] : 일일주(一日酒), 삼일주(三一酒), 급시주(急時酒), 칠일주(七日酒), 두강주(杜康酒) 등

라) 탁주[濁酒, 앙료주(醠醪酒)] : 이화주(梨花酒), 사절주(四節酒, 集聖香), 백료주(白醪酒), 혼돈주(混沌酒), 막걸리, 합주모주(合酒母酒) 등

마) 홍주(紅酒)와 백주(白酒) : 천대홍주(天臺紅酒), 백주(白酒), 왜백주(倭白酒) 등

바) 감주[甘酒, 예류(醴類)] : 감주(甘酒), 청감주(淸甘酒), 왜미림주(倭美淋酒) 등

사) 이양주(異壤酒) : 청서주(淸暑酒), 봉래춘(蓬萊春), 와송주(臥松酒), 죽통주(竹筒酒), 지주(地酒), 동양주(東陽酒) 등

아) 가향주류[加香酒類, 향양주(香釀酒)] : 도화주(桃花酒), 송화주(松花酒), 송순주(松笋酒), 하엽주(荷葉淸), 연엽양(蓮葉釀), 화향입주방(花香入酒方), 두견주(杜鵑酒) 등

자) 과실주[果實酒, 과양류(果釀類)] : 포도주(葡萄酒), 송자주(松子酒) 등

차) 소주[燒酒, 소로(燒露)·화주(火酒)·아라기] : 소주, 찹쌀소주, 밀소주, 노주이주방(露酒二酒方), 삼해주(三亥酒) 등

카) 혼양주[混釀酒, 합주류(合酒類)] : 과하주(過夏酒), 송순주(松笋酒, 松露酒) 등

타) 약용소주(藥用燒酒) : 관서감홍로(關西甘紅露), 죽력고(竹瀝膏), 이강고(梨

薑膏), 내국홍로주(內局紅露酒 : 진도의 홍주) 등

파) 약용약주(藥用藥酒) : 자주(煮酒), 구기주(枸杞酒), 오가피주(五加皮酒), 밀주(密酒), 송절주(松節酒), 거승주(巨勝酒), 벽력주(霹靂酒), 호골주(虎骨酒), 무술주(戊戌酒), 양고주(羊羔酒), 서여주(薯蕷酒), 창포주(菖蒲酒), 천문동주(天門冬酒) 등

그리고 『임원십육지』에서는 『본초강목』을 인용하여 술의 종류를 한자로 다음과 같이 표기하고 있다.

술의 맑은 것을 釀(술빚을→양)이라 하고, 흐린 것을 醠(성할, 막걸리→앙), 두터운 것을 醇(전국술 : 두터울→순), 묽은 것을 醨(묽은 술→리), 여러 번 덧술한 것을 酎(전국술, 소주→주), 하룻밤 사이에 만든 것을 醴(단술→례)라 하며, 아름다운 것을 醑(좋은 술→서), 미처 거르지 않은 것을 醅(거르지 않은 술→배)라 하고, 또 붉은 것을 醍(빛 붉은 술→제), 푸른 것을 醽(전국술→위), 흰 것을 醝(흰술→차)라 한다.

1.7 『고사십이집』에 의한 분류

한편, 『고사십이집』(1789년)에서는 다음과 같이 분류하였다.

가) 이류[酏類, 청주(淸酒)] : 향온주(香醞酒), 백로주(白露酒, 方文酒), 녹파주(綠波酒), 벽향주(碧香酒)

나) 서주[醑類, 미주(美酒)] : 약산주(藥山酒), 소곡주(小麯酒), 부의주(浮蟻酒), 자주(煮酒), 밀주(密酒)

다) 주주[酎酒, 중양주(重釀酒)] : 호산춘(壺山春), 삼해주(三亥酒), 도화주(桃花酒), 연엽주(蓮葉酒), 과하주(過夏酒)

라) 잔류[醆類, 미청주(微淸酒)] : 하향주(荷香酒), 백주(白酒)

마) 앙주[醠酒, 탁주(濁酒)] : 이화주(梨花酒), 청감주(淸甘酒)

바) 예류(醴類), 일숙주(一宿酒), 일일주(一日酒)

사) 제류[醍類, 홍주(紅酒)] : 소주양법(燒酒釀法), 관서감홍로(關西甘紅露), 관서계당주(關西桂糖酒)

아) 약이류(藥餌類) : 무술주(戊戌酒), 송액주(松液酒), 송절주(松節酒)

자) 복식류(服食類) : 문장주(文章酒), 구기주(枸杞酒), 국화주(菊花酒), 창포주(菖蒲酒), 천문동주(天門冬酒), 백자주(柏子酒)

1.8 이(李) 교수에 의한 고문헌에 수록된 우리 술의 분류

이철호 교수는 고문헌에 기록된 우리 술을 기존의 분류법과 오늘날의 주류 분류법을 참고하여 양조곡주, 증류주 그리고 기타 주류로 분류하였다(표. 4-3).

멥쌀이나 찹쌀에 누룩을 가하여 발효시키는 순곡주(純穀酒) 제조가 우리 술의 기본이다. 덧술을 넣는 회수에 따라 이산주(二酸酒), 삼산주(三酸酒), 사산주(四酸酒) 등으로 분류되며, 다양주가 될수록 저온장기 발효되는 고급 청주가 만들어지는 것이다. 옛 문헌에서 흔히 볼 수 있는 술 이름만도 50여 종이나 된다. 순곡주 발효 시 꽃잎이나 열매, 나뭇가지, 뿌리 등 가향재나 약재를 첨가하여 만든 약용 가향곡주(加香穀酒)도 다양하게 만들어졌으며 이들의 명칭은 오가피주, 구기자주, 두견주, 송순주 등 사용한 재료의 종류를 나타내고 있다.

한국의 증류주는 곡주를 증류하여 만든 순곡(純穀) 증류주(蒸溜酒)가 기본이며, 이를 소주라고 부른다. 오늘의 희석식 소주와는 근본적으로 다른 것이다. 약용 가향곡주를 증류하면 죽력고, 이강고, 감홍로, 천축주 등의 약용 증류주나 가향증류주가 된다. 기타 주류에는 혼성주(混成酒), 과실주(果實酒), 이양주(異讓酒) 등이 포함된다. 혼성주에는 곡주에 소주를 첨가하여 저장성을 향상시킨 과하주(過夏酒)가 대표적인 술이다. 과실주의 대부분은 특이한 발효기법으로 제조된 것으로 봉래춘, 지주(地酒), 사주(蛇酒) 등이 있다.

1) 우리나라 전통주의 분류

가) 양조곡주(釀造穀酒)

1.1 순곡주류(純穀酒類)

1) 단양주류(單釀酒類)

(1) 일반 단양주(單釀酒) : 계명주(鷄鳴酒), 하주(淸甘酒), 편주(扁酒), 합주(合酒), 황감주(黃甘酒), 내국향온주(內局香醞酒), 동파주(東波酒), 백화춘(白花春), 부의주(浮蟻酒), 옥로주, 점강주, 점강청주, 황화주(黃花酒), 이화주(梨花酒) 등

(2) 속성주(速成酒) : 급주(急走), 급시주(急時酒), 일일주(一日酒), 시급주(時急

酒), 급청 주(急淸酒), 삼일주(三日酒) 등

2) 삼양주류(三讓酒類)

(1) 일반 이양주(二讓酒): 죽엽주(竹葉酒), 절주(節酒), 두강주(杜康酒), 청명주(淸明酒), 하향주(荷香酒), 항온주(香溫酒), 유화주(柳花酒), 사시주(四時酒), 감주(甘酒), 황금주(黃金酒), 행화춘주(杏花春酒), 진양주, 진상주, 일두주(一斗酒), 육병주(六甁酒), 오호주(五壺酒), 일해주(一亥酒), 석탄주, 석탄향, 별주, 백단주, 박향주, 만년향, 당백화주, 단점주, 남성주, 구가주, 경면녹파주(鏡面綠波酒), 회산춘(回山春), 무시주 (無時酒), 사절주, 집성향(集聖香), 소곡주(小麯酒), 벽향주(碧香酒), 백화주(百花酒), 백하주(百河酒), 백로주(百露酒), 녹파주(綠波酒), 감향주(甘香酒), 감하향주(甘夏香酒) 등
(2) 삼양주(三釀酒): 삼해주(三亥酒), 호산춘(壺山春), 일년주(一年酒), 순향주, 성탄향(聖嘆香), 삼오주(三午酒) 등

(3) 사양주(四釀酒): 사마주(四馬酒)

1.2 약용(藥用), 가향곡주류(加香穀酒類)

(1) 약용곡주(藥用穀酒): 오가피주(五加皮酒), 구기자, 창포주(菖蒲酒), 복령주(茯笭酒), 감국주(甘菊酒), 고본주(固本酒), 천문동주(天門冬酒), 무술주(戊戌酒), 지황주(地黃酒), 중산화아동주, 신선고본주(神仙高本酒), 조하주(糟下酒), 밀주(密酒), 계명주(鷄鳴酒), 백화주(百花酒), 자주(煮酒) 등
(2) 가향곡주(加香穀酒): 송액주(松液酒), 송절주(松節酒), 송자주(松子酒), 송순주(松荀酒), 송화주(松花酒), 도화주(桃花酒), 연엽주(蓮葉酒), 법주(法酒), 닥나무잎술, 국화주(菊花酒), 배화주, 유자피주(油子皮酒), 하엽주(荷葉酒), 하엽청주(荷葉淸酒), 두견주(杜鵑酒) 등

나) 증류주(蒸溜酒**)**

(1) 순곡증류주(純穀蒸溜酒): 안동소주, 문배주, 찹쌀소주, 삼해소주, 홍주(紅酒), 보리소주, 사철소주, 수수소주, 옥수수소주 등

(2) 약용증류주(藥用蒸溜酒): 섬라주(暹羅酒), 죽력고(竹瀝膏), 진도홍주(珍島紅酒), 이강고(梨薑膏) 등

(3) 가향증류주(加香蒸溜酒): 감홍로(甘紅露), 천축주(天竺酒), 토밥소주 등

다) 기타 주류

(1) 혼성주(混成酒) : 과하주(過夏酒), 왜미림주(倭美林酒), 송순주(松荀酒), 강하주 등

(2) 과실주(果實酒) : 포도주, 모과주, 앵도주, 산치주, 무화과주, 딸기주, 자리주(紫李酒),선도주(仙桃酒), 설이주(雪利酒), 연육주(蓮肉酒), 서과피주(西果皮酒), 산사육주(山査肉酒), 밀감주, 유자주, 석류주, 송자주(松子酒) 등

(3) 이양주(異釀酒 : 보통의 제법이 아닌 특이한 발효기법을 이용함) : 청서주, 봉래춘, 와송주, 죽통주, 지주(地酒), 동양주 등

(4) 특수주류(特殊酒類) : 신국주(신국을 술처럼 음용)

1.9 이(李) 교수에 의한 전통 민속주의 분류

이효지 교수는 우리나라 전통주를 서유구(1827), 이성우(1984), 이철호, 김기명(1994) 등의 분류를 기초로 하여 다음과 같이 분류하였다.

1. 전통 민속주의 분류

가) 양조곡주(釀造穀酒)

1.1 순곡주류(純穀酒類)

- 거르는 방법에 따라
  - 탁주(濁酒)
    - 일반탁주(밀누룩 사용)
    - 특별탁주(쌀누룩 사용)
  - 청주(淸酒) — 약주(藥酒)

- 빚는 방법에 따라 — 일반주
  - 단양주(單釀酒)
  - 이양주(二釀酒)
  - 삼양주(三釀酒)
  - 사양주(四釀酒)
  - 오양주(五釀酒)
  - 이양주(異釀酒)

1.2 혼양곡주류(混釀穀酒類)

- 약용곡주류(藥用穀酒類)
  - 약재를 넣은 약용주
  - 곡물과 약재로 빚은 약용주
    - 단양약용주
    - 이양약용주

- 가향곡주류(加香穀酒類)
  - 단양가향주
  - 이양가향주
  - 삼양가향주
  - 사양가향주

나) 증류주(蒸溜酒)

- 순곡증류주(純穀蒸溜酒)
  - 단양증류주
  - 이양증류주
  - 삼양증류주

- 약용증류주(藥用蒸溜酒)
  - 소주에 약재를 넣은 약용 증류주
  - 곡물과 약재를 넣은 약용 증류주
  - 단양약용 증류주
  - 이양약용 증류주

- 과실주(果實酒)
  - 술에 과일을 넣은 과일주
  - 곡물과 과일로 빚은 과일주
  - 단양과일주
  - 이양과일주

혼성주(混成酒) : 곡물에 소주를 넣어 빚은 술

다) 외래주(外來酒)

2. 양 조

가) 순곡주류

빚는 방법에 따라 순곡주류를 분류하면 다음과 같다.

1.1 단양주 (單釀酒)

감저주, 급시주, 급주, 급청주, 납주, 내국, 향온법, 무국주, 백수환동주, 백화춘방, 벼락술, 보경가주, 부렵주, 부의주, 사철칠일주, 감구주, 삼일주, 소서주, 시급주, 여름디주, 왜례주, 왜미림주, 왜백주, 유학주, 이화주, 일야주, 일일주, 점감주, 점감청주, 주부본법, 지황주, 찹쌀청주, 천대홍주, 청감주, 청서주, 청주, 추모주, 춘주, 칠석주, 탁주, 편주, 하삼청, 하일점주, 하일청주, 하절주, 하절삼일주, 합주, 황화주, 향설주 등

1.2 이양주 (二釀酒)

감주, 감향주, 건조향주, 녹자주, 녹파주, 경면 녹파주, 경액춘, 경장주, 광제주, 급수청방, 넘성주, 남경주, 내주, 노산춘, 댓잎술, 동양주(冬陽酒), 동양주(東陽酒), 동정춘, 동하주, 두강주, 당백화주, 목욕주, 모주(보리주), 무시주, 백로주, 백료주, 백하주, 벽향주, 벽매주, 백환주, 별향주, 부의주, 분국백료주, 사시주, 사시통음주, 사오주, 삼칠일주, 삼월주, 성탄향, 세신주, 소곡주, 사절소곡주, 삼칠소곡주, 신상주, 석탄주, 십일주, 아황주, 약산춘, 어전향주, 유하주, 오두주, 오병주, 오호주, 유화주, 육병주, 인유향방, 일두사병주, 일해주, 저주, 절주, 점주, 정향주, 죽엽춘, 진상주, 진장주, 접성향, 천대홍주, 천일주, 청강주, 청명향, 층층지주, 칠두주, 칠일주, 하동이백주, 하양주, 하일락법, 하일약주, 하양주, 행화춘주, 햅쌀술, 향교방, 향로주, 향온주, 혼돈주, 홍나주, 화국주, 황감주, 황금주, 화산춘 등

1.3 삼양주 (三釀酒)

건창홍주, 갱미주, 구기오가피삼두주, 당양주, 동미명주, 두강춘, 무릉도원주, 벽향주, 별주, 법주, 백일주, 사절주, 삼선주, 삼오주, 석술, 삼해주, 소곡주, 속미주, 순향주, 아황주, 일년주, 잡곡주, 청명주, 칠두오승주, 향훈주, 호산춘, 해일주 등

1.4 사양주 (四釀酒)

도화주, 삼오주 등

1.5 오양주 (五釀酒)

동파주 등

1.6 이양주(異釀酒)

와송주, 죽통주, 지주, 동과주, 신선벽도춘(송복양) 등

같은 종류의 술이라도 문헌에 따라 단양주(單釀酒)와 중양주(重釀酒)가 달랐다. 부의주는 『음식디미방』에서는 단양주, 『양주방(釀酒方)』에서는 이양주이고, 벽향주는 『음식디미방』에서는 이양주, 『수운잡방』에서는 삼양주이고, 소곡주는 『산림경제』와 『규합총서』에서는 이양주, 『수운잡방』에서는 삼양주이고, 아황주는 『역주방문』에서는 이양주, 『수운잡방』에서는 삼양주, 도화주는 『임원십육지』에서는 이양주, 『수운잡방』에서는 사양주였다. 특히 『수운잡방』에서는 다른 문헌보다 덧술을 하는 횟수가 더 많은 종양법으로 술을 빚었음을 알 수 있다.

3. 주 류

가) 약용 곡주류

1.1 술에 약재를 넣은 약용주

강주, 거승주, 계피주, 고본주, 과라양, 괴지주, 남등주, 녹용주, 당귀주, 도소주, 도인주, 마인주, 무술주, 무화주, 미골주, 백부주, 백엽주, 복령주, 복분주, 봉래춘, 사근주, 생강주, 서여주, 선령비주, 선묘주, 선장주, 섬라소주, 소병주, 소자주, 송액주, 신선주, 양고주, 어아주, 엽감주, 오미자술, 온눌제주, 요주, 우방주, 우슬주, 인삼주, 의이인주, 자소주, 장송주, 장춘주, 정향주, 준순주, 중산주, 차조기술, 차주법, 천문동주, 청고주, 초백주, 축사주, 출주, 치산박주작호주, 해조주, 홍국주, 황정주, 회향주 등

1.2 곡물과 약재를 넣어 빚은 약용주

(1) 단양약용주 : 건주, 계명주, 노주, 녹두주, 만전향주, 문동주, 밀주, 백령등주, 백주, 백출주, 산사주, 신선고본주, 오가피주, 오종주, 인동주, 인진주, 창출주, 창포주, 척근주, 천금주, 천리주, 치황주, 통초주, 한산춘, 호골주, 화사주 등

(2) 이양약용주 : 문장주, 상실주, 오정주, 옥지주 등

나) 가향곡주류

(1) 단양가향주 : 국화주, 두견주, 매화주, 민괴주, 송국주, 송령주, 송엽주, 송자주, 연엽주, 하엽청 등

(2) 이양가향주 : 경향옥액주, 닥주, 도로양방, 도화주, 송절주, 송지주, 송순주(松笋酒) 송순주(松荀酒), 복사꽃술, 연화주, 죽엽주, 송화주, 방문주 등

(3) 삼양가향주 : 백화주
(4) 사양가향주 : 도화주

다) 과일주

▸ 술에 과일을 넣어 빚은 과일주

(1) 단양과일주 : 포도주, 백자주
(2) 이양과일주 : 포도주, 핵도주(호도주)

- 순곡주류
  - 단순곡주류(單純穀酒類) :1차 담금주
    - 속양주류(速釀酒類) : 일일주, 시급주
    - 전통탁주(傳統濁酒) : 추모주, 부의주, 청서주
  - 중양주류(重釀酒類): 청주, 2차 이상 담금주
    - 이차중양주류(二次重釀酒類) : 방문주, 향온주, 록파주, 벽향주, 유하주, 소국주
    - 삼차중양주류(三次重釀酒類) : 삼해주, 호산춘, 도강주, 약산춘, 청명주

- 양조곡주류(釀造穀酒類)
  - 약양곡주류(藥釀穀酒類): 양조곡주(釀造穀酒) 중 약제를 곁들인 술 – 오가피주, 구기주, 도소주, 소자주, 당귀주, 창포주, 인삼주, 서여주, 국화주, 강주, 죽엽주, 천금주, 송절주, 백엽주, 마인주, 호골주, 하엽청, 연엽양, 고본주, 상심주, 준순주
  - 자주류(煮酒類): 양조곡주 중 약제를 곁 들여 중탕한 술 – 봉래춘, 호도자주
  - 화향혼용주류(花香混用酒類): 양조곡주를 빚을 때 화향을 곁들인 술 – 도화주, 송화주, 도로양
  - 화향현곡주류(花香懸穀酒類): 화향을 곁들이는데 혼양하지 않고 곡주상면에 매달아 향기를 유도한 술 – 국화주, 백화주, 유자주
  - 과양곡주류(果釀穀酒類): 곡주양조법을 바탕으로 과실을 곁들인 술 – 송자주, 포도주, 백자주, 호도주, 상실주

라) 혼성주

▸ 곡물에 소주를 넣어 빚은 술

과하주

4. 증류주

1.1 이름만 기록된 증류주

왜소주, 홍주, 홍소주, 황소주 등

1.2 곡물로만 빚어서 증류한 소주

(1) 단양증류주 : 교맥노주, 국미주, 모미소주, 삼오노주, 소맥노주(밀소주), 수수소주, 옥수수소주, 이모로주, 진맥소주 등

(2) 이양증류주 : 노주이두방(노주이주방), 모소주, 사철소주, 찹쌀소주, 소주특방 등

(3) 삼양증류주 : 모소주(모소주는 이양증류주, 삼양증류주 등 두 가지였다)

1.3 약용 증류주

(1) 소주에 약재를 넣은 약용 증류주 : 감홍로, 관서감홍로, 관서계량주, 내국홍로주, 노주소독방, 우담소주, 이강주, 진라주, 포도소주, 상심주 등

(2) 곡물과 약재를 넣은 약용 증류주

① 단양약용 증류주 : 삼합주, 소주, 오향소주, 삼오노주 등

② 이양약용 증류주 : 자주, 적선소주방 등

1.10 장(張) 교수에 의한 전통주의 양조기술에 따른 분류

우리나라가 생산수단을 농경문화로 조기 정착시켰던 탓으로 일찍부터 곡주문화권을 형성하였으며 주국(酒麴 : 술누룩)을 이용한 본격적인 양조기술을 정착시킨 것을 삼국 형성기 이전으로 소급되며, 주곡이 아닌 곡아(穀芽)를 이용한 감주문화(甘酒文

증류주류(蒸溜酒類)
- 단순 증류주 : 소맥노주, 교맥노주, 대맥노주, 감자소주, 점미노주, 갱미노주, 면말소주
- 고차 증류주류 : 감홍로, 계당주

化)는 주국 사용 이전으로 다시 소급된다. 이와 같이 우리나라는 삼국 형성기까지에 이미 주국문화·곡아문화를 바탕으로 한 곡주문화를 형성하였으며, 곡주를 민속주로 삼아왔던 것이다. 곡주문화가 정착된 이래 고려시대로 이어지는 동안 전통곡주의 대부분이 개발되었고, 고려 말엽에 와서 증류기술이 도입되면서 발효주와 증류주 문화를 고려 말엽에 완성시킴과 동시에 조선조로 그 뿌리가 이어지면서 전통주는 곡주 위주로 발전을 거듭하였다. 편의상 여기서는 전통주의 양조기법에 따라 그 전모를 분류 정리함으로써 지난 날의 우리나라 주류문화를 되새겨 보기로 한다.

그리고 맑은 곡주(穀酒)를 떠내고 주박(酒粕)에 물을 부어 재제(再製)한 재제곡주(再製穀酒) 중에는 재주(滓酒, 막걸리)가 유일하게 전해지고 있었다. 그밖에도 주옹(酒甕) 대신에 특별한 주기(酒器)를 이용한 양조곡주에 와송주(臥松酒)·죽통주(竹筒酒)·하향주(荷香酒)·지주(地酒) 등이 전해지고 있었다. 그밖에 증류주를 이

표 4-6. 주세법과 전통주의 실용적인 분류

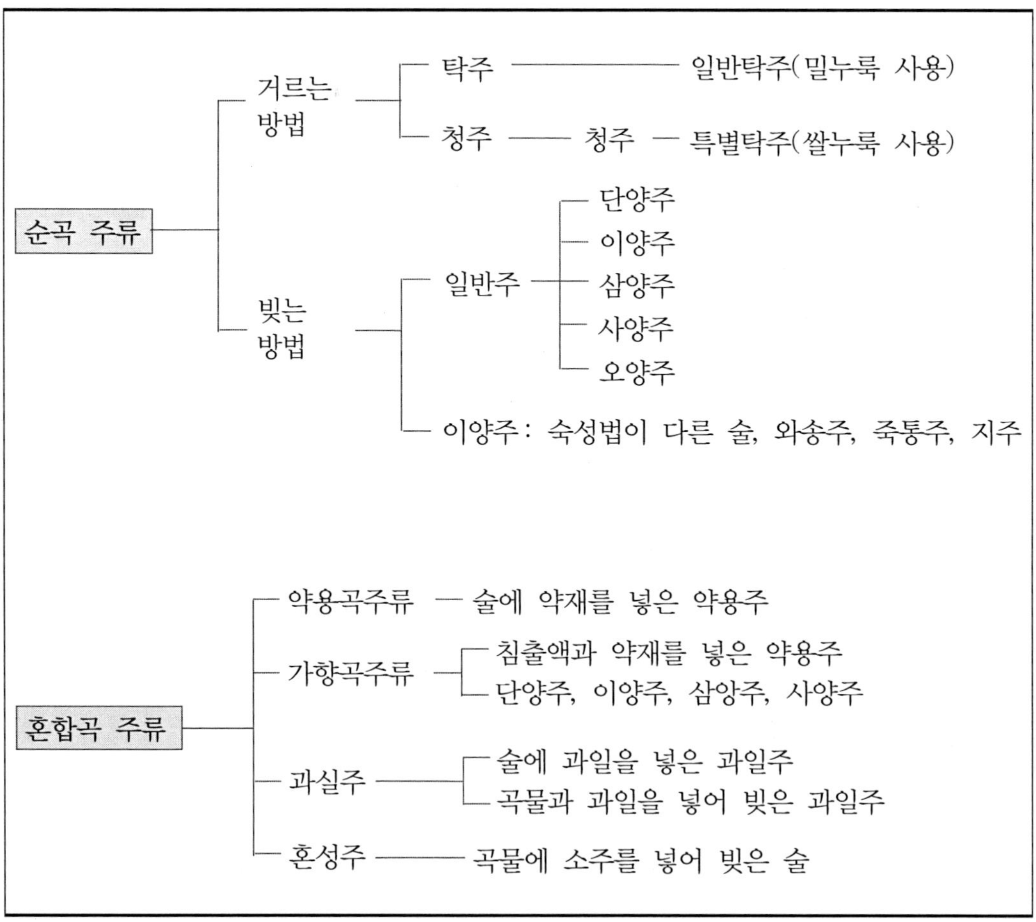

용하되 약재를 곁들여 중탕을 거쳐 만들어지는 자주류(煮酒類)에는 이강고·죽력고가 전해지고 있다.

전래의 전통주 중에는 양조곡주·증류주류 이외에도 양조곡주 술덧에 양조용수 대신에 소주로 합양(合釀)한 혼양주(混釀酒)가 전해지고 있고, 이들 가운데 과하주·송순주가 유명하다. 주곡을 이용한 순곡주계 주류와 달리 곡아(穀蛾) 또는 주곡(酒穀)을 이용한 주국감주류(酒麴甘酒類) 중에서는 감주·청감주·점감청주 등이 알려져 있었고, 맥아감주류(麥芽甘酒類)에는 감주만이 전해지고 있으며, 이후 이것은 음청류로 발전하여 식혜(食醯)를 낳았다.

1.11 김(金) 박사의 전통 주류의 제조방법에 따른 분류

김태영 박사는 주세법과 전통 주류를 함께 하여 실용적으로 분류하여 실무자에게 편리한 분류법을 제안하고 있다(표 4-6).

참고문헌

1. 유중임 : 증보산림경제(1767)
2. 서명응 : 고사십이집(1789)
3. 서유구 : 임원십육지(정조지)(1827)
4. 이성우 : 한국식문화사회사, 수학사(1984)
5. 정동효 : 생물공학, 선진문화사(1992)
6. 이철호·김기명 : 옛 문헌에 의한 한국 술의 종류와 제조기술, 생물산업, 6권 4호, 9~25(1993)
7. 장지현 : 전통식품 - 유구한 역사와 찬란한 미래, 인제대학교 식품과학연구소, 제1회 인제 식품과학 Form 논총, 전통식품의 새로운 인식과 바람직한 발전, 49~81(1993)
8. 이효지 : 한국의 전통 민속주, 한양대학교 출판원(1996)
9. 대한민국 : 주세법
10. 공업진흥청 : 한국표준산업규격
11. 김태영 : 현장 체험장에서 이용가능 한 퓨전 과실제조기술에서 농촌진흥청 국립농업과학원 발효이용과

제 5 장

전통주 산업진흥과 산업현황
(식품명인 · 중요무형문화재 · 민속주 면허취득자)

1. 전통주 등의 산업진흥에 관한 법률안

이 법률안은 2010년 2월에 입법 예고한 법률로 중요 부분을 소개한다.

제 1조(목적) : 이 법은 전통주 등의 품질향상과 산업진흥에 필요한 사항을 정하여 경쟁력을 강화하고, 농업의 부가가치를 높여 농업인의 소득 증대와 국가경제 발전에 이바지함을 목적으로 한다.

제 2조(정의) : 이 법에서 사용하는 용어의 뜻은 다음과 같다.

1. 술이란 「주세법」 제 3조 제 1호에 따른 알코올분 1도 이상의 음료(용해하여 음료로 할 수 있는 분말상태의 것을 포함하되 약사법에 따른 의약품으로서 알코올분 6도 미만의 것을 제외한다)를 말한다.
2. 전통주란 다음 각 목에 해당하는 술을 말한다.

(가) 「문화재보호법」에 따라 지정된 주류부분의 식품명인이 『주세법』제 6조에 따라 면허를 받아 제조한 술

(나) 「농어업, 농어촌 및 식품산업의 기본법」 제3조에 따른 농어업 경영체 및 생산자 자체가 직접 생산하거나 제조장 소재지 관할 시, 군, 구(자치구를 말한다. 이하 같다) 및 그 시, 군, 구에서 생산한 농산물을 주원료로 하여 제조한 술로서 제 8조에 따라 농림수산식품부 장관의 제조면허 추천을 받아 「주세법」 제 6조에 따라 면허를 받아 제조한 술(이하 지역 특산주라 한다)

3. 전통주 등이란 다음 각 호에 해당하는 술을 말한다.
   (가) 전통주
   (나) 예로부터 전승되어 오는 원리를 계승, 발전시켜 진흥이 필요하다고 인정하여 농림수산식품부 장관이 인정하는 술
4. 주원료란 제조하려는 술의 제품 특성을 나타낼 수 있는 원료(원료가 여러 종류인 경우에는 최종 제품의 중량 비에 따라 상위 3개 이내의 원료)를 말한다. 다만 양조용수와 첨가하는 주정은 제외한다.
5. 전통주 등의 산업이란 다음 각 목에 해당하는 삼업을 말한다.
   (가) 「주세법」 제6조에 따라 면허를 받은 전통 주를 생산하는 산업
   (나) 3호 나목에 해당하는 술을 생산하는 산업
6. 원산지 표시란 「농수산물의 원산지 표시에 관한 법률」 제5조에 따른 원산지 표시를 말한다.
7. 지리표시란 「농산물 품질관리법」 제8종에 따른 지리적 표시를 말한다.
8. 유기가공식품 인증이란 「식품산업진흥법」 제32조에 따른 유기가공식품 인증제를 말한다.

[부칙] 전통주 제조자 현황 통보의무

관할 세무세장은 이 법이 시행 당시 다음 각호에 따라 제조면허를 받아 제2조 제2호의 전통주 제조자에 대한 현황을 농림수산식품부 장관에게 통보여야 한다.

1. 「주세법」에 따라 농림수산식품부 장관이 국세청장에게 추천한 주류(전통식품명인 4명. 이는 아래 3항에 따라 식품명인으로 통합(표 5-1, 35명)
2. 「문화재보호법」에 따라 특별시장, 광역시장, 도지사, 특별자치 도시사가 국세청장에게 추천한 주류(표 5-2, 중요무형문화재 3명, 시도 무형문화재 13명)
3. 「식품산업진흥법」, 「농수산가공육성법」에 따라 농림수산식품부 장관이 지정한 주류부분의 식품명인 중에서 농림수산식품부 장관이 국세청장에게 추천한 주류(식품명인, 표 5-1, 35명)
4. 1999년 2월 5일 이전에 종전의 「제주도 개발특별법」에 따라 제주도 지사가 국세청장과 협의하여 제조허기를 받은 주류(4종 허가)
5. 1991년 6월 30일 이전에 관광진흥책으로 교통부 장관이 국세청장에게 추천하여 주류심의회를 거친 주[민속주 제조면허 취득자(표 5-3, 48명)]

2. 식품명인 · 중요무형문화재 · 민속주제조 면허취득자

농림수산식품부의 식품산업진흥법(농산물가공육성법) 시행령에 따른 식품명인, 문화관광부의 문화재보호법에 따른 중요무형문화재와 시도 무형문화재 그리고 제조허가를 받아 일부 지역에 한하여 판매되고 있는 향토주를 제조할 수 있는 민속주 제조 면허취득자를 표 5-1, 표 5-2, 표 5-3에 각각 나타내었다.

표 5-1. 「식품산업진흥법」 시행에 따른 식품명인(2008년 현재)

지정번호	성 명	기능보유	지 정 일	소 재 지
제1호	조영귀	송화백일주	1994. 08. 06	전북 전주
제2호	김창수	금산인삼주	1994. 08. 06	충남 아산
제4호	지복남	계룡백일주	1994. 08. 06	충남 공주
제6호	박재서	안동소주	1995. 07. 15	경북 안동
제7호	이기춘	문배주	1995. 07. 15	경기 김포
제9호	조정형	전주이강주	1996. 04. 04	전북 전주
제10호	유민자	옥로주	1996. 04. 04	경기 용인
제11호	임명순	구기자주	1996. 04. 04	충남 청양
제12호	최옥근	계명주	1996. 04. 04	경기 남양주
제13호	님상란	가야곡왕주	1997. 12. 15	충남 논산
제17호	송강호	김천과하주	1999. 09. 20	경북 김천
제19호	우희열	한산소곡주	1999. 12. 08	충남 서천
제20호	조옥화	인동소주	2000, 09. 18	경북 안동
제22호	양대수	추성주	2000. 12. 17	전남 담양
제24호	임용순	옥선주	2001. 05. 07	강원 홍천
제27호	박흥선	공순주	2005. 08. 04	경남 함양

국가무형문화재 : 제2호(김창순 : 금산인삼주), 제7호(이기춘 : 문배주) 이상 2명
지방무형문화재 : 제1호, 제4호, 제9호, 제10호, 제11호, 제12호, 제17호, 제18호 이상 8명
*제3호(이한영), 제5호(이기양), 제8호(송재성), 제15호(박승규)는 지정 해제(사망)

표 5-2. 「문화재보호법」에 따른 무형문화재

종 목	명 칭	소 재 지
중요무형문화재 제86-1호	문배주	서울 전역
중요무형문화재 제86-2호	면천두견주(沔川杜鵑酒)	충남 전역
중요무형문화재 제86-3호	경주교동법주(慶州校洞法酒)	경북 전역
시도 무형문화재 제1호(경기)	계명주(鷄鳴酒)	경기 남양주
시도 무형문화재 제2호(경기)	부의주(浮蟻酒, 옛 탁주)	경기 화성군
시도 무형문화재 제2호(서울)	서울 송절주(松節酒)	서울 서초구
시도 무형문화재 제3호(충북)	보은송로주(報恩松露酒)	충북 보은군
시도 무형문화재 제3호(충남)	한산소곡주(漢山少麴酒)	충남 사천군
시도 무형문화재 제7호(충남)	계룡백일주(鷄龍百日酒)	충남 공주시
시도 무형문화재 제8호(서울)	삼해주(三亥酒)	서울 서초구
시도 무형문화재 제9호(대전)	송순주(松荀酒)	대전 대덕구
시도 무형문화재 제9호(서울)	향온주(香醞酒)	서울 송파구
시도 무형문화재 제11호(대구)	하향주(荷香酒)	대구 달성구
시도 무형문화재 제12호(경기)	군포당정옥로주(軍浦堂井玉露酒)	경기 용인시
시도 무형문화재 제13호(경기)	광주산성소주(廣州山城燒酒)	경기 광주시
시도 무형문화재 제30호(충남)	청양구기자주(青陽拘杞子酒)	충남 청양군

표 5-3. 「문화재보호법」에 따른 무형문화재로 지정된 민속주 이외에 제조허가를 받아 일부 지역에 한하여 시판되고 있는 향토주

주류명	주 종	규 격(알콜%)	소재지	주요 원료
1. 민속촌 동동주	약주	11	경기, 용인	찹쌀, 곡자
2. 금정산성 토산주	탁주	8	부산, 동래	멥쌀, 소맥분, 곡자
3. 삼해주	약주	11	서울, 태릉	찹쌀, 멥쌀, 곡자
4. 황금주	약주	14	경북, 경주	찹쌀, 멥쌀, 곡자, 국화
5. 옥미주	약주	11	경기, 안양	현미, 옥수수, 고구마, 엿기름 등
6. 좁쌀약주	약주	11	제주, 표선	차좁쌀, 보리쌀, 곡자
7. 면천두견주	약주	18	충남, 당진	찹쌀, 두견화, 곡자
8. 한산소곡주	약주	18	충남, 서천	찹쌀, 멥쌀, 엿기름, 콩, 들국화 등

(계속)

주류명	주 종	규 격 (알콜%)	소재지	주요 원료
9. 친선주	약주	16	인천, 남구	찹쌀, 멥쌀, 칡, 수삼, 구기, 사삼 등
10. 사삼주	약주	14	전남, 승주	찹쌀, 더덕, 곡자
11. 호산춘	약주	18	경북, 문경	찹쌀, 멥쌀, 솔잎, 곡자
12. 연엽주	약주	14	충남, 아산	찹쌀, 멥쌀, 연잎, 곡자
13. 문배주	증류식 소주	40	서울, 서대문	조, 수수
14. 국화주	약주	16	경남, 함양	찹쌀, 국화, 생지화, 구기자근피
15. 안동소주	증류식 소주	45	경북, 안동	보리쌀, 밀
16. 유자주	약주	15	경남, 남해	찹쌀, 멥쌀, 솔잎, 유자, 곡자
17. 율무주	약주	13	강원, 횡성	율무, 멥쌀, 밀가루, 곡자
18. 감자술	약주	11	강원, 평창	백미, 감자가루, 곡자
19. 대추술	약주	11	충북, 청주	찹쌀, 멥쌀, 엿기름, 솔잎, 대추 등
20. 이강주	리큐르	25	전북, 전주	배, 생강, 울금, 계피, 증류식소주
21. 송죽오곡주	약주	16	전북, 완주	멥쌀, 밀가루, 조, 수수, 솔잎, 죽엽 등
22. 강냉이술	약주	11	강원, 춘천	찹쌀, 옥수수, 엿기름
23. 전주과하주	기타 주류	35	전북, 전주	찹쌀, 인삼, 산약, 죽엽, 녹두곡자 등
24. 교동법주	약주	16	경북, 경주	찹쌀, 곡자
25. 김천과하주	약주	12	경북, 김천	찹쌀, 곡자
26. 김제송순주	기타 주류	30	전북, 김제	찹쌀, 멥쌀, 송순, 증류식소주
27. 계명주	탁주	11	경기, 남양	옥수수, 수수, 엿기름, 조청, 솔잎
28. 부의주	약주	13	경기, 용인	찹쌀, 곡자
29. 송절주	약주	16	서울, 강남	찹쌀, 멥쌀, 송절, 솔잎, 유자껍질 등
30. 추성주	일반 증류주	25	전남, 담양	홍화, 구기자, 음양곽, 갈근, 오미자
31. 제주좁쌀약주	약주	13	제주, 애월	차좁쌀, 멥쌀입국 등
32. 계룡백일주	일반 증류주, 약주	40, 16	충남, 공주	찹쌀, 멥쌀, 진달래, 오미자, 국화 등

(계속)

주류명	주 종	규 격 (알콜%)	소재지	주요 원료
33. 한주	증류식 소주	35	충남, 보은	찹쌀, 멥쌀, 곡자
34. 청명주	약주	17	충북, 중원	찹쌀, 곡자
35. 제주한주	증류식 소주	40	제주, 애월	차좁쌀, 멥쌀, 입국 등
36. 옥로주	증류식 소주	45	경기, 용인	멥쌀, 율무 등
37. 신선주	일반 증류주	40	충북, 청원	멥쌀 우슬 등
38. 송로주	일반 증류주	48, 25	충북, 보은	멥쌀, 송화가루 등
39. 금산삼송주	약주	16	충남, 금산	멥쌀, 인삼, 솔잎 등
40. 옥선주	일반 증류주	40	강원, 홍천	멥쌀, 옥수수 등
41. 금산인삼주	일반 증류주, 약주	43, 16	충남, 금산	멥쌀, 인삼, 솔잎 등
42. 감홍로	일반 증류주	41	강원, 철원	멥쌀, 수수, 자초 등
43. 송화백일주	리큐르	38	전북, 전주	멥쌀, 송화가루 등
44. 궁중주	리큐르	40	충남, 공주	찹쌀, 멥쌀, 솔잎 등
45. 청양구기자술	약주	16	충남, 청양	멥쌀, 구기자, 지골피, 두충 등
46. 해남진양주	약주	16	전남, 해남	찹쌀, 누룩
47. 하향주	약주	18	경북, 달성	멥쌀, 약쑥, 곡자, 들국화 등
48. 왕주	약주	13	충남, 논산	찹쌀, 야생국화, 솔잎

3. 전통주 산업진흥

주세법에 따르면 전통주는 전통문화의 전수·보전에 필요하다고 인정되는 주류(민속주), 주류부분의 전통식품 명인(식품명인)이 제조한 주류(명인주), 농업인·임업인 또는 생산자 자체가 제조하는 주류로서 대통령이 정하는 주류(농민주)로 구성되어 있다.

3.1 전통주 산업 현황

전통주가 우리나라 주류시장에서 차지하는 범위는 매우 미미한데 주세기준 0.4%, 출고량 기준 0.2% 수준에 불과하다(표 5-4).

표 5-4. 우리나라 생산 주류와 전통주 현황

(단위 : kℓ, 백만 원)

	출고량	주 세
전 체	3,389,579	2,277,284
전통주	8,101(2.2%)	9,772(0.4%)
농업인 등 생산 특산주	7,200	8,008
민속주	901	1,764

출처 : 국세청, 2007년 통계연보

표 5-5. 우리니라 국내 주류시장

(단위 : 억원, %)

구 분	금 액	구성비
전 체	8,622,4	100
맥 주	36,801	42.7
소 주	28,803	33.4
위스키	9,724	11.3
과실주	4,664	5.4
탁·탁주	3,090	3.6
기 타	3,142	3.6

2008년 국세청

표 5-6. 주류 출고 현황

(단위 : kℓ)

구 분	2004	2005	2006
탁 주	161,666	166,319	170,165
약 주	49,919	45,033	42,873
맥 주	1,991,549	1,818,588	1,854,805
청 주	23,249	21,512	19,909
과실주	18,125	20,408	23,027
증류식 소주	462	406	413
희석소주	927,919	929,3890	959.054
위스키	9,919	10,586	10,198
브랜디	270	8	8
일반 증류주	5,402	6,3123	6,675
리큐르	3,612	2,324	1,964
기타 주류	1,638	1,516	1,909
주 정	240,000	222,962	298,579
계	3,433,781	3,325,363	3.389,579

출처 : 국세청, 2007년 통계연보

우리나라 2008년도 주류시장 출고가 기준 8.6조 원 중 막걸리 시장 업계추정 포함 3,000억 원대이다. 전체 주류의 77%를 맥주와 소주가 전일적으로 차지하고 있는 기형적인 산업구조이다(표 5-5).

3.2 전통주 출고 현황

국세청 국세통계 연보에 따른 출고 현황을 보면 일반주류는 2006년 총 출고량이

표 5-7. 전통주 출고 현황

(단위 : kℓ)

구 분	민 속 주			농 민 주		
	2004	2005	2006	2004	2005	2006
약 주	366	515	411	72	723	179
탁 주	271	319	263	-	-	101
과실주	-	-	-	5,191	7,135	6,440
증류식 소주	143	205	163	29	346	145
일반 증류주	9	8	6	17	76	23
리큐르	81	168	55	277	335	177
기타 주류	12	139	3	245	505	132
계	882	1.354	901	5,831	9,120	7,200

출처 : 국세청, 2007년 통계연보

표 5-8. 최근 막걸리의 시장변화 추이

연 도	업체수(개수)	출고량(kℓ)	주세(백만 원)
1965	2,566	395,615	526
1970	2,442	1,213,195	1,785
1975	1,521	1,686,177	4,259
1980	1,461	1,428,258	10,266
1985	1,412	871,697	10,828
1990	1,321	562,011	12,800
1995	1,136	246,093	6,114
2000	992	181,007	6,099
2005	813	166,317	6,648
2007	778	172,342	7,138

농촌경제연구원

2005년에 대비하여 4.44% 증가하였으나 이는 대표주 중 맥주와 희석소주의 증가로 인한 현상이다. 전통주의 경우는 민속주가 33.5% 감소하였다. 주종별로는 탁주가 15.6%, 약주가 20.0% 감소하였고, 특히 리큐르가 67.2%, 기타 주류가 97.8%로 급강하였다. 농민주의 경우도 21.2% 감소하였다. 전반적으로 모든 주종에서 급감하는 현상을 보였다. 약주가 75.2%로 급감하였으며, 과실주도 9.7% 감소하였다.

그리고 막걸리 시장의 변화 추이를 보면 1965년 168만kℓ로 정점, 2007년도 현재 171천kℓ, 출고 1/10 수준으로 급격히 추락하였다. 그러나 2008년도의 다른 통계에서는 176천kℓ로 신장하였다(표 5-8).

3.3 전통주 제조면허 현황

주류 제조면허는 2006년도 기준으로 일반주류 면허가 1,406개로 전년에 비하여 소폭 감소하였다. 이 중 5.6%인 782개 업체로 가장 큰 비중을 차지하는 탁주는 1993년 1,504개에서 2000년 992개, 2003년 888개, 2006년 782개로 감소하였다. 또한 탁주는 대부분 종업원 수가 5인 이하의 영세업체이다.

표 5-9. 주류 제조면허 현황

(단위 : 개)

구 분	2004	2005	2006
탁 주	864	813	782
약 주	1663	164	177
청 주	6	6	5
맥 주	117	118	106
맥 주	83	84	82
과실주	17	17	17
희석식 소주	17	212	24
증류식 소주	7	8	7
위스키	4	5	5
브랜디	34	34	37
일반소주	90	96	88
기타 주류	19	45	65
주 정	11	10	10
술 덧	1	1	1
합 계	1,433	1,422	1.406

출처 : 국세청, 2007년 통계연보

표 5-10. 전통주 제조면허 현황

(단위 : 개)

구 분		2004	2005	2006
민 속 주	탁 주	3	4	3
	약 주	27	25	23
	증류식 소주	6	6	7
	일반소주	5	5	5
	리큐르	5	6	7
	기타 주류	2	2	3
	합 계	28	48	48
농 민 주	탁 주	-	-	7
	약 주	10	16	24
	청 주	-	-	1
	과실주	46	81	98
	증류식 소주	2	2	2
	일반소주	12	14	17
	리큐르	56	57	56
	기타 주류	7	14	16
	합 계	133	184	221

출처 : 국세청, 2007년 통계연보

반면 민속주 면허는 48개로 변화가 없었으나 농민주는 221개로 2005년의 184개에 비하여 증기하였다. 민속주의 경우에는 지정받은 업체 중 14개 업체만이 상업적으로 운영되고 있으며 ,전승되어 오는 전통주 복구원이 거의 끝난 상태라 새로이 추가되는 전통주는 거의 없는 실정이다. 주류 제조면허에서 전통주의 경우는 1993년 18개에서 2006년 269개로 증가하였다. 민속주의 경우 전통식품명인(식품명인)을 민속주로 추천하면서 1995년 24개, 2000년 44개, 2006년 48개로 증가하였으며, 농민주도 1992년 1개를 지정한 이래 1995년 13개, 2007년 221개로 증가하였다.

전통주는 업체 수의 증가에도 불구하고 전체 주류 시장에서의 비중 등을 따져 볼 때 아직까지는 산업적으로 활성화되었다고 보기 어려우며, 전통업체들의 영세성을 품질향상을 위한 연구개발을 가로막을 뿐만 아니라 새로운 시장개척을 위한 홍보 및 판촉활동을 저해하는 요인으로 작용하고 있다.

3.4 전통주 수출 현황

주류 폼목별 수출 현황을 보면 2007년도에 소주가 87,664톤, 112,359천 불로 가

표 5-11. 주류 제조면허 추천 현황(2007년)

계	발효주류				증류주류					기타
	소계	과실주	약주	탁주	소계	리튜르	일반증류주	소주	브랜디	
4767건 (100%)	253 53.2	189 39.7	55 11.6	9 39.0	186 39.0	131 27.5	44 9.2	10 2.1	1 0.2	377.8

장 큰 비중을 차지하며, 다음이 맥주로 60,389톤, 34,032천 불이었다. 아직까지 소주와 맥주가 대부분을 차지하고 있다. 약주 탁주 등 전통주의 수출은 미미한 상태이다. 전통주의 수출규모는 2007년 기준으로 10,382천 불, 7,316톤으로 주로 한국 교민들이 많이 거주하고 있는 일본, 미국, 중국 등지로 수출되고 있다. 그러나 2009년부터 한류 열풍으로 약간씩 수출이 늘고 있는 실정이다. 이 중에서 일본으로의 수출규모는 4,549천 불, 4,883톤이었으며, 미국은 3,303천 불, 1,424톤, 중국이 928천 불, 435톤으로 수출되었다.

전통주 품목별 수출 현황을 살펴보면 탁주가 2,905천 불, 4,312톤, 과실주가 2,683천 불, 639톤, 약주가 2,121천 불, 1,161톤이다. 2003년과 2007년 사이 꾸준한 수출 증가세를 보이고 있으며, 특히 탁주와 삼주가 각각 16.0%, 9.9%의 증가를 보였다.

농림수산식품부는 1993년부터 현재까지 명인주와 농민주의 주류 제조면허 추천업무를 담당하고 있으며, 2007년 말까지 476건을 추천하여 그 중 152개 업체에서 전통주를 생산하고 있다(2006년 말 141개 업체 생산). 업체 평균 매출액은 6.8억 원이며, 평균 이익은 1억 원 수준이다(표 5-11).

4. 탁 · 약주 제조장과 시장 규모

탁주는 발효주로서 그 최초 제품의 성상으로 보아 다양한 발효생물이 살아서 후발효가 지속되는 특성으로 인하여 보존성이 없이 1962년 이래 공급 구역을 시 · 읍 · 면으로 제한하였다가 1965년 3월 시 · 군단위로 정하여 오늘에 이르고 있다. 1988년 12월 말 현재 전국의 탁주 제조장은 1,049개소로서 이는 1970년 이래 2,481개소였던 것이 제조장의 경영개선, 시설의 현대화를 위한 제조장 통합으로 인하여 변천된 것이다.

약주류 중 약주업체는 표 5-12와 같이 1963년도의 490여 개소에서 1970년도에 258개소로 정비 · 폐업 등으로 반감되었고, 1975년도에 45개소, 1990년에 24개로 계속 감소하다가 1991년부터 주세사무처리규정 개정으로 약주의 면허제한이 해제되면서 1998년 말 현재 77개소가 되었다. 이는 약주의 특성상 그 원료가 쌀이나 찹쌀이어야 하나 1965년 이래 쌀의 사용제한, 금지 등의 양곡정책으로 고유의 특성을 상실함으로써 사장화 되었다. 다행히 1990년도부터 쌀의 사용이 허용됨으로써 약주업계는 회생의 가능성을 가지게 되었다.

탁주 및 주세법 시행령에 따라 ① 주류 제조장으로서 약주류 중 약주, ② 농림수산부 장관이 추천하는 농·임업인, 생산자 단체가 스스로 생산하는 농산물을 주원료로 하여 제조하는 주류, ③ 전통문화의 전수·보전에 필요하다고 인정하는 문화재 보호법에 의하여 문화체육부 장관이 추천하는 주류, ④ 농수산물 가공산업육성 및 품질관리에 관한 법률에 의하여 농림수산부 장관이 주류 부분의 전통식품·명인으로 지정한 자에 대하여 추천하는 주류, ⑤ 제주도 개발특별법에 의하여 제주도 지사가 국세

표 5-12. 탁·약주 제조장의 변동 일람표

연도별	탁 주	약 주	계
1963년		490	
1970년	2,481	258	2,739
1975년	1,521	45	1,566
1980년	1,463	28	1,491
1985년	1,422	25	1,447
1990년	1,347	24	1,371
1995년	1,144	34	1,178
1999년	996	39	1,035

표 5-13. 연도별 탁·약주 출고 현황

(단위 : 천 kℓ)

연도별	탁 주	약 주
1968년	727	9
1974년	1,686	19
1980년	1,428	5
1985년	872	3
1990년	562	2
1995년	246	3
1998년	184	6

* 1968~1971년도 약주 출고는 서울약주 출고 실적 제외 수치임. 자료 : 국세청

청장과 협의하여 제조허가를 하는 주류 특별허가 주류가 있다.

1980년대에 들어서 경제발전과 더불어 민족 고유문화의 재조명과 88서울올림픽을 대비한 문화유산의 복원을 위하여 1986년에 이미 발굴된 24종의 민속주에 대하여 1988년 9월에 주류생산을 예비 허가함으로써 80여 년 만에 전통적인 방법에 의한 술의 생산이 가능하게 된 후 1988년 이후 민속주로 주류 제조면허를 취득한 업체의 수는 문화체육관광부 추천 17업체, 건설교통부 추천 19업체, 제주지사 추천 3업체 및 농림수산부 추천 9개 업체 등 1997년 12월 현재 48개 업체에 이르고 있다(표 5-13).

1994년 4월 25일부터 모든 법인에게 주류 면허가 개방되었으며, 1995년 9월에 농림수산부 장관의 추천에 의하여 농민 및 생산자 단체가 주류 제조면허를 받을 수 있게 시행령이 개정된 이후 전통적인 제조방법으로 만들어지는 많은 종류의 술들이 추

표 5-14. 탁·약주 원료의 규제 변화과정

시행일자	재료비율
1965. 3. 31 이전	• 멥쌀 100%
1965. 3. 31~	• 멥쌀 80%, 잡곡 20%
1966. 5. 15~	• 멥쌀 20% 이하, 잡곡 60% 이상, 고구마 전분 20% 이상
1966. 8. 28~	• 밀가루 100%, 멥쌀 사용 전면 금지
1972. 1. 1~	• 밀가루 95%, 옥수수 가루 5% 이상 사용
1974. 1. 1~	• 밀가루 50%, 보리쌀 50% 이상 사용
1974. 6. 1~	• 밀가루 70%, 옥수수 가루 30% 이상 사용
1975. 1. 1~	• 밀가루 60%, 옥수수 가루 40% 이상 사용
1975. 11. 1~	• 밀가루 70%, 옥수수 가루 30% 사용
1977. 1. 1~	• 밀가루 70%, 옥분 20% 사용
1977. 12. 1~	• 멥쌀 100% 사용
1979. 11. 1~	• 밀가루 100%사용
1990. 12. 31~	• 곡류, 전분 함유 물료, 전분당
1990. 1.	• 소맥분, 백미
	• 쌀 막걸리 전면 제조허용
1992. 1.	• 제조자 희망 전량
	• 종류, 수량 자율사용
1998	• 6% 이상의 도수 제한을 3% 이상으로 허용
1998	• 막걸리 신규 면허금지 조항이 폐지
2000	• 막걸리 공급제의 해제, 전국 유통이 가능
2010	• 전통주 산업진흥법 시행

표 5-15. 탁주 첨가물료 변천사

기 간	첨가물료 허가품목
1990. 12. 31~	• 아스파탐, 스테비오사이드, 젖산, 주석산, 구연산, 아미노산류
1998. 12. 31~	• 위 품목에 인삼 등 식물약재 추가
2001. 12. 31~	• 위 품목에 수크랄로스, 아세설팜칼륨, 에리스리톨, 자일리톨 추가
2003. 12. 30~	• 위 품목에 산탄검, 글리세린 지방산 에스테르, 과실 추가
2008. 2. 22~	• 위 품목에 당분 추가

표 5-16. 탁주 도수의 변천사

기 간	탁주의 알코올분 규정	법 령
1949. 11. 11 이전	제한 없음	
1949. 11. 11~	8도 이하	대통령령 제213호
1961. 12. 31~	6도	각령 제325호
1963. 4. 1~	7도	각령 제1243호
1965. 12. 30~	6도	대통령령 제2347호
1979. 5. 1~	6도(토속적인 탁주 8도)	대통령령 제9444호
1982. 5. 1~	8도	대통령령 제10928호
1988. 12. 31~	6도 이상 8도 이하	대통령령 제12570호
1990. 12. 31~	6도 이상	법률 제4284호
1999. 12. 31~현재	3도 이상	법률 제6055호

천되어 1997년 11월 현재 58개 업체가 주류 제조면허를 받아 생산 또는 생산 준비중에 있어 민속주의 산업적 생산이 크게 증가하는 추세에 있으나 오랜 기간의 연구단절로 산업화에 어려움을 겪고 있다.

1993년에는 가열살균포장 약·탁주가 미국, 일본 등으로 수출하게 되었다. 탁주는 1968년에 731천kℓ까지 급증하였으나 산업화 과정과 식생활 수준의 향상, 농어촌 인구의 감소, 주조 원료의 잦은 변화 등의 요인으로 감소 추세를 나타나게 되었다. 급기야는 1998년도에는 184천kℓ로서 최고의 출고 실적을 기록하였다(표 5-13).

약주는 1968년도에 9천kℓ에서 탁주와 비슷하게 1974년에 19천kℓ까지 배증하였으나 이를 고비로 감소되기 시작하여 1988년도에는 6kℓ로서 전성기에 비하여 31.5%에 불과한 실정이다. 그러나 여러 사정에 따라 탁·약주의 원료는 식량 사정에 따라 표 5-14와 같이 변화되어 왔다. 그리고 약·탁주는 각종 첨가제 허용 그리고 탁주의 알코올 농도도 식량사정, 원료부족, 원료에 따른 제조기술, 그리고 식생활의 변천 등으로 많이 변화되었다. 여기에 탁주 첨가물, 탁주 알코올 도수의 변천사를 표 5-15, 표 5-16에 나타내었다.

제 6 장

주류(술) 규격

일제시대에는 주류의 알코올 농도 규격은 없었다. 1940년 조선총독부의 가격 통제력의 규정에 의거 약·탁주를 제외한 각종 주류에 대하여 알코올 함량 등에 따라 출고가 도매가, 소매가를 달리 고시한 것이 우리나라 술의 규격이 된다.

조선총독부 관보(1940-1)에 의하면 한국산 청주는 상등주(上等酒), 중등주(中等酒), 병등주(竝等酒)로 부류하고, 상등주는 알코올 15% 이상, 엑기스분 29% 이상, 중등주는 알코올 14.5% 이상, 엑기스분 28% 이상, 병등주는 알코올 14% 이상, 엑기스분 27% 이상으로 규정하였다. 소주는 알코올 25%에서 45% 단위로 구분하였고, 과실주의 경우 상등주는 알코올 10%이상, 병등주는 알코올 7% 이상으로 하였다.

1. 보건복지부(식품의약청) 식품공전 중의 주류 규격

주류라 함은 곡류, 서류, 과실류와 전분질 원료 등을 주원료로 하여 발효 등 제조·가공한 양조주, 증류주 등 주세법에서 규정한 주류를 말한다.

1.1 탁 주

(1) 정의

전분질 원료와 국을 주원료로 하여 발효시킨 술덧(주료)을 혼탁하게 제성한 것을 말한다.

(2) 식품유형 : 생략

(3) 규격

(가) 에탄올(v/v%) : 주세법의 규정에 의한다.

(나) 총산(w/v%) : 0.5이하(초산으로서)

(다) 메탄올(mg/mℓ) : 0.5이하

(라) 진균수 : 음성이어야 한다(단, 살균 탁주에 한한다).

(마) 보존료(g/ℓ) : 다음에서 정하는 보존료는 아래 기준에 적하여야 한다.

파라옥시안식향산부틸	0.05 이하

1.2 약 주

(1) 정의

약주라 함은 전분질 원료와 국을 주원료로 하여 발효시킨 술덧(주료)을 여과하여 제성한 것을 말한다.

(2) 식품유형 : 생략

(3) 성분규격

(가) 에탄올(v/v%) : 주세법의 규정에 의한다.

(나) 총산(w/v%) : 0.7이하(초산으로서)

(다) 메탄올(mg/mℓ) : 0.5이하

(라) 진균수 : 음성이어야 한다(단, 살균 약주에 한한다).

(마) 보존료(g/ℓ) : 다음에서 정하는 보존료는 아래 기준에 적합하여야 한다.

파라옥시안식향산부틸	0.05 이하

1.3 청 주

(1) 정의

청주라 함은 전분질 원료와 국을 주원료로 하여 발효시킨 술덧(주료)을 여과 제성한 것 또는 발효 제성과정에 주류 등을 첨가한 것을 말한다.

(2) 식품유형 : 생략

(3) 규격

(가) 에탄올(v/v%) : 주세법의 규정에 의한다.

(나) 총산(w/v%) : 0.3이하(호박산으로서)

(다) 메탄올(mg/mℓ) : 0.5이하

1.4 맥 주

(1) 정의

맥주라 함은 맥아 또는 맥아와 전분질 원료, 홉 등을 주원료로 하여 발효시켜 여과 제성한 것을 말한다.

(2) 식품 유형 : 생략

(3) 규격

(가) 에탄올(v/v%) : 주세법의 규정에 의한다.

(나) 메탄올(mg/mℓ) : 0.5이하

1.5 과실주

(1) 정의

과실주라 함은 과실 또는 과즙을 주원료로 하여 발효시킨 술덧(주료)을 여과 제성한 것 또는 발효 과정에 과실, 당질 또는 주류 등을 첨가한 것을 말한다.

(2) 식품유형 : 생략

(3) 규격

(가) 에탄올(v/v%) : 주세법의 규정에 의한다.

(나) 메탄올(mg/mℓ) : 1.0이하

(다) 보존료(g/ ℓ) : 다음에 정하는 이외의 보존료는 아래 기준에 적합하여야 한다. 검출되어서는 아니 된다.

보존료	기준
소르브산 소르브산칼륨	0.2 이하(소르브산으로서)
파라옥시안식향산부틸	0.05 이하

1.6 소 주

(1) 정의

소주라 함은 전분질 원료, 국을 원료로 하여 발효시켜 증류 제성한 것 또는 주정을 물로 희석하거나 이에 주류나 곡물주정을 첨가한 것을 말한다.

(2) 식품 유형 : 생략

(3) 규격

(가) 에탄올(v/v%) : 주세법의 규정에 의한다.

(나) 알데히드(mg/100mℓ) : 70.0이하

(다) 메탄올(mg/mℓ) : 0.5이하

1.7 위스키

(1) 정의

위스키라 함은 발아된 곡류 또는 이에 곡류를 넣어 발효시킨 술덧(주료)을 증류하여 나무통에 넣어 저장한 것이나 또는 이에 주류 등을 첨가한 것을 말한다.

(2) 식품 유형 : 생략

(3) 규격

(가) 에탄올(v/v%) : 주세법의 규정에 의한다.

(나) 메탄올(mg/mℓ) : 0.5이하

(다) 알데히드(mg/mℓ) : 70.0이하

1.8 브랜디

(1) 정의

브랜디라 함은 과실(과즙 포함) 또는 이에 당질을 넣어 발효시킨 술덧(주료)이나 과실주(과실주박 포함)를 증류하여 나무통에 넣어 저장한 것 또는 이에 주류 등을 첨가한 것을 말한다.

(2) 식품 유형 : 생략

(3) 규격

(가) 에탄올(v/v%) : 주세법의 규정에 의한다.

(나) 메탄올(mg/mℓ) : 1.0이하

(라) 알데히드(mg/mℓ) : 70.0이하

1.9 일반 증류주

(1) 정의

일반증류주라 함은 전분질 또는 당분질을 주원료로 하여 발효, 증류한 것 또는 증류주를 혼합한 것으로서 주정, 소주, 위스키, 브랜디 이외의 주류로서 주세법에서 규정한 것을 말한다.

(2) 식품 유형 : 생략

(3) 규격

(가) 에탄올(v/v%) : 주세법의 규정에 의한다.

(나) 메탄올(mg/mℓ) : 0.5이하

(라) 알데히드(mg/mℓ) : 70.0이하

1.10 리큐르

(1) 정의

리큐르라 함은 전분질 또는 당분질을 주원료로 하여 발효시켜 증류한 주류에 인삼, 과실(포도 등 발효시킬 수 있는 과실 제외) 등을 침출시킨 것이거나 발효 증류 제성과정에 인삼, 과실(포도 등 발효시킬 수 있는 과실 제외)의 추출액을 첨가한 것 또는 주정, 소주, 일반 증류주의 발효, 증류, 제성과정에 주세법에서 정한 물료를 첨가한 것을 말한다.

(2) 식품 유형 : 생략

(3) 규격

(가) 에탄올(v/v%) : 주세법의 규정에 의한다.

(나) 메탄올(mg/mℓ) : 1.0이하

1.11 기타 주류

(1) 정의

기타 주류라 함은 따로 기준 및 규격이 제정되지 아니한 주류로서 주세법에 규정한 것을 말한다.

(2) 식품 유형 : 생략

(3) 규격

(가) 에탄올(v/v%) : 주세법의 규정에 의한다.

(나) 메탄올(mg/mℓ) : 1.0이하

2. 주류별 성분 분석

탁주, 약주, 청주, 리큐르, 포도주, 희석식 소주, 증류식 소주, 위스키, 맥주 등의 분석은 표 6-1～표 6-9에 나타내었으며, 특히 막걸리의 일반성분 분석은 표 6-10, 표 6-11과 같고, 브랜디의 성분 분석은 표 6-12에 나타내었다.

표 6-1. 탁주의 성분 분석

분석 항목	시료 A	시료 B	시료 C	시료 D	시료 E
pH	3.8	3.5	3.9	3.8	4.1
알코올분(v/v%)	6.0	6.0	7.8	6.2	6.2
총산(w/v%)	0.19	0.21	0.18	0.15	0.13
아미노산도	1.4	1.0	1.5	1.0	1.2
총당(w/v%)	흔적	흔적	흔적	흔적	흔적
진균수	-	음성	-	-	-
메탄올(mg/mℓ)	흔적	흔적	흔적	흔적	흔적
Ethyl acetate(ppm)	23	24	33	3	14
n-Propylalcohol(ppm)	55	81	71	7	33
Isobutylalcohol(ppm)	68	65	77	64	56
Isoamylalcohol(ppm)	22	211	208	191	169
Acetaldehyde(ppm)	143	3	18	35	67
비 고	쌀 100%	살균탁주 쌀 80% 소맥분 20%	쌀 40% 옥수수 40% 소맥분 20%	쌀 40% 소맥분 20% 전분당 40%	소맥분100%

『국세청 기술연구소 100년사』(2009년). 이하 같은 출전임.

표 6-2. 약주의 성분 분석

성분 항목	시료 A	시료 B
pH	3.5	3.5
비중(15℃)	1.042	1.020
알코올분(v/v%)	18.1	13.1
총산(w/v%)	7.2	4.7
아미노산도	4.8	1.5
총당(w/v%)	3.8	5.6
혼탁도(E.B.C)	1.2	1.7
엑스분(w/v%)	15.4	11.3
메탄올(mg/mℓ)	0.03	흔적
Ethyl acetate(ppm)	236	68
n-Propylalcohol(ppm)	45	83
Isobutylalcohol(ppm)	174	159
Isoamylalcohol(ppm)	306	323
Acetaldehyde(ppm)	7	46
비 고	백미 100% 곡자단용	쌀 35% 전분 65%

표 6-3. 청주의 성분 분석

분석 항목	시료 A	시료 B	시료 C
pH	4.5	4.5	3.8
비중(15℃)	1.002	0.998	1.001
알코올분(v/v%)	16.2	16.1	14.2
총산(w/v%)	0.11	0.09	0.18
아미노산도	2.2	1.6	1.2
총당(w/v%)	2.1	2.5	3.3
엑스분(w/v%)	6.1	5.3	4.9
메탄올(mg/mℓ)	흔적	흔적	흔적
Ethyl acetate(ppm)	26	14	23
n-Propylalcohol(ppm)	175	9.8	56
Isobutylalcohol(ppm)	94	64	34
Isoamylalcohol(ppm)	216	125	78
Acetaldehyde(ppm)	14	15	12
비 고	백미 100% 황국	황국 조미 알콜첨가	백국 조미 알콜첨가

표 6-4. 리큐르(매실주)의 성분 분석

분석 항목	시료 A	시료 B
pH	3.20	3.38
알코올분(v/v%)	14.0	14.0
탄닌(ppm)	176	236
색도(450nm)	0.219	0.334
총당(w/v%)	5.3	4.3
총산(w/v%)	0.50	0.40
Acetaldehyde(ppm)	19.4	53.6
Aceton(ppm)	-	2.3
Methyl acetate(ppm)	0.4	1.8
Ethyl acetate(ppm)	32.5	31.5
Methanol	8.4	16.9
n-Propanol(ppm)	13.8	16.5
Isobutanol(ppm)	-	-
Isoamyl acetate(ppm)	2.4	-
n-Butanol	-	-
Isoamyl alcohol	11.7	-
Benzaldehyde(ppm)	22.2	123.4

표 6-5. 포도주의 성분 분석

분석 항목	백포도주	홍포도주	적포도주
pH	3.2	3.6	3.6
비중(15℃)	1.000	0.992	1.000
알코올분(v/v%)	12.2	12.2	12.0
산도	8.1	8.7	8.1
완충능	2.2	2.8	2.6
엑스분(w/v%)	3.0	2.2	2.5
총당분(w/v%)	1.2	0.5	1.2
메탄올(mg/mℓ)	0.03	0.04	0.13
n-Propanol(ppm)	25	28	78
Isobutanol(ppm)	94	76	66
Isoamylalcohol(ppm)	199	214	259
아황산(ppm)	137	160	80
Acetaldehyde(ppm)	37	35	137
Methyl acetate(ppm)	4	4	-
Ethyl acetate(ppm)	86	99	84
Ethyl lactate(ppm)	156	313	333

(계속)

분석 항목	백포도주	홍포도주	적포도주
Ethyl caprate(ppm)	9	-	6
2-Phenylethanol(ppm)	25	40	33
Citric acid(w/v%)	0.009	0.068	-
Tartaric acid(w/v%)	0.139	0.075	0.129
Malic acid(w/v%)	0.219	0.149	0.232
Acetic acid(w/v%)	0.066	0.039	0.038
Sucrose(w/v%)	0.26	-	-
Glucose(w/v%)	0.62	0.04	0.45
Fructose(w/v%)	0.57	0.41	0.46
Glycerin(w/v%)	0.61	0.87	0.69
Tannin(ppm)	292	940	2.310

표 6-6. 희석식 소주의 성분 분석

분석 항목	시료 A	시료 B	시료 C	시료 D
pH	7.0	6.8	6.1	7.2
비중(15℃)	0.972	0.974	0.976	0.980
알코올분(v/v%)	25.0	25.0	25.0	25.0
엑스분(w/v%)	0.39	0.57	1.71	1.96
스테비오사이드(ppm)	82	75	-	-
아스파탐(ppm)	-	-	-	-
동분(ppm)	불검출	불검출	불검출	불검출
철분(ppm)	불검출	불검출	불검출	불검출
흡광도(430nm)	-	0.04	-	-
Acetaldehyde(mg/100mℓ)	불검출	불검출	1.2	불검출
Ethyl acetate(ppm)	불검출	0.005	7	불검출
Methanol(mg/mℓ)	흔적	0.002	흔적	흔적
n-Propanol(ppm)	흔적	15	13	불검출
Isobutanol(ppm)	불검출	9	7	42
Isoamyl alcohol(ppm)	불검출	20	14	80
Fusel oil(w/v%)	흔적	0.004	0.003	0.012
비 고	-	목통저장 증류식소주 2% 첨가	증류식 소주 2% 첨가	곡물주정 첨가

표 6-7. 증류식 소주의 성분 분석

분석 항목	시료 A	시료 B	시료 C	시료 D
pH	4.5	4.5	4.3	3.6
비중(15℃)	0.952	0.952	0.945	0.945
알코올분(v/v%)	41.0	35.0	45.0	45.0
엑스분(w/v%)	흔적	0.017	흔적	흔적
동분(ppm)	불검출	불검출	불검출	불검출
철분(ppm)	0.1	0.1	0.1	0.3
흡광도(430nm)	-	-	-	-
Acetaldehyde(mg/100mℓ)	2.7	2.5	5.1	21.8
Ethyl acetate(ppm)	201	297	532	567
Methanol(mg/mℓ)	불검출	불검출	불검출	불검출
n-Propanol(ppm)	332	181	230	164
Isobutanol(ppm)	488	249	548	460
Isoamyl alcohol(ppm)	1,011	816	1,341	1,135
Fusel oil(w/v%)	0.183	0.125	0.212	0.176
비 고	감압증류 쌀	감압증류 보리	감압증류 쌀	감압증류 쌀

표 6-8. 위스키의 성분 분석

분석 항목	시료 A	시료 B	시료 C
pH	4.0	4.0	4.3
비중(15℃)	0.953	0.953	0.953
알콜분(v/v%)	40.0	40.0	40.0
엑스분(w/v%)	0.12	0.09	0.06
동분(ppm)	불검출	0.2	0.2
철분(ppm)	0.8	0.9	0.3
페놀(타닌산으로, ppm)	193	230	65
흡광도(430nm)	0.96	0.948	0.596
Acetaldehyde(mg/100mℓ)	5.9	4.7	4.6
Ethyl acetate(ppm)	135	247	99
Methanol(mg/mℓ)	0.034	0.044	0.174
n-Propanol(ppm)	292	228	53
Isobutanol(ppm)	268	400	203
Isoamyl alcohol(ppm)	327	631	556
Fusel oil(w/v%)	0.089	0.126	0.081
비 고	P	SP	S

표 6-9. 맥주의 성분 분석

분석 항목	시료 A	시료 B
pH	4.1	4.2
비중(15℃)	1.010	1.008
알코올분(v/v%)	4.5	4.5
총산(w/v%)	0.06	0.05
아미노산도	0.6	0.6
엑스분(w/v%)	3.9	3.9
총당(w/v%)	0.8	0.8
가스압(kg/㎠)	2.1	2.1
메탄올(mg/mℓ)	흔적	흔적
n-Propanol(ppm)	8.2	10.9
Isobutanol(ppm)	7.7	11.6
Isoamylalcohol(ppm)	44.5	57.7
Ethyl acetate(ppm)	14.0	9.86
Isoamyl acetate(ppm)	1.42	1.61
Ethyl caproate(ppm)	0.125	0.09
O.G(°P)	10.85	11.0
App. Ex(°P)	1.70	1.97
색도(EBC)	6.0	5.7
탁도(EBC)	0.3	0.3
고미가(IBU)	12.5	11.0
총단백(w/v%)	0.32	0.49
Polyphenol(ppm)	110	134
Diacetyl(ppb)	26	80
Dimethyl sulfide(ppb)	37	26
비 고	-	비열처리

표 6-10. 막걸리 성분 분석표

분석 항목	알코올	단백질	지 방	탄수화물	섬유질	회분(灰分)	아미노산	수용성당	pH	산도(총산)	열량
분석치	6.4%	1.75 g	0.26 g	5.3 g	0.13 g	0.17 mg	0.034 mg	0.52 mg	4.02	0.384%	63.9 kcal

이 분석표는 서울탁주제조협회 자료

표 6-11. 막걸리 성분 분석표(100g 기준)

분석 항목	알코올	수 분	단백질	지 방	탄수화물	섬유질	무기질	비타민	마그네슘	열 량
분석치	6%	91.8 g	1.6 g	0	1.8 g	0.6 g	41.1 mg	1.34 mg	4 mg	46 kcal

- 농촌진흥청 농촌자원개발연구소에서 발행한 『식품성분분석표』(2006년) 제7개정판
- 무기질은 칼슘 6 mg, 인 14 mg, 철 0.1 mg, 나트륨 6 mg, 칼륨 15 mg을 합산한 것이다.
- 비타민은 비타민 B_1 0.01 mg, 비타민 B_2 0.03 mg, 비타민 C 1 mg, 나이아신 0.3 mg을 합산한 것이다.

표 6-12. 브랜디의 성분 분석

분석 항목	시료 A	시료 B	시료 C
pH	4.0	4.0	3.7
비중(15℃)	0.952	0.958	0.956
알콜분(v/v%)	40.0	40.0	40.0
엑스분(w/v%)	0.05	1.85	0.87
동분(ppm)	불검출	0.6	0.9
철분(ppm)	0.5	0.8	0.5
페놀(타닌산으로, ppm)	47	65	185
흡광도(430nm)	0.78	0.85	0.97
Acetaldehyde(ppm)	78	30	62
Ethyl acetate(ppm)	129	57	353
Methanol(mg/mℓ)	0.31	0.10	0.21
n-Propanol(ppm)	94	272	156
Isobutanol(ppm)	217	349	595
Isoamyl alcohol(ppm)	695	276	1,434
Fusel oil(w/v%)	0.101	0.090	0.219
비 고	French Brandy	국산 원액	Cognac 원액

제 7 장

제조면허 취득자들이 빚은 술
(민속주 · 무형문화재 · 식품명인)

1. 감자술(강원도 평창)

- 민속주 제조면허 취득자
- 분류 : 탁주, 약주, 민속주.
- 출전 : 조선무쌍신식요리제법(1924년)

옛날부터 평창(平昌) 지역에서는 감자를 원료로 한 메뉴가 감자부침에서 감자떡까지 10여 종에 이르는 식품들이 개발되었으나 특별하게 감자술이 문헌에 나타난 것은 없으나 이 지역 주민들에게는 일제 때 밀주 단속으로 반세기 동안 단절되어 오다가 빛을 보게 되었다. 그 후 1990년 국세청으로부터 제조허가를 받아 양조장을 차려 일반 대중에게 시판하고 있다.

〈재 료〉

백미, 껍질 벗긴 감자, 누룩, 엿기름, 물

[담그는 법]

백미를 깨끗한 물로 여러 차례 씻어 15시간가량 불린 후 증기로 1시간 정도 쪄 고밥을 만들어 펼쳐 놓고 식힌다. 2~3일 지난 후 껍질을 벗긴 감자를 증기로 쪄 으깬 후 누룩과 물과 함께 발효 중인 독에 넣고 20℃의 상태에서 40일 동안 발효시키면 맑고 노란 빛깔의 은은한 맛의 알코올 농도의 감자술이 된다.

2. 감홍로(甘紅露 / 紺紅露)

- 민속주 제조면허 취득자, 문화관광부(문화재보호법) 무형문화재
- 분류 : 약용소주, 가향 증류주
- 출전 : 고사십이집(1787년), 임원십육지(1827년), 동국세시기(1849년), 조선무쌍신식요리제법(1924년)

감홍로, 이강고, 죽력고를 조선의 3대 증류주라 하였다. 이강고는 배와 생강을 넣고 빚었고, 죽력고는 대나무를 썼으며 감홍로는 홍국이나 방풍, 정향 등의 약재를 넣어 빚었다. 감홍로는 소주를 한두 번 다시 고아서 마지막 소줏고리의 바닥에 꿀과 자초(紫草)를 깔고 이슬을 받아 낸 것인데 빛깔이 연지와 같이 곱고 맛은 달며 독하다 한다.

고려시대에 유입되어 개발된 증류 중에는 2차 증류를 거친 소위 환소(還燒) 제품에 감홍로(甘紅露 또는 紺紅露)로 표기되면서 오늘까지 전해지고 있는 우리나라 고유의 유명주로 되었다. 『경도잡지(京都雜誌)』와 『조선상식문답』에 기록된 우리나라 3대 명주 중의 첫 번째로 꼽히는 최고의 명주이다. 인삼의 고장 개성에 인삼주와 불로주가 있다면, 평양의 특산주로는 단맛과 선홍색의 빛깔이 영롱한 감홍로가 전해왔다.

관서지방에서 감로주(紺露酒)로서 알려진 술이다. 평양 지방이 명산이었다. 찹쌀로 만든 술인데 백미를 잘 씻고 누룩가루를 넣어 먼저 술밑을 만들고 술밑이 완전히 된 후 다시 찹쌀을 쪄서 조금 말린다. 계피, 용안육(龍眼肉), 진피(陳皮), 방풍(防風), 정향(丁香) 등을 가루로 만들어 비단주머니에 넣어서 술이 거의 되어 갈 때 술이 닿지 않도록 조심스럽게 넣는다. 이 술의 술 빛이 붉고 단맛이 있어서 감홍(甘紅)이라고도 한 것이다.

우리나라 북부지방에서는 소주를 가지고 만든 일이 많았다고 한다. 소주로 다시 술을 만들 때는 누룩이나 찹쌀을 넣지 않고 소주를 잘 고아 약재 종류만 우려내어 만들어 왔다. 이 경우 소주에 그대로 약을 타면 간단하게 만들어질 것 같으나 쉽사리 우러나지 않으므로 시일이 꽤 걸린다. 그렇기 때문에 소주로 만들 때 다시 누룩과 밀가루 떡, 찹쌀 등을 넣고 다시 약을 술로 만들 때 한꺼번에 넣어 만들기도 한다. 그러나 대개 경우에는 별다른 조미를 할 정도에 그치고 있다. 평양 지방의 소주는 수수를 원료로 하여 만들기 때문에 처음부터 술이 붉은 빛을 띠게 된다. 여기에다 여러 가지 약재를 넣어 독특한 소주를 만든 것이다.

매화를 넣으면 매화로(梅花露), 장미를 넣으면 장미로(薔薇露) 등으로 이름 부친

다. 이런 종류로 알려진 것으로는 계화로(桂花露), 박화로(薄荷露), 감국로(甘菊露), 생강로(生薑露), 목과로(木瓜露), 산사로(山查露), 자소로(紫蘇露), 인삼로(人蔘露), 이감귤로(梨柑橘露) 등이 있다. 그 중에서도 감홍로가 가장 유명한 술로서 옛날부터 평양감사가 애용하였다고 한다. 다른 술보다 재료가 많이 들기 때문에 많이 만들지 못하였으며 고급주로서 손꼽힌 것이다.

감홍로는 40도 이상의 높은 술인데도 약재의 향이 어우러져 향이 독특하고, 마시기에도 부드러우며, 마신 후에도 입안에서 역하지가 않고 부드럽게 향이 퍼진다. 술을 마신 후 따뜻한 기운이 몸에 퍼지는 것을 알 수 있다. 술을 많이 마셔도 숙취가 없으며, 혈액 순환을 돕고 조금씩 마시면 몸을 따뜻하게 하는 작용을 한다. 대부분의 술은 장이 냉해지거나 몸이 산성화되는데 이 술은 이를 방지한다.

◆ 자 료

- 생산지 : 경기도 파주시 파주읍 부곡리 34-7호
- 주원료 : 쌀, 용안육, 계피, 진피 등
- 알코올 도수 : 40%
- 주 종 : 일반 증류주
- 전 화 : 031) 954-6233

3. 강냉이 술(강원도 춘천)

- 민속주 제조면허 취득자(문화관광부 추천)
- 분류 : 탁주

강원도의 토질은 옥수수 재배에 적합하여 타지방의 옥수수보다 그 크기가 현격히 크고 양도 많이 소출되었다. 자연히 술도 옥수수로 빚어져 농주, 제주 그리고 내방객 접대용으로 쓰였다.

〈재 료〉

옥수수 10ℓ, 물 40ℓ, 엿기름 2.2ℓ, 누룩 1ℓ

[담그는 법 1]

(강원도 원주군 소초면 흥암리 229, 박연희 씨)

옥수수 10ℓ를 갈아서 5일간 담가둔 후 옥수수 10ℓ당 물 40ℓ와 엿기름 2ℓ를 넣어서 2시간 정도 끓인 후 30℃ 정도까지 식혀서 엿기름 0.2ℓ를 넣어서 완전히 식힌 것을 다시 100℃ 이상 끓인 후 자루에 넣어 짜내고 15℃ 정도 될 때까지 식힌 후 항아리에 넣는다. 누룩 1ℓ정도를 삼베자루에 넣어 독 안에 넣고 담요 등으로 싸맨지 약 7일 경과하면 술이 되는데 이 때 누룩을 담은 자루를 꺼내고 항아리는 밀봉하여 서늘한 곳에 두면 옥수수술이 되는데 그 맛은 좋은 편이 못되나 쏘는 맛이 있어서 쉽게 취한다.

〈재 료〉

옥수수 가루 5ℓ, 물 24, 엿기름 2, 쌀 20ℓ, 누룩 2ℓ

[담그는 법 2]

(삼척군 노곡면 하군천리, 김칠녀 씨)

옥수수 가루 5ℓ에 물 20ℓ를 붓고 끓여서 약간 식힌 다음 엿기름가루 1ℓ를 배합하고 약 10분 후에 찬 물 4ℓ를 붓고 걸러 낸다. 엿기름 1ℓ를 다시 붓고 배합하여 14ℓ가량 될 때까지 끓인 후 식혀서 독에 넣고 쌀 20ℓ로 고두밥을 만들어 누룩 2ℓ를 섞어서 자루에 낳고 그 자루를 독에 넣은 지 6~7일 경고하면 술이 된다. 강원도에서는 옛날부터 이 술이 일상 상용주로 애용되어 왔다.

◆ 자 료

- 생산지 : 강원도 원주군 소초면 흥암리 229, 박연희 씨
- 주원료 : 옥수수가루, 엿기름 쌀, 누룩
- 알코올 도수 : 8%
- 주 종 : 막걸리

4. 계명주(鷄鳴酒, 경기도)

- 지방무형문화재(제1호, 경기도 지정), 농림수산식품부(농산물가공육성법) 식품명인(제12호)
- 분류 : 약용주, 일반 단양주, 탁주
- 출전 : 제민요술(450년경), 거가필용, 고려도경(1124년), 동의보감(1611년), 임원십육지(1827년), 오주연문장전산고(1850년)

계명주(鷄鳴酒)는 여름철 황혼녘에 술을 빚어 밤을 재운 뒤에 새벽닭이 울면 마실

수 있다고 하여 붙여진 이름으로 전해지고 있다. 일일주와 같이 반나절 만에 빚어 마시는 술이며, 이러한 술들은 단맛이 강하고 알코올 도수가 낮아 오래 보관하기 어렵다. 계명주는 원래 평양, 평안남도 지방에 고구려 시대부터 전해 내려오던 서민의 술이다.

계명주는 결성(結成) 장씨의 종부인 최옥진(崔玉珍, 수원시 권선구 인계동) 씨가 11대째 집안에서 전수되어 오다가 술 빚는 비법을 공인받아 1987년 3월 경기도 무형문화재 제1호로 지정되면서 경기 지방의 민속주로 자리 잡았다.

최씨의 남편인 장기항 씨가 이당주(飴糖酒) 곧 엿탁주라 불리며 대대로 빚어온 집안 술을 토속주로 지정받기 위하여 10수년간 수소문 끝에 이 술이 800년 전의 문헌인 『거가필용』에 소개된 계명주의 원료 그리고 제조기법과 일치한다는 학계의 보고를 토대로 계명주임을 밝혀내었다.

일반적으로 백제인의 술을 소곡주, 신라인의 술을 법주, 고구려인의 술을 계명주로 분류하며, 법주가 종묘제사에 사용된 반면 계명주는 서민 술과 명절 때의 예주로서 널리 애용되었던 술이다. 탁주로 분류되어 있으나 알코올 도수 11도의 솔잎 향기가 아련히 감도는 독특한 약주의 맛을 지니고 있으며, 일반 탁주와 달리 많이 마셔도 트림이나 숙취가 없다.

[담그는 법]

계명주의 재료는 찹쌀이나 멥쌀을 쓰지 않고 옥수수와 수수 등의 잡곡과 조청 엿기름 등을 사용한다. 일반 곡주가 고두밥으로 술밑을 만든 것과는 달리 죽을 쑤어 빚는 것이 맛을 내는 독특한 비법이다.

우선 누룩을 조청에 담아 골고루 스며들도록 6~7일간 묵혀 두고 그 사이에 옥수수와 수수를 8：2의 비율로 섞어 10~12시간 정도 물에 담가 충분히 불린다. 이를 맷돌에 간 다음 옥수수와 수수 양의 3배가량 물을 붓고 엿기름을 넣은 뒤 가마솥에서 잘 삭을 때까지 은근히 시간을 두고 끓인다. 이어 자루에 넣어 걸러낸 뒤 2차로 또 끓이고 차게 식힌 후 조청에서 밴 누룩과 솔잎을 잘 배합시켜 항아리에 넣은 다음 25~28℃의 실내에서 8일간 발효시켜 걸러내면 계명주가 완성된다. 이 때 알코올은 11% 정도이다.

▶ 계명주 별법

〈재 료〉

누룩 효모, 맥아 엿, 계피, 후추, 양강, 세신, 감초, 천오, 정향

[담그는 법]

누룩 효모, 맥아 등을 가루로 찧고 엿과 함께 죽에 섞어 항아리에 담는다. 겨울에는 5일, 봄・가을에는 3일, 여름에는 2일이면 익는다. 이 술에 계피, 후추, 양강, 세신, 감초, 천오, 천궁, 정향 등을 각각 반전씩 가루로 내어 죽에 섞어서 담기도 한다. 또 다른 방법으로는 멥쌀 두 말을 물에 넣고 죽을 쑤어서 누룩 두 되, 물 닷 말과 함께 항아리에 담으면 다음 날 아침 닭이 울 때 익는다고 하여 이름이 붙었다.

◆ **자 료**

- 업체명 : 계명주 양조원
- 생산지 : 경기도 이천시 사음동 54-1호
- 주원료 : 옥수수, 수수
- 알코올 도수 : 11%
- 주 종 : 일반 증류주
- 전 화 : 031) 631-3243

5. 과하주(過夏酒, 경상북도 김천)

- 민속주 제조면허 취득업체, 지방무형문화재(제11호, 경상북도 지정), 농림수산식품부(농산물가공육성법) 식품명인(제17호)
- 분류 : 혼성주(약주와 소주 혼합주), 약주
- 출전 : 주방문(1600년 말), 음식디미방(1670년), 음식보(1700년대), 민천집설(1700년 말), 산림경제(1715년), 증보산림경제(1766년), 감저종식법(1766년), 고사십이집(1787년), 고려대 규곤요람(1795년), 주찬(1800년 초), 역주방문(1800년 중), 술 빚는 법(1800년 말), 시의전서(1800년 말), 규합총서(1815년), 부인필지(1915년), 조선무쌍신식요리제법(1924년)

김천(金泉) 과하주는 두 가지 종류의 술이 나오는데 하나는 김천 짐방에 「금지천」이란 샘에서 퍼 올린 물로 빚은 술이고, 다른 하나는 술을 빚는 과정에 증류주를 넣어 함께 발효시킨 술이다. 그리고 증류주를 혼합한 과하주(23%)와 김천의 맑은 물로 빚은 과하주(16%)의 두 종류를 출시하고 있다.

약주의 저장성을 높이기 위하여 여름에 오래 두고 먹을 목적으로 약주에 소주를 넣어 빚은 술로서 조선 초기부터 서울을 중심으로 여러 지방에서 빚어진 술이다. 그 이름대로 여름을 날 수 있다는 뜻에서 나온 혼성주의 대표적인 술이다.

경상북도 김천에서는 별도로 고유의 과하주를 양조하여 왔는데 이것은 다른 과하주와는 달리 소주를 넣지 않고 색다른 양조법으로 빚었다. 김천에는 과하천이 있는데 옛날부터 금천 또는 주천이라 불려졌다. 임진왜란 당시 명나라 장수 이여송이 이 샘의 물맛이 중국의 과하천과 같다고 칭송하여 이때부터 『과하천』이라 하였으며, 이 물로 빚은 술을 『과하주』라 하였다.

[누룩 만들기]

통밀을 곱게 갈아 밀가루와 밀기울의 2할의 물을 뿌려 직경 35㎝ 되게 성형시켜 짚, 쑥 황국을 겹겹이 두어 한 달 가량 띄운다. 소국주와 같이 용수는 쓰고 술밑을 만들지 않고 직접 술덧을 담근다. 술밑 대신 누룩을 빻아 체로 쳐서 3할 정도의 물을 타고 3시간 둔 후 찹쌀 고두밥으로 떡을 칠 때 반죽하는 정도로 절구와 떡밥이 붙지 않도록 절구 방망이에 물을 묵혀 가며 떡을 찐다.

[담그는 법]

찹쌀 고두밥을 완전히 쳐서 떡처럼 되면 누룩 물(찹쌀 고두밥 : 누룩 물 = 9 : 1)로 골고루 반죽하여 독에 옮겨 담는다. 독의 뚜껑을 여러 겹의 창호지에 싼다. 술덧을 한 지 5일이 되면 발효가 진행되고, 15일이 지나면 주 발효가 끝나고 후 발효가 진행된다. 후 발효 후 30일 정도 완숙시키고, 그 후 45일 정도 후숙시키는 등 약 90일이 되어야 향미가 좋아진다.

후숙이 끝나면 술의 액면에 쌀눈이 떠오르는데 수율은 극히 적어서 36% 정도 밖에 안 된다. 남은 찌꺼기에 소주를 넣어 우려낸 것을 후주라 하여 등급이 낮은 술로 마시기도 한다.

과하주는 술맛이 달작지근하고 곡주 특유의 향기와 맛이 일품이며, 숙취가 없어 애주가들의 인기를 끌고 있는데 임금에게 진상되는 전국의 72가지 술 중에서도 상품으로 꼽힌다.

◆ 자 료

- 업체명 : 김천 과하주
- 생산지 : 경북 김천시 대항리 향천리 791번지
- 주원료 : 찹쌀
- 알코올 도수 : 16%, 23%
- 주 종 : 리큐르
- 전 화 : 054) 436-4461

6. 과하주(過夏酒, 전라북도 전주)

- 민속주 제조면허 취득자(교통부 추천)
- 분류 : 혼성주, 혼양주(混讓酒)
- 출전 : 주방문(1600년 말), 음식디미방(1670년), 치생요람(1691년), 음식보(1700년대), 의방합편(1700년대), 민첩집설(1700년 말), 산림경제(1715년), 고사십이집(1787년), 고려대 규곤요람(1795년), 춘향전(1800년경), 산림경제촬요(1800년 중), 역주방문(1800년 중), 술 빚는 법(1800년 말), 시의전서(1800년 말), 규합총서(1815년), 임원십육지(1827년), 양주방(1837년), 부인필지(1915년), 조선무쌍신요리제법(1924년)

이 술은 약주를 만들고 소주를 부어 주도를 높여 여러 약제나 꿀을 넣고 땅속에 묻어 여름에 사용하였다. 이름 그대로 여름을 지낼 수 있다는 뜻에서 나온 술이다. 약주 그대로는 더위에 오래 두지 못하기 때문에 소주를 보강하였는데 우리나라 혼성주의 대표적인 술이다.

전주(全州) 과하주는 세조 때 우의정 김 관(金 瓘 : 1425～1485)이 중국에 사신으로 갔을 때 사신 접대용으로 제공한 과하주를 접하게 되어 비방을 가져와 언양(彦陽) 김씨 가양주로 정착시켰다. 김씨 가문에 전해오는『만회유고(晩悔遺稿)』에 기록된 과하주에 대한 내용을 살펴보면 우의정 공양공(恭襄公) 김 관이 중국에 사신으로 갔을 때 황제와 군신들이 환영 연회석에서 과하주를 종일 응대를 하여도 혼미해지지 않고 오히려 정신이 유쾌해지니 이를 신기롭게 여기고 그 비법을 가지고 귀국하여 술을 만드니 엄동설한에도 불구하고 불서(不署)하여 위를 보호할 뿐 아니라 방풍도 되고 장수하는 대방(大方)이라 임진란의 명장인 김천일(金千鎰) 장군이 술을 마시고 승전하였다는 명주이니 후손들은 과하주 비방을 세세대대로 불체하여 가전되길 바란다는 내용이 전한다.

그리하여 다른 이름으로 장군주라고도 불려지고 있으며, 현재 전주 과하주는 향토문화재로 지정되어 김남옥 씨가 그 기능자로 되어 있다.

〈재 료〉

멥쌀 한두 되, 누룩가루

[담그는 법]

봄과 여름 사이에 하얀 멥쌀 두 되나 한 되를 가루로 만들고 범벅처럼 개어 아주 서늘하게 식으면 누룩가루를 넣어 방문주처럼 쳐서 낳는다. 맛이 써지면 찹쌀 한 말을 술밥으로 쪄서 속속들이 식혀 그 술밑에 버무려 두었다가 맛이 써진 후에 고아 부었다가 7일 만에 소주 스물 복자씩 부어서 마신다.

7. 구기주(枸杞酒, 충청남도 청양)

- 지방무형문화재(제30호, 충남도 지정, 2000년), 농림수산식품부(농산물가공육성법) 식품명인(제11호, 1996년)
- 분류 : 이양주, 약용약주
- 출전 : 동의보감(1611년), 지봉유설(1613년), 산림경제(1715년), 증보산림경제(1766년), 고사십이집(1787년), 김두종 본양생서(1800년 초), 산림경제촬요(1800년 중), 규합총서(1815년), 임원십육지(1827년), 양주방(1837년), 부인필지(1915년), 조선고유색사전(1932년)

청양(靑陽)은 구기자(구기)와 고추로 유명한 지역이다. 이러한 지역의 특산인 구기자(구기)를 이용하여 빚은 술이 바로 청양의 구기주이다.

우리나라의 어느 지방에 가더라도 그 지방 고유의 민속주가 있다. 칠갑산으로 유명한 청양에도 독특한 민속주가 있다. 바로 청양 구기자 술이 바로 그것이다. 150년 전 조상들이 담그던 비법을 기능보유자인 임연순 씨가 그대로 전승하여 그 맛을 이어가고 있다.

고문헌인 『지봉유설(芝峯類說)』의 기록에 의하면 하서지방을 여행하던 신하가 이곳 청양고을을 지나다 열댓 살로 보이는 여자가 팔구십이 되어 보이는 백발노인을 때리는 것을 보고 그 이유를 물은 즉 그 젊은 노인을 가리키며 하는 말이 "이 아이는 제 자식인데 약을 먹을 줄 몰라서 나보다 먼저 머리가 희어졌소"라고 하였다. 그 여인의 나이를 물으니 395세라 하여 신하가 깜짝 놀라 그 사연을 물으니 구기자 술을 먹었기 때문이라고 하였다. 그래서 그 신하도 집에 돌아와 구기자 술을 담구어 마시니 300년을 살았다는 이야기가 기록되어 있다.

구기자 술의 제조방법을 보면 우선 ① 통밀을 깨끗이 씻어 방아에 빻은 뒤 적당한 물을 섞어 누룩을 약 45~50일 정도 띄운다. ② 양질의 쌀을 2시간 정도 물에 담갔다 건져 시루에 담고 불을 지펴 만든 고두밥을 누룩과 함께 고루 섞은 후 완전히 식혀 술독에 넣는다. ③ 구기자 잎과 두충을 2시간 정도 삶아 술독에 넣고 적당한 물을 부은 후에 27~29℃의 온도로 10~15일 정도 발효시켜 용수로 걸러내면 구기지 술이 완성된다.

기능보유자인 임영순 씨는 하동 정씨 가문에 시집가서 20세 되던 해 남편을 여의고 시어머니 최규은 씨로부터 시댁의 전통에 따라 양주(구기주)를 배워 오늘에 이르렀는데, 구기주가 언제부터 정씨 가문의 가양주로 자리 잡았는지 그 시기를 정확히 알 수 없으나 주민들에 따르면 구기주는 오래 전부터 청양지방 일대의 토속주로 전해 왔다고 한다.

임영순 씨의 청양 구기주는 멥쌀과 찹쌀, 솔잎을 섞어 지은 고두밥에 구기자와 갈근을 섞어 달인 물과 누룩, 엿기름을 섞어 술밑을 빚고 7일 후에 멥쌀과 누룩, 물을 섞어 만든 덧술에 합하여 술독에 안치고 1차 8～10일 가량 발효시켰다가 2차 8～10일 가량 발효시켰다가 3차 7일간 숙성, 발효시켜 구기주를 얻는다.

◆ 자 료

- 업체명 : 청양 둔송 구기주
- 생산지 : 충남 청양군 운곡면 광암리 321-11호
- 주원료 : 쌀, 구기자 열매·잎·뿌리, 감초, 들국화 등
- 알코올 도수 : 16%
- 주 종 : 약주
- 전 화 : 041) 942-8138

8. 국화주(菊花酒, 경상남도 함양)

- 민속주 제조면허 취득자
- 분류 : 명약주, 약주
- 출전 : 동의보감(1611년), 요록(1680년), 고사십이집(1787년), 고려대 규곤요람(1795년), 구합총서(1815년), 임원십육지(1827년), 농정회요(1830년)

국화는 예로부터 불로장수와 성스러운 영초(靈草)로서 숭상되어 왔다. 국화주는 우리나라 재래의 술의 하나로 함양 국화주는 국화와 생지황, 구기자 나무껍질을 넣고 찹쌀로 빚은 술인데 이 술은 음력 9월 9일 중양절에 즐겨 마셨다고 한다.

양조방법은 두 가지가 있다. 첫 번째는 본담금에 고두밥과 누룩, 말린 국화를 한꺼번에 넣고 발효시키는 법이다. 두 번째는 완성된 술에 주머니에 싼 국화를 술독에 집어넣어 숙성시키는 방법이다.

일제 때 우리 문화 말살정책으로 맥이 끊긴 후 1986년 경남 함양군(咸陽郡) 함양

읍(咸陽邑) 삼간리가 고향인 김광수 씨의 끈질긴 노력으로 80여 년 만에 그 맛과 향이 재현되면서 1987년 전통 민속주로 지정되었으며 이 술은 누구나 즐길 수 있는 술이 되었다.

〈재 료〉

술밑 : 찹쌀 두되, 물

덧술 : 찹쌀 여덟 되, 누룩가루 너 되

[담그는 법]

(술밑)

찹쌀 두 되를 물에 잘 불려서 가루를 만들어 시루에 찌고 백설기에 잘게 부수어 누룩가루 한 되를 넣어 혼합한 후 물 서 되를 부은 다음 잘 섞어서 온도 20~30℃에서 4~5일 두면 술밑이 된다.

(덧술)

찹쌀 여덟 되를 불려 시루에 찐 후 냉각시킨다. 식힌 밥에 누룩가루 너 되를 넣어 잘 혼합한다. 감 국화 혹은 야생 국화, 생지황, 구기자의 뿌리, 껍질 등을 각각 한 되 정도와 물 두말에 넣어 물 한 말이 될 때까지 달여 식힌다. 이와 같이 완성된 고두밥과 야생국화 등의 액체를 술밑에 넣어 혼합시킨다. 온도 22℃ 전후에서 5~6일간 경과하면 숙성되고, 이것을 맑게 거르면 향기 좋은 국화주가 되는데 주도는 보통 26도 정도가 된다. 색깔은 담황색을 띠고 있으며, 명약주로서 손색이 없는 술로서 현재 향토 민속주로 지정되어 있다. 현재 경남 함양에서 이승리 씨가 이 술을 빚고 있다.

9. 대추술(棗酒, 충청북도 청주)

- 민속주 제조면허 취득자(건설부 추천, 1991년)
- 분류 : 가양주, 약주
- 출전 : 동의보감(1611년), 요록(1680년), 고사십이집(1787년), 고려대 규곤요람(1795년), 규합총서(1815년), 임원십육지(1827년), 농정회요(1830년)

청주시(淸州市) 산성동 상당산성의 한옥 마을에서 대대로 빚어온 대추술로서 1991년 국세청의 제조 승인으로 본격 시판에 임하고 있다. 술을 빚을 때 대추를 넣으면 술 빛이 진한 홍색을 띠고, 대추의 단맛이 나며, 좋은 향기를 머금고 있다가 병뚜껑을 열면 그 향을 느낄 수 있다.

마을 주민을 대표해 양조장을 운영하고 있는 서정만 씨는 옛날부터 마을에 대추나무가 많아 집집마다 대추술을 빚어 오면서 마을 전체에 맛을 내는 비법이 전해져 왔다며 어릴 때 마을 어른들께서 위장이 약해지거나 특히 여름철에 원기가 부족해지면 이 대추술을 마셔 효과를 보았다고 한다.

〈재 료〉

찹쌀 10 kg, 멥쌀 80 kg, 솔잎 5 kg, 대추 5 kg, 물 60 ℓ, 누룩 30 kg, 사성약수 60 ℓ

[담그는 법]

대추술을 만들기 위하여 먼저 멥쌀 10 kg을 2 : 8의 비율로 섞어 12시간 물에 불린 뒤 그늘에서 장시간 말린 솔잎 5 kg과 섞어 2시간쯤 쪄서 고두밥을 만든다. 또 한편에서는 대추 5 kg을 물 60 ℓ 정도에 넣어 대추가 완전히 퍼져 맛이 울러날 때까지 10시간씩 3～4차례 삶아낸 대추 물 40 ℓ 를 준비한다.

이렇게 준비한 고두밥과 대추 물을 큰 독에 담아 여기에 누룩 30 kg을 넣고 산속 깊은 곳에서 나는 산성약수 160 ℓ 을 혼합하여 약 20℃ 정도의 온돌방에서 13일간 숙성시킨다. 이런 과정을 거쳐 포도주와 비슷한 알코올 농도 13%의 자주빛 대추술이 완성된다.

◆ 자 료

- 업체명 : 청명주 양조장
- 생산지 : 충북 청원군 남성면 현암리 329번지
- 주원료 : 찹쌀, 멥쌀, 대추 등
- 알코올 도수 : 16%
- 주 종 : 약주
- 전 화 : 043) 258-0873

10. 두견주(杜鵑酒, 충청남도 면천)

- 민속주 제조면허 취득자, 문화관광부(문화재보호법) 중요무형문화재(제86호)
- 분류 : 약용 명약주

• 출전 : 술 만드는 법(1700년 말), 산림경제(1715년), 주찬(1800년 초), 고려대 규합총서(1800년 중), 주정(1800년 말), 술 방문(1801~1861년), 규합총서(1815년), 김승지댁 주방문(1860년), 부인필지(1915년), 조선무쌍신식요리제법(1924년)

두견화는 진달래꽃을 의미하는데 면천 지역에서 활짝 핀 진달래꽃으로 빚는 술이 바로 면천 두견주이다. 4월에 활짝 핀 진달래꽃을 채취하여 꽃술을 떼고 말려 두었다가 술을 빚을 때 함께 혼합하여 빚는데, 은은한 술의 향기와 맛에서 두견화의 향취를 느낄 수 있다.

지금으로부터 1000여 년 전 고려의 개국공신인 복지겸(卜智謙)이 원인 모를 병을 앓게 되었다. 백약이 무효라 복지겸은 생사를 가늠할 수 없게 되었다. 복지겸에게 15살 난 '영랑'이라는 딸이 있었는데, 영랑은 매일 아미산에 올라 부친의 병을 낫게 해 달라고 기도를 올렸다. 100일 기도 마지막 날 밤 꿈에 『부친의 병이 나으려면 마이산에 만개한 두견화의 꽃잎과 찹쌀로 술을 빚되 반드시 안 샘의 물로 빚어 백 일이 지난 다음 부친이 이를 마시고 난 다음 뜰에 두 그루의 은행나무를 심고 정성을 드리면 병이 나을 수 있다』는 계시를 받았다. 영랑은 즉시 이를 실행에 옮겨 부친의 병을 고쳤다고 한다. 이로부터 아미산의 진달래와 안 샘에서 솟아오르는 물로 빚은 두견주는 명약으로 칭송하게 되었다. 영랑이 심었다는 두 그루의 은행나무는 오늘날에도 현존하고 있으며, 안 샘 또한 수맥을 이어오고 있다. 이러한 전설과 함께 면천지방에서 전해 내려오는 두견주는 후에 김윤식(1835~1922)의 『운양집(雲養集)』에 면천 사람이 처음으로 술을 빚었다는 이야기가 나온다.

하지만 1천년의 역사를 지닌 두견주도 정작 세상에 다시금 빛을 보게 된 것은 불과 몇 년 전에 불과하다. 민가에서 약용으로만 면면히 전래되어 오던 면천(沔川) 두견주(杜鵑酒)는 일제시대와 1963년 정부의 양곡주 제조금지 조치로 한때 사라지는 비운을 맞았다. 그러던 것이 두견주 기능보유자인 박승달(朴昇達) 씨가 조부 박성홍 씨 부친 박찬선 씨로부터 집안의 가풍으로 제조방법을 은밀히 전수받아 오다가 정부의 민속주 개발 방침으로 1986년 11월에 면천 두견주가 중요무형문화재(제 86-나호)로 지정되면서 다시 애주가들의 술상에 등장하기 시작한 것이다.

박씨는 현재 충남 당진군 면초면 성산리 면천 초등학교 뒤편 우물가에 200여 평의 한옥 양조장에서 주문을 받아 400~500ℓ씩 두견주를 생산하고 있다.

[담그는 법]

면천(沔川) 두견주(杜鵑酒)는 그 독특한 맛과 명성이 제조과정의 정성에서 비롯되고 있다. 두견주는 우선 찹쌀과 찐 고두밥 1 kg, 누룩 900 g, 물 5～7 ℓ 에다 4월초～중순에 만개한 아미산 진달래꽃을 따다 꽃 수술을 완전히 제거하고 그늘에서 7일 정도 말린 후 진달래꽃 잎 300 g을 섞어 덧술을 만들어 혼합시킨다. 또 25℃의 상온에서 50～70일 정도 숙성시킨 후 완전히 익은 술을 걸러 용기에 담은 후 20～30일 가량 2차 숙성시켜야 비로소 순도 19도인 두견주가 얻어진다.

◆ 자 료

- 업체명 : (주)면천 두견주
- 생산지 : 충남 당진군 면천면 성상리 322-2호
- 주원료 : 찹쌀, 진달래꽃
- 알코올 도수 : 19%
- 주 종 : 약주
- 전 화 : 041) 355-5430

11. 막걸리(산성막걸리, 부산 금정)

• 민속주 제조면허 취득자(제1호, 1980년)

부산의 산성 막걸리는 우리나라 막걸리로서는 유일하게 향토민속주로 지정되어 있다. 산성 막걸리는 태백산의 남쪽 끝자락 금정산 해발 400 m에서 빚어져 맛이 독특하다. 도심 속의 산 속인 산성부락 30여 가구가 산성 막걸리의 본산이다. 산성 막걸리는 그 유래가 정확하지는 않지만 조선 초기부터 이곳 화전민들이 생계수단으로 누룩을 빚기 시작한 데서 유래된 것이다.

산성 마을은 평지보다 기온이 4℃정도 낮아 여름의 휴식처로 적격이다. 이곳의 250년 역사를 지닌 산성 막걸리는 전국에 널리 알려져 염소고기와 함께 이 마을의 명산물로 알려져 있다. 금정(金井)계곡의 깨끗한 물과 그 곳에서 만들어지는 누룩을 가지고 쌀로만 빚는 막걸리이다.

숙종 32년(1706) 외구의 침략에 대비하기 위하여 금정산성을 축성하면서 외지인들의 유입이 늘어나 널리 알려지게 되었다고 전한다. 이 때 성을 쌓기 위하여 각 지역에서 징발된 인부들은 막걸리 맛에 반해 축성공사가 끝난 후 고향에 돌아가서 그 맛을 그리워하였다고 한다.

이후 산성 막걸리는 전국 방방곡곡으로 널리 보급되었다. 일제시대에는 널리 일본과 만주까지 건너갈 정도로 명성을 떨쳤다. 특히 이 시절에는 산성에서 만드는 누룩을 만드는 양이 많고 적음에 따라 부산-경남 일대의 곡물 값이 오르내릴 정도였다. 1960년부터 정부의 누룩제조 금지조치로 한때 밀주로 단속 받았으나 주민들은 단속의 눈을 피해 술을 빚어 명맥을 유지해 오다가 1980년 전통 민속주 제도가 생기면서 민속주 제1호로 지정 받았다.

[누룩 만들기]

금정산성 특산주는 순전히 재래식 제조방법에 의하여 재래식 기구로 만들어진다. 금정산에서 흘러나오는 맑은 물에 밀을 씻고 부셔서 물을 가하여 반죽하고 나서 누룩고리(고지)에 넣어서 동그랗게 형태를 만든 다음 누룩 띄우는 장소인 누룩 집에 넣어서 실내 온도 45~50℃ 정도에서 띄운다. 누룩에 곰팡이가 피면 공기창을 열고 누룩이 마른 다음 곰팡이를 제거한다. 곰팡이를 띄우는 시간은 약 15일 정도가 소요된다.

[담그는 법]

쌀로 고두밥을 지은 다음 식혀 둔다. 여기에 가루로 부수어 띄운 누룩과 버무려서 물과 섞어서 발효탱크에 발효한다. 이 때 쌀 140 kg에 누룩 80 kg, 물 열 말 정도의 비율로 한다. 고두밥은 덩어리 없이 누룩과 버무려 눌러서 약 20℃ 이상의 온도로 하여 저장한다. 그리고 하루 정도 지나면 술이 되는데 숙성된 술을 거르자면 1주일 정도 걸린다. 1주일 후에 제성기로 술을 걸러서 시판한다.

12. 문배주(서울)

- 문화관광부(문화재보호법) 국가지정 중요무형문화재(제86호, 1986년), 농림수산식품부(농산물가공육성법) 식품명인(제7호)
- 분류 : 순곡 증류주

문배주는 이슬이라고 표현할 수 있다. 그 만큼 깨끗하고 맑은 술이기 때문이다. 그러나 문배술이 깨끗한 가장 큰 이유는 술 빚는 사람의 마음이 담겨 있기 때문이다. 증류주를 만들기 위하여 빚는 발효주는 오로지 조와 수수, 밀 세 가지만을 이용하여 빚고 이것을 다시 증류하여야 한다.

증류식 소주는 지금으로부터 약 1,000년 전에 몽고로부터 유입된 것으로 전해지고 있다. 한국의 소주는 추운 북쪽 지방에서 많이 발달하였으며, 그 당시 주식이었던 수수, 조, 쌀 등이 많이 사용되었다. 이 곡물을 발효한 후 한국 전통의 소줏고리라는 증류기를 이용하여 끓여서 알코올을 기화한 후 냉각하여 조수를 얻는 증류과정을 통해서 만들어진다. 이렇게 증류한 소주는 발효된 술보다 저장성이 향상되고, 맛 또한 향상되게 된다고 한다.

무형문화재인 문배주는 고려시대(912~1392년)부터 만들어지기 시작했다고 전해지며, 그 당시는 왕에게만 진상되던 술이라 전해지고 있다. 그 당시의 신하들이 왕들에게 좋은 술을 진상하여 벼슬을 얻게 되는데 그 중 한 가문의 술이 문배주라고 한다. 문배주의 원산은 북한의 평양지방이고, 문배주의 이름은 돌배나무인 문배나무의 꽃이 필 때 나는 향과 흡사하다 하여 붙여진 이름의 술이다. 원료는 평양지방에서 재배가 많이 되는 찰수수와 메조라고 한다.

문배주의 제조방법은 150년 동안 4대 이기춘(李基春) 씨 집안에 내려오는 비법이다. 이기춘 씨의 증조모인 박씨 할머니 때부터 문배술을 담그기 시작하여 할아버지인 2대 이병일 옹이 양조원을 설립하였고, 부친인 3대 이경찬 옹이 이어져 오다 1995년 4대 이기춘 씨가 중요문화재 기능보유자로 인증된 후 그 비법을 다시 5대 이승용 씨에게 전수하여 한 집안에서 150년 이상 가문의 비법을 이어가고 있다.

우리나라 전통주 가운데 국가 지정 중요무형문화재는 충남 당진의 면천 두견주, 경북 교동 법주와 함께 소위 국주로 지칭되는 서울 문배주이다. 이들 술 모두 알코올 도수 40도인 증류식 소주이다. 고서나 음식관련 옛 문헌에서 이 문배주란 술 이름을 찾을 수 없는데 이는 문배주가 바로 가양주임을 한증하는 사례라고 하겠다. 평양에서 양조장을 이어 받은 고 이경찬 옹이 월남하여 서울에 뿌리를 내리면서 고집스럽게 문배주 비법을 지켜오던 중 1986년 국가 지정 중요무형문화재 제86호로 지정되었다.

문배란 맛이 뛰어난 우리나라 재래종 돌배로 자두만 하다. 이 문배주에서 문배의 향과 맛이 난다 하여 얻은 술 이름이다. 맛이 깔끔하고 뒤끝이 깨끗하여 양반계층에서 애용했던 고급술로 원래 대동강 강물로 만들어진 평양지방의 술로 알려져 있었다. 문배주 빚는 방법을 보면 양주법의 증류식 소주라는 것을 알 수 있다.

[담그는 법]

먼저 술밑을 빚는데 깨끗이 씻어 불린 메조로 고두밥을 짓고 차게 한 다음 누룩물을 섞어서 앉혀 5일간 발효시킨다. 이어 물에 깨끗이 씻어 불린 찰수수 고두밥을 짓고 고루 펼쳐서 차게 식힌 다음 술밑에 넣고 고루 저어 술밑을 빚는다. 다음 날 같은 양의 고두밥을 지어 식혔다가 덧술과 섞어 2차 술덧을 만든다. 이 2차 술덧을 깨끗한 항아리에 담아 10여일 정도 발효시켜 청주 문배주를 얻는다.

가마솥에 발효가 끝난 충주 문배주의 술덧을 쏟아 붓고 소줏고리를 얹어 장작으로 약하게 불을 피워 서서히 증류시키면 수조 문배주를 얻게 된다. 증류가 끝난 문배주는 술독에 담아 어두운 곳에서 6~12개월가량 숙성시켜야 제 맛이 난다.

제조 과정이 복잡한 만큼 그 맛이 뛰어나 소주로서 사랑을 받고 있으며, 고르바초프가 방한하였을 때 정상회담에서 건배주로 사용되면서 더욱 명성을 얻었다. 현 문배주는 이경찬 씨의 장남인 이갑춘 씨가 2대째 전통의 맥을 이어가고 있다.

▶ 별법 입국법

최근에 와서는 대량 생산을 위한 입국법을 쓰고 있다. 즉 좁쌀 두 말을 물에 8시간 담갔다가 시루에 쪄서 좁쌀 밥을 만든 후 50g의 백균 종균과 혼합하여 보자기에 싸서 8시간 띄운다. 다시 국 상자에 3㎝ 정도의 두께로 담아 35℃ 정도에서 1주일간 발효시켜 독에 두 말의 물과 혼합하여 물 누룩을 만들고, 4일 후에 이를 주모로 사용한다. 덧술로 수수 한 말 닷 되를 넣고, 다음 날 2차 덧술로 수수 한 말 닷 되를 넣어 덧을 넣은 지 10일 후에 증류한다.

◆ 자 료

- 업체명 : 문배술 양조원
- 생산지 : 경기도 김포시, 통진읍 서암리 204-4호
- 주원료 : 조, 수수, 밀
- 알코올 도수 : 40%
- 주 종 : 증류주
- 전 화 : 031) 989-9333

13. 송화 백일주(松花 百日酒, 전라북도 완주)

- 민속주 제조면허 취득업체, 지방무형문화재(민속주 제1호, 1994년), 농림수산식품부(농산물가공육성법) 식품명인(제1호, 1994년), 식품명인 생산 전통주
- 분류 : 약주, 일반 증류주, 약용 가향곡주
- 출전 : 고려대 규곤요람(1795년), 술 빚는 법(1800년 말), 주정(1800년 말)

송화(松花) 백일주(百日酒)는 인조 때 명승 진묵대사가 1602년경 경선하기 위해 모악산 정상에 수왕암을 짓고 경선 중 고산병 예방과 편식에서 오는 신체 건강의 손실을 보완하기 위해 모악산 주위에 서식하는 각종 약초를 중심으로 만든 것으로 신에게 바치는 곡차라 하여 지극히 정성을 기울여 제조된 술이다. 송화 백일주는 모악산의 약수와 약초와 정성이 어우러져 선인의 술이라 전해오고 있다.

전북 완주군 구이면에 소재하고 있는 수왕산에는 대웅전 대신 조그마한 운묵전(雲默殿)이 하나, 행자 두 분이 거처하는 조그만 방 두 칸이 고작이다. 석가모니 불상 대신 진묵대사 상이 들어 있는 이곳은 산사에서 빚어지는 독특한 향취의 자색 빛 송화 백일주와 송죽 오곡주가 전수되는 유일한 곳이다.

송화 백일주를 빚는 수왕사(水王寺)는 '물의 왕'이라는 의미를 가졌으니, 술 맛은 더 말할 필요가 없다. 송화 백일주는 좋은 쌀과 깨끗한 송화가루를 이용하여 발효주를 빚고, 이 술을 한 번 더 증류한 후 여기에 솔잎, 산수유, 오미자, 구기자, 꿀 등을 넣어 100일을 숙성한 술이다. 제조방법은 정성된 주재료와 깨끗한 물을 혼합 밀봉 발효하여 16%의 발효주를 얻고 증류하여 부재료를 혼합하여 100일 저온 숙성한 다음 여과 제성하여 38%의 송화 백일주를 얻는다고 한다.

통일신라시대 진덕여왕 때 부설거사(浮雪居士)가 영희·영조 등 도반(道伴)들과 함께 수도 정진하다가 헤어지면서 송화곡차를 마셨다는 기록이 『불교 사화집』에 전해온다. 또 무악산 800 m 고지의 절벽 아래 수왕사(水王寺)에서 스승들이 경선하던 중 기압에 의한 고산병 예방목적으로 곡차(송화 백일주, 송죽 오곡주)를 즐겨 마셨다는 기록이 사지(寺誌)에 수록되어 있다. 석가모니 불상 대신 진목대사 상이 있는 이곳은 산사에서 빚어지는 독특한 향취의 자색 빛 송화 백일주와 오곡주가 전수되는 유일한 곳이다.

수왕사 주지 벽암 스님은 송화 백일주의 제조비법을 전수받아 농림수산부 전통 식품명인 1호로 지정되었다. 송화 백일주는 수왕사에서만 천년 이상 비전되어 온 명주로 조선조 안조 때 고승 진목대사(1563~1633)는 수많은 이적(異蹟)으로 유명한 인물로 초의선사의 『진목조사 유적고』에 『사찰의 채식위주 식생활에서 오는 영양 부족과 고산병을 예방하기 위해 주위의 자생 약초를 원료로 곡차를 빚기 시작하였으며, 먹는 건 무엇이든 심지어는 독까지도 몸속에서 물로 만들었다』는 얘기가 전해져 오고 있어 진목대사의 기일에 헌차를 위하여 빚는다고 하여 송화 백일주의 신비성을 더해 주고 있다.

송화 백일주는 전통 증류식 소주로 38%의 알코올 함량을 자랑하는데, 그 향기는 단연 으뜸이라 할 만하다. 송화가루를 비롯하여 산수유, 구기자, 국화, 당귀, 하수오, 검초 등의 자생 약초와 함께 수왕사 절벽의 바위틈에서 흘러 내려오는 약수로 찹쌀과 멥쌀로 지은 고두밥에 누룩을 혼합하여 100일간 발효 숙성시킨 후 증류한 소주를 다시 100일간 숙성시킨 것이다.

〈재 료〉

송화 서 근, 석간수 한 말, 청장미(조) 닷 되, 찹쌀 닷 되, 감초, 구기자, 당귀, 하수

화, 국화 각 한 중량, 누룩 두 되

[담그는 법]

청장미(조)와 찹쌀을 각각 백세한 후 청장미는 하룻밤 불렸다가 건져서 고두밥을 짓고 고루 펼쳐서 차게 식힌다. 다음 물 한 말에 감초를 준비한 분량의 약재를 넣고 삶은 뒤에 차게 식힌다. 약재 달린 물에 두 가지 고두밥과 누룩가루 두 되를 넣고 고루 버무려 술밑을 빚는다. 술독에 술밑을 안치고 예의 방법대로 하여 3일간 발효시킨다. 3일 후 술독을 냉각시킨다. 산속 소나무 밑을 파고 큰 뿌리를 절단 한 뒤 나무뿌리를 술독 속에 완전히 잠기게 넣은 다음 완전히 밀봉한다. 술독을 뚜껑을 덮고 흙으로 덮어 100일간 숙성시킨다.

이렇게 밀봉한 독은 땅에 묻어 100일 동안 기다리면 향미가 그윽한 송화 백일주가 되는데 제일 어려운 일은 송화 채취이다. 봄에 한번 춘분 때만 담그는 술인지라 초봄에 5일간 피었다가 5일만에 다 져버리는 소나무꽃을 제때에 따는 것이 그리 쉽지 않기 때문이다

◆ 자 료

- 업체명 : 송화 양조
- 생산지 : 전북 완주군 구이면 계곡리 64-1호
- 주원료 : 멥쌀, 찹쌀
- 알코올 도수 : 48%
- 주 종 : 증류주
- 전 화 : 063) 221-7047

14. 계룡 백일주(鷄龍 百日酒, 충청남도 공주)

- 민속주 제조면허 취득업체, 지방무형문화재(제7호, 충청남도 지정), 농림수산식품부(농산물가공육성법) 식품명인(제4호), 식품명인 생산 전통주
- 분류 : 리큐르, 일반 증류주, 약주, 약용 가향곡주
- 출전 : 고려대 규곤요람(1795년), 술 빚는 법(1800년 말), 주정(1800년 말)

기능보유자인 지복남(1926년생)은 연안 이씨 이귀(李貴)의 14대손인 이횡(李鐄)의 부인으로 대대로 이어온 전통적인 수법으로 술을 빚어왔다.

유래는 조선 인조 때 정사공신(靖社功臣) 연평부원군 이귀(李貴, 1557~1633)의

부인인 안동 장씨가 왕실에서 양조비법을 배워 와서 이씨 댁에서 불을 빚어 왕실에 진상했던 술이라 하는데 이때부터 연안 이씨 가문에서 대대로 비법이 전해져 내려왔다고 한다. 당시 이귀의 부인 안동 장씨에게 전수된 이후 14대손의 부인에게까지 전해진 이 술은 양조기간이 1백일이 걸린다 하여 백일주라고 부르게 된 것이다.

계룡산 자락에서 채취한 그냥 먹어도 좋을 만한 진달래꽃과 향기를 가득 머금은 가을 국화를 넣어 빚는 술이 바로 계룡(鷄龍) 백일주(百日酒)이다. 계룡에서 빚어서 100일이 지나야 만날 수 있기 때문에 이름 또한 계룡 백일주이다.

계룡 백일주는 공주시에 사는 지복남(池福男) 씨가 기능보유자이며, 충청남도 무형문화재 제7호로 지정되어 있다. 지복남 씨는 공주지방의 연안 이씨 집안에 시집온 이후 50년 넘게 백일주를 빚고 있다. 시댁의 이귀(李貴)가 인조반정의 공신으로 인조로부터 어주(御酒)를 하사받고 이에 백일주를 빚어 진상하게 되었으며, 진상 술을 귀히 여겨 이후 연안 이씨 가문의 가양주로 빚어 문중의 제사와 명절 때 사용하였다고 한다. 계룡 백일주는 이후 공산성(公山城) 누각에 올라 금강을 바라보며 시회(詩會)를 갖고 풍류를 즐기는 선비들 사이에서 애음되었다 하여 별칭으로 신선주(神仙酒)로도 불렸다고 한다.

기능보유자에 의하면 술밑에 찹쌀을 쪄서 식힌 고두밥을 넣고 여러 가지 부재료를 비율에 따라 정성껏 넣은 다음에 찹쌀고두밥, 솔잎, 재래종 국화꽃, 오미자, 진달래, 홍화를 고루 섞는다. 완성된 덧술은 독에 옮긴 후 저온에서 장시간 발효, 숙성시켜 창호지로 여과한다. 소줏고리로 술을 내리면 백일 동안 정성으로 만들어진 계룡 백일주가 된다고 한다.

[누룩 만들기]

공주지방에서 생산되는 통밀과 하루 동안 물에 불려 빻은 찹쌀가루를 같은 비율로 섞은 후 한 번 끓여 식힌 양조용수로 반죽하여 누룩을 만든 후 보릿짚과 약쑥을 겹겹이 둘러싸서 한 달 이상 띄운다. 계룡 백일주는 누룩을 조금만 사용하고 순 찹쌀로 빚는 것이 특징이고, 술의 향기를 높이기 위하여 국화와 오미자, 솔잎, 진달래꽃 등이 부재료로 사용된다.

[담그는 법]

술밑을 담그기 전에 술독은 짚불로 그을려 소독하여야 한다. 술밑은 찹쌀가루 한 되에 물 한 사발을 섞은 다음 죽을 쑤어 식힌 후 여기에 밀가루로 만든 누룩을 콩알 크기로 부수어 너 홉을 넣고 한 달 정도 익힌다. 술밑이 다 익으면 찹쌀로 고두밥을 지어 차게 식히고 물 누룩, 황국, 진달래꽃, 오미자 등을 함께 술밑에 섞고 술독에 안친 다음 저온을 유지하면서 70일간 발효시키면 맑고 깨끗한 진달래의 노란색과 그윽한 국화향기가 흠신 풍기는 계룡 백일주를 얻게 된다.

◆ 자 료

- 업체명 : 계룡 백일주
- 생산지 : 충남 공주시 봉정동 390번지
- 주원료 : 멥쌀, 찹쌀, 국화, 솔잎, 진달래꽃, 오미자 등
- 알코올 도수 : 16%
- 주 종 : 약주
- 전 화 : 041) 853-8511

15. 교동법주(校洞法酒, 경상북도 경주시 교동)

- 문화관광부(문화재보호법) 국가지정 중요무형문화재(제86호)
- 분류 : 고급약주, 청주, 이양주
- 출전 : 제민요술(450년경, 중국) 서양잡조(당대, 중국), 북유주경(송대, 중국), 고려도경(1124년, 중국) 열하일기(1780년), 임원십육지(1827년), 조선무쌍신식요리제법(1924년)

법주란 이름은 AD 500년대 초엽 중국의 『제민요술』에 나타나 있고, 우리나라에서는 고려시대의 법주가 있었음을 『고려도경』이나 『고려사』에서 말해 주고 있다. 법주(法酒)란 일정한 규격에 따라 빚는 술이란 뜻이다. 오늘날 신라의 비주(秘酒)라 일컬어지는 「경주법주」란 경주의 최씨 문중 비주(秘酒)로 알려지고 있다.

경주 교동법주는 경주 최 부잣집의 가양주로 수백 년의 전통을 이어 오고 있어 역사만큼이나 맛 또한 깊은 술이다. 살균하지 않고 1년이 지나도 맛이 변하지 않는다. 현재 면천 두견주, 서울 문배주와 함께 소위 국주로 불려지고 있으며, 중요무형문화재 제86호 지정되어 있다.

법주는 법식(法式)대로 빚은 술 또는 사찰에서 빚어져 일반에게 전해온 술로서 우리 고유의 순곡 청주를 말한다. 때문에 법주는 궁중에서도 문무백관과 사신만이 마실 수 있는 술로 법식대로 빚은 특별 주를 말한다. 법주가 경주 최씨 집안에 그 비법이 전해져 대대로 종부(宗婦)에게만 전수되어 있는데, 순종 때 사옹원(寺饔院)의 참봉으로 있었던 최국선에 의하여 사가인 경주 최씨 가문에 전해지게 된 것으로서 최씨 가문이 터를 닦고 있는 동리가 교동(校洞) 또는 교리(校里)라는 사실에서 교동법주

(校洞法酒)로 불려지게 되었다고 한다.

교동법주 기능보유자는 배영신(裵永信) 씨로서 오랜 경험에서 얻는 교동법주의 술맛에 대하여 '술맛의 좋고 나쁨을 결정하는 것은 정성'이라며 현대식 양조기법이나 대량 생산을 위한 기계 설비를 지양하고 전통적인 법식대로 술을 빚기 때문에 본래의 술맛을 잘 간직하고 있다고 한다.

교동법주는 술을 빚기 시작하면서 술을 뜨기까지 약 70일이 소요되는 장기 저온발효조로 찹쌀로 멀건 죽을 쑤어 식으면 누룩가루를 섞고 술밑을 빚어 3~5일간 발효시킨다. 술밑에 찹쌀로 지은 고두밥을 고루 섞어 치댄 후 술독에 담아 10여 일간 1차 발효와 숙성과정을 거친다. 1차 발효에 이어 저온에서 50~60일 정도 2차 발효, 숙성과정을 거치면 교동법주를 마실 수 있다. 숙성이 끝난 교동법주는 노랗고 투명한 담황색에 찹쌀 특유의 달착지근하고 찐득한 진미와 함께 강한 향취가 어우러져 곡주의 맛을 느낄 수가 있다.

(누룩)

통밀을 곱게 갈아 체로 치고, 백미로 만든 흰죽으로 반주하여 누룩틀(고지)에 넣고 성형시켜 보리짚이나 약쑥으로 겹겹이 두어 약 2일간 띄우는 독특한 형태의 누룩이다.

(술밑)

찹쌀 고두밥 : 누룩 : 양조용수를 6 : 1 : 3의 비율로 하는데 양조용수는 잘 풀어지도록 3회 나누어 넣고, 술밑 단지에 담요를 덮어 보온하여 8일 후에 덧술 담금을 한다.

(덧술)

찹쌀 : 고두밥 : 술밑 : 양조용수를 8 : 3 : 6의 비율로 하여 10일 지나면 주 발효가 왕성해진다. 전체적으로 발효기간은 술밑 제조에 10일, 주발효와 후발효 60일, 그 후 채주하여 후숙 보관하는 데 30일 등 약 100일이 소요되며, 용수를 박아 채주한다. 숙성 용량은 53% 정도를 채주 할 수 있으며, 거르거나 짜내지 않는 특급주이다.

◆ 자 료

- 업체명 : 경주 교동법주
- 생산지 : 경북 경주시 교동 69번지
- 주원료 : 찹쌀

- 알코올 도수 : 16%
- 주 종 : 약주
- 전 화 : 054) 772-2051

16. 부의주(浮蟻酒 / 동동주, 경기도 화성 · 용인)

- 민속주 제조면허 취득자, 문화관광부(문화재보호법) 무형문화재(제2호, 경기도 지정)
- 분류 : 일반 단양주, 청주
- 출전: 산가요록(1450년), 고사촬요(1554년), 주방문(1600년 말), 음식디미방(1670년), 치생요람(1691년). 의방합편(1700년대), 민천집설(1700년 말), 산림경제(1715년), 증보산림경제(1766년), 고사십이집(1787년), 고려대 규곤요람(1795년), 주찬(1800년 초), 술 빚는 법(1800년 말), 임원십육지(1827년), 양주방(1837년), 김승지댁 주방문(1860년), 조선무쌍신식요리제법(1924년)

『지봉유설(芝峯類說)』의 이아(爾雅)에 보면 술에는 범제(泛齊), 부의(浮蟻)가 있다고 한데서 후세 사람들이 술을 가리켜 춘의(春蟻)니 녹의(綠蟻)니 한다. 『주례』 범제주(泛齊酒)에 보면 「범이란 익어서 범범(泛泛)하고 찌꺼기가 드는 것이다」라고 하였다. 지금의 찹쌀로 술을 빚어 익혀서 말갛게 되기를 기다려 밥알을 조금 띄운 것을 「부의주」라고 하는 것이 바로 이것이다. 따라서 이 술은 맑은 술에 밥알이 동동 떠서 마치 개미가 물에 떠 있는 것과 같다는 것이니 오늘의 동동주에 해당된다.

부의주(동동주)는 단양주로서 술을 빚어 두면 발효를 시작한 지 20일 정도 지나면 술독의 표면에 쌀알이 떠오르는 데 그 모습이 막 알에서 깨어나 개미 유충과 모양이 비슷하다고 하여 붙여진 이름이다. 이미 고려시대부터 빚어져 대중 술로 자리 잡은 것으로 알려지고 있다.

경기도 무형문화재 제2호로 지정된 부의주는 권오수(權五守) 옹이 기능보유자이다. 권 옹은 3대째 정승을 지낸 안동 권문의 장손으로 태어나 어려서부터 할머니 등에 업혀 술 광을 드나들며 술맛과 술독 관리하는 방법을 배우게 된 것이 오늘에 이르렀다고 한다. 특히 선친이 안동에서 운영하던 양조장을 이어 받아 술을 빚어 왔으나, 일제 강점기를 맞이하면서 징용을 피하여 만주를 떠돌다 해방 후에는 양조기술연구소를 세워 전국의 양조장을 대상으로 양조기술을 보급해 왔다. 이후 1996년부터 화성에 자신이 양조장을 설립하여 후계자인 아들과 함께 부의주를 생산 보급해 오고 있다.

[누룩 만들기]

호밀을 씻고 물기를 뺀 뒤 빻아 체로 쳐서 밀가루를 조금 제거하고, 물 두 서 되를 넣어 반죽하여 성형시킨다. 제조 시기는 6～7월이 적기이며, 맨 아래는 짚을 깔고, 그 위에 가마니를 펴고 솔잎 위에 누룩을 편 다음 삼베 천으로 덮어 20～30일 동안 띄운다.

[담그는 법]

1차 담금만으로 하는데, 담금 비율은 찹쌀 닷 되, 누룩 한 되, 엿기름 두 홉, 물 엿 되 되게 한다. 찹쌀을 하룻밤 재워 고두밥을 지어 짚불로 미리 소독한 항아리에 넣는다. 20℃ 정도의 실온에서 2～3일은 이불을 감싸서 보온하다가 품온이 300℃ 이상 오르면 제거한다. 5일 지나면 맑게 익는데, 15일 정도이면 술덧이 잠잠해지고 쌀 알갱이가 동동 뜨며, 헤치면 맑은 술이 고여 있다. 채주량을 많이 하려면 별법이 있는데 1차 담금을 하는 방법과 2차 담금을 하는 방법이 있다.

〈1차 담금법〉

누룩가루 15 kg에 40 ℓ를 가하여 18시간 정도 두어 미리 물 누룩을 제조하여 둔다. 찹쌀 100 kg을 50분간 증자한 다음 50분간 뜸을 들인 후 냉각된 고두밥과 물 누룩 100 ℓ를 가하여 담금을 한다. 담금 온도 20℃가 적당하다. 실내 온도 20℃ 정도를 유지하며, 품온이 33℃ 이상 오르면 술덧을 상하로 저어서 1일 3～4회 계속하다가 품온이 계속 오르면 냉각수를 이용한다. 발효 소요시간은 20일 정도이며 숙성이 되면 맑게 여과한다.

〈2차 담금법〉

1차 담금 시는 누룩 11 kg, 찹쌀 60 kg, 물 60 ℓ로 담금을 한 후 10일 정도 경과하면 다시 찹쌀 40 kg, 국자 4 kg, 엿기름 1 kg, 물 80 ℓ로 덧술을 하여 담금을 한다. 2차 담금을 한 후 5일 정도 발효시켜 맑은 술을 채주한다.

17. 사삼주(沙蔘酒, 전라남도 승주)

- 민속주 제조면허 취득업체
- 분류 : 약용주, 명약주

사삼은 더덕을 가리키는 말로 순천 지방은 더덕이 좋아 음식점마다 다양한 더덕요리를 즐긴다. 쌀과 더덕을 주원료로 하고 있는 사삼주는 독특한 맛과 향으로 일반인들에게 사랑을 받고 있다. 사삼주는 일제시대 때부터 지리산과 조계산 일대에서 자생하는 더덕을 채취, 제조되던 전남지방의 토속주였으나, 해방이 되면서 정부의 밀주단속에 따라 명맥이 완전히 끊어졌었다. 사삼주는 낙안읍성이 1983년 6월 사적으로 지정되면서 박형모(낙안면 동내리) 씨에 의하여 재현되어 일반 소비자들에게 선보이고 있다.

〈재 료〉

술밑 : 찹쌀 한 말, 누룩 3 kg, 물 한 말

덧술 : 쌀 한 말, 물 너 말, 더덕 20 kg

[담그는 법]

술밑 : 찹쌀 한 말을 고들고들한 고두밥으로 만들어 400 ℓ 규모의 스테인리스 스틸 용기에 넣고 누룩 3 kg과 물 한 말을 배합한 뒤 3일 동안 술밑을 담근다.

덧술 : 또 2차로 쌀 한 말을 고두밥으로 1시간 동안 찐 다음 물 너 말을 넣는다. 이 같은 과정을 거쳐 찹쌀 9 kg에 더덕 20 kg을 잘게 잘라 넣은 후 20℃에서 7~10일 동안 발효 침전시켜 갈색의 사삼주를 얻을 수 있다.

◆ 자 료

- 업체명 : 사삼주
- 생산지 : 전남 순천시 낙안면 동내리 485번지
- 주원료 : 찹쌀, 더덕
- 알코올 도수 : 14%
- 주 종 : 약주
- 전 화 : 061) 754-2517

18. 삼해주(三亥酒 / 소주, 서울)

- 민속주 제조면허 취득 주류, 서울특별시 무형문화재(실은 다음 19항의 약주가 제8호 무형문화재다)
- 분류 : 시양주(時釀酒), 삼양주(三讓酒), 증류주(소주), 절기주
- 출전 : 동국이상국집(1168년), 산가요록(1450년), 수운잡방(1500년 초), 주방

문(1600년 말), 음식디미방(1670년), 요록(1680년), 음식보(1700년대), 민천집설(1700년 말), 산림경제(1715년), 감저종식법(1766년), 증보산림경제(1766년), 고사십이집(1787년), 고려대 규곤요람(1795년), 역주방문(1800년 중), 산림경제촬요(1800년 중), 시의전서(1800년 말), 임원십육지(1827년), 양주방(1837년), 동국세시기(1849년), 조선세시기(1916년), 조선무쌍신식요리제법(1924년)

삼해주는 멥쌀과 흰 누룩(백국)을 원료로 하여 빚는다. 음력 정월 첫 해일에 빚기 시작하여 저온에서 석 달 걸려 세 번을 거듭 발효시켜 얻는 맑은 술로서 그 맛과 향이 뛰어난 술이다. 삼해주는 고려시대부터 빚어 온 술로 여러 가지 방법이 전해오는데 별법도 많고, 조선조 중엽 이후에는 소주의 술덧으로 쓰이는 예가 많아지면서 소주의 명사로 되기도 하였다.

현대 삼해주(소주)의 기능보유자는 이동복(李東福 여, 70세) 씨로 17세 되는 해 충남 보령군 남포에 사는 고 김영옥 씨에게 출가하여 사가(媤家) 가양주였던 삼해주 빚는 법을 배우게 되었다고 한다. 삼해주(소주)는 이동복 씨가 44세 되던 해 남편을 좇아 상경함에 따라 서울특별시 무형문화재 제8호로 지정되었다.

쌀로 빚어 3번 덧술을 치는 최고급 청주(소주)인 삼해주는 12간지 중 돼지날(亥日)을 골라 담는 술이다. 제조 시기는 대개 겨울인 정월에 담아 저온에 숙성시킨다. 새해 첫 돼지날인 정월 상해일(上亥日, 음력)에 첫 술을 담은 뒤 12일 후 둘째 돼지날에는 먼저 술독에 한 번 더 술밥을 담아 넣는다. 다시 12일 후 셋째 돼지날에 마지막으로 덧술 밥을 담은 뒤에 저온 숙성시키고, 우물가 버들가지에 순이 나올 때쯤 독을 열어 술을 걸러 마시는 게 이른바 삼해주이다.

◆ 자 료

- 업체명 : 삼해주
- 생산지 : 서울특별시 무형문화재 보존회
- 주원료 : 찹쌀, 멥쌀, 들국화, 메주콩 등
- 알코올 도수 : 18%
- 주 종 : 약주
- 전 화 : 20) 747-0303

[스무 말 빚이]

(첫 술밑)

백미 서 말, 탕수 아홉 말, 누룩 일곱 되, 밀가루 서 되

(중 술밑)

백미 너 말, 탕수 열 두 말

(덧술)

백미 열세 말

[담그는 법]

(첫 술밑)

정월 첫째 해일에 백미 서 말을 작말하여 끓인 물 아홉 말로 죽을 쑤어 다 식으면 누룩가루 일곱 되와 밀가루 서 되를 섞어 넣는다.

(중 술밑)

정월 둘째 해일(술밑 담은 지 12일)에 백미 너 말을 작말하여 끓인 물 열두 말로 죽을 쑤어 식으면 첫 술밑에 함께 빚어 넣는다.

(덧술)

셋째 해일에 백미 열서 말을 담갔다가 지에밥으로 잘 쪄서 탕수에 풀어 술밑을 빚어 넣는다.

다음에는 빚는 법은 같으나 열 말 빚이 분량을 보면 아래와 같다.

[열 말 빚이]

(첫 술밑)

백매 두 말, 탕수 서 말, 누룩 서 되, 밀가루 한 되 반

(중 술밑)

백미 서 말, 탕수 너 말 닷 되

(덧술)

백미 닷 말, 탕수 일곱 말 닷 되

▶ 삼해주 별법 Ⅰ

(첫 술밑)

찹쌀 서 되, 누룩 한 되

(중 술밑)

백미 서 말

(덧술)

백미 서 말

[담그는 법]

(첫 술밑)

정월 첫째 해일에 찹쌀 서 되를 작말하여 반대기를 지어 삶아 그 떡을 물로 멍울이 없게 풀어서 차게 식힌 다음 누룩 한 되를 섞어 넣는다.

(중 술밑)

둘째 해일에 백미 서 말을 작말하여 범벅처럼 잘 익힌다. 그런 후에 첫 술밑에 합쳐서 같이 넣는다.

(덧술)

셋째 해일에도 둘째 해일과 똑 같이 빚어 넣는다. 술이 익어서 쓴 맛이 나거든 9월이 되도록 이와 같이 되풀이 하여 덧술을 빚어 넣으면 한 해 돌이 돌아올 때까지 쓸 수 있다.

▶ 삼해주 별법 Ⅱ

먼저 삼해주 빚는 법은 정월 첫 해일부터 시작하여 같은 달 둘째, 셋째 해일까지 세 번 거듭하는 것을 소개하였다. 이와는 달리 정월 첫 해일에 시작하여 2월 첫 해일, 3월 첫 해일까지 세 번을 거듭하여 담는 법도 있다.

〈재 료〉

(첫 술밑)

찹쌀 서 되, 누룩가루 서 되, 밀가루 두 되

(중 술밑)

백미 한 말 두 되

(덧술)

백미 너 말

[담그는 법]

(첫 술밑)

정월 해일에 찹쌀 서 되를 물에 담갔다가 작말하여 죽을 쑤어 차게 식힌 후 누룩가루와 밀가루 두 되를 넣고 깨끗한 독에 넣는다.

(중 술밑)

2월 첫 해일에 멥쌀을 작말하여 범벅처럼 잘 익게 하여서 식힌 다음 술밑에 합쳐서 같이 넣는다.

(덧술)

3월 첫 해일에 백미로 지에밥을 쪄서 식힌 다음에 덧술에 빚어 넣었다가 5월에 전국술(전주)을 떠서 따로 두면 여름을 나도 변하지 않는다. 전국을 떠내고 물을 둘러두었다가 다음 날 뜬 술을 먼저 써야 한다. 전국이란 담글 때 들어간 것 이외 날 물을 넣지 않아도 저절로 고이는 맑은 술을 뜻한다. 두 번째 물 두른 것은 후줏국(후주)이라 하며 나머지는 물을 치면서 걸러 뿌연 빛이 나는 것을 막걸리라 한다.

19. 삼해청주(三亥淸酒, 서울)

- 문화관광부(문화재보호법) 무형문화재(제 8호, 서울특별시 지정)
- 분류 : 청주
- 출전 : 동국이상국집(1168년), 산가요록(1450년), 주방문(1600년 말), 규곤시의방(1670년), 요록(1680년), 산림경제(1715년), 양주방(1837년), 조선무쌍신식요리제법(1924년), 조선상식문답(1946～1948년)

서울 등 중부지방의 사대부와 부유층에서 주로 빚어 마셨던 춘주 곧 고급약주로 삼해주가 있다. 삼해주는 음력 정월 첫 해일(亥日) 해시(亥時)에 술을 빚기 시작하여 12일 후나 한 달 간격의 해일, 해시에 모두 세 번에 걸쳐 술을 빚는다고 하여 삼해주라는 이름을 얻게 되었는데 '음력 정월에 담기 시작하여 봄버들 가지가 날릴 때쯤 마신다'고 하여 유서주(柳絮酒)라는 낭만적인 이름으로 불리기도 하였다.

삼해주는 시양주(時釀酒)의 하나인 삼양주(三釀酒)이다. 삼해주를 『산림경제』에서는 '속방(俗方)'이라 하며 그 제법이 소개되고 있다. 즉, 정월 첫 돼지일(上亥日)에 술밑을 담가 세 번 덧술을 쳐 저온에서 발효되는 삼해주는 예로부터 서울·경기지역의 전통주로 유명하다. 가장 추운 정월에 담가 버들가지에 물이 차오를 때 마신다는 삼해주는 곡주 특유의 미황색을 띤 채 차가운 기운을 품고 있어 30여 종의 고문헌에 오르내리는 민속 명주이다.

시와 술, 거문고를 즐겼던 고려시대의 문장가 이규보(1168~1241)는 저서 『동국이상국집(東國李相國集)』에서 '적막한 집을 찾은 군후재상과 더불어 정을 나누는 술'로 일컫고 있어 이 술의 기원은 이미 12세기까지 거슬러 올라가고 있음을 말해준다. 그런데 삼해주가 서거정(徐居正, 1420~1488)의 『태평한화골계전(太平閑話滑稽傳)』에 나오는 것으로 미루어 그 역사가 상당히 오랜 것임을 알 수 있다. 또 『추관지(秋官志)』에 의하면 삼해주의 인기가 높아짐에 따라 영조(英祖) 9년에는 형조판서 김동필(金東弼)이 세수(歲首)에 매주가(賣酒家)에서 삼해주를 너무 많이 빚기 때문에 서울에 들어오는 쌀이 모두 이리로 쏠려 들어가니 이를 막아 달라고 진언하고 있다.

『일성록(日省錄)』의 헌종(憲宗) 무술(戊戌, 1838) 7월 30일에 의하면 '언제부터인지 정월의 첫 해일(亥日)부터 빚어 넣는 삼해주가 어느 해일(亥日)이라도 그만이 되고, 또 이것을 약주보다 오히려 소주의 원료로 쓰게 되고, 일전(一轉)하여 전년의 추동(秋冬)으로부터 담그는 소주의 술밑까지도 삼해주라 하게 되니, 요즈음 삼해주하면 소주의 술밑을 가리킨다고 생각하게 되었다'는 것이다.

『지봉유설(芝峯類說)』에 의하면 '춘주(春酒)는 의방(醫方)에서 말하는 미주(美酒)이다. 아마 오늘날의 삼해주(三亥酒)인 것 같다'고 하였고, 『조선어사전』에서는 삼해주의 별명(別名)으로 춘주(春酒)를 들고 있음을 비추어 이 삼해주야말로 춘주의 대표적인 것이라 하겠다.

삼해주는 서울의 동막(마포 공덕동) 근처가 물맛이 좋아 명산지로 알려져 있는데 이미 고려시대부터 빚어지기 시작하여 조선시대에 전성기를 누렸던 것으로 알려지고 있다. 이 삼해주는 권희자 씨가 그 기능을 보유하고 있으며, 소주 삼해주와 함께 서울 무형문화재(제8호, 서울특별시 지정)로 지정되어 있다.

[담그는 법]

(술밑)

권희자 씨가 빚는 삼해주의 제조법을 요약하면 술밑은 멥쌀을 잘 씻어 불린 다음 가루를 만들어 끓는 물로 익반죽하여 백국(白麴)을 넣고 고루 혼합하여 술밑을 만든 다음 36일간 익힌다.

(덧술)

이어 잘 씻어 불린 멥쌀을 다시 가루 내어 밀가루를 섞고 끓는 물로 반죽을 하는데, 쌀가루의 절반은 익히고, 절반은 설익혀서 술밑과 합하여 덧술을 안친다. 3월 첫 해일에 멥쌀로 고두밥을 짓고 물을 끓여 차게 식혀서 물과 합하고 버무려 술밑을 만든 뒤 먼저 담아 덧술과 켜켜로 술독에 안친다. 술독은 예의 방법대로 밀봉하여 서늘한 곳에서 30여일 발효, 숙성시키는데 다 익은 술은 전대(술 자루)에 담아서 다듬잇돌 같은 무거운 것으로 압착하여 짠 다음 정치시켜 상층부분의 맑은 술을 뜨는데, 이를 삼해주라 한다.

◆ 자 료

- 업체명 : 삼해주
- 생산지 : 서울특별시 무형문화재 보존회
- 주원료 : 찹쌀, 멥쌀, 들국화, 메주콩 등
- 알코올 도수 : 18%
- 주 종 : 약주
- 전 화 : 02) 747-0303

20. 한산 소국주(韓山 素麴酒, 충청남도 한산)

- 민속주 제조면허 취득업체, 문화관광부(문화재보호법) 무형문화재(제3호, 충청남도 지정), 농림수산식품부(농산물가공육성법) 식품명인(제19호)
- 분류 : 이양주, 약주
- 출전 : 산가요록(1450년), 수운잡방(1500년 초, 소곡주로 기록), 주방문(1600년 말, 소곡주로 기록), 음식디미방(1670년), 요록(1680년), 치생요람(1691년, 소곡주로 기록), 음식보(1700년대), 산림경제(1715년), 고려대 규곤요람(1795

년, 소국주로 기록), 역주방문(1800년 중), 술 빚는 법(1800년 말, 소국주로 기록), 시의전서(1800년 말, 소국주로 기록), 규합총서(1815년), ((1827년, 소국주로 기록), 김승지댁 주방문(1860년)

소곡주는 고문에서 소국주(小麴酒), 소국주(小麯酒), 소곡주(小曲酒), 소국주(素麴酒), 소국춘(小麴春), 소국주(少麴酒), 소국주(少麯酒) 등으로 수록되어 있다. 우리나라에서 가장 오랜 역사를 가진 술 중의 하나가 바로 소곡주이다. 누룩이 적게 들어간다 해서 붙여진 이름으로 지금으로부터 1,500년 전부터 전승되어 온 명주 중의 명주라 할 수 있다.

백제의 숨결이 짙게 배어 있는 충남지방, 그 중 서천군 한산면에 백제인들이 즐겨 마신 것으로 전해지고 있는 소국주가 옛 맛을 간직한 채 이어져 내려오고 있다. 『고찰촬요』(1554년)에 의하면 멥쌀가루로 죽을 쑤어 누룩가루와 섞어 빚어 넣고, 다시 지에밥으로 덧술한다. 『증보산림경제』(1776년)에서도 쌀가루로 시루떡을 만들어 누룩물에 풀어 술밑을 빚는다. 덧술하는 데 누룩은 쓰지 않고 지에밥만 넣는다. 따라서 누룩을 적게 쓴다는 뜻에서 소국주(小麴酒)라고 불려지게 되었다.

한산 소국주는 백제의 수도 사비성이 나당연합군에 함락된 후 백제 유민들이 지금의 한산 땅이 주류성에서 마지막 항거를 하며 나라 잃은 슬픔과 한을 달래기 위해 빚어 마셨다는 일화와 함께 한번 앉아서 마시다 보면 그 맛에 취해 일어날 줄 모른다 하여 '앉은뱅이 술'이라고도 불리고 있다.

『동국세시기』를 비롯한 옛 문헌에도 한산 소국주는 술 중의 으뜸으로 기록되어 있다. 백제 유민의 한이 서린 소국주는 그 후 한산 지역주민들에 의해 면면히 이어져 오다 한때 정부의 밀주단속으로 거의 자취를 감추다시피 했다. 그러나 김정현 씨(1740~1806)로부터 전수를 받은 우희열 씨의 시어머니인 김영신(충남 서천군 한산면) 씨가 1979년 7월에 충청남도 무형문화재 제3호로 지정받으면서 비로소 햇빛을 보게 된 것이다.

삼국사기 백제 본기를 보면 다안왕(多晏王) 11년에 추곡(秋穀)이 흉작이 되자 식량이 부족하므로 민가의 사양주(私釀酒)의 하나인 소국주를 전면 금지한 바 있고, 무왕(武王) 37년(서기 635) 3월에는 왕이 신하들과 더불어 사비하북포(泗沘河北浦, 백마강변)의 기암괴석이 아름다운 강상(江上)에서 이 술을 마시고 그 흥이 극치에 달했다고 하였다. 그리고 일본 『고대기곡』에 보면 일본에 술 빚는 법을 처음 알려준 사람은 백제사람 인번(仁番)이라고 기록되어 있는데 그 당시의 술이 소국주이므로 일본의 국주라 불리는 청주의 원조가 소국주라고 추측하는 학자들도 있다. 뿐만 아니라 조선시대의 문헌에도 소국주에 관한 기록이 많이 전해지고 있다.

기능보유자에 의하면 우리나라 전통주 가운데 가장 오래된 술인 한산 소곡주는 한산 모시의 고장에서 전통 방식으로 빚어 발효, 숙성시킨 순 곡주로 독특한 감칠맛과 그윽한 향이 일품이다.

술을 담기 전에 쌀가루로 시루떡을 만들어 누룩 물, 즉 술밑에 그것을 풀고 그 후에는 다시 누룩을 쓰지 않는다. 술맛이 부드럽고 순해서 한 잔 마시고 또 한 잔 마시다 보면 어느 사이 술에 취해서 일어나지 못하고 앉은뱅이가 되고 만다고 하여 일명 앉은뱅이 술이라는 별명이 있다.

• 한산 소곡주 제조과정 : ① 누룩 빚기, ② 누룩 빚기 완성, ③ 술밑 빚기, ④ 술밑 완성, ⑤ 고두밥, ⑥ 술 빚기, ⑦ 용수이용 술 채취의 순이고, 재료로는 찹쌀, 멥쌀, 들국화, 메주콩, 엿기름, 누룩, 홍고추, 생강 등이다.

• 누룩 빚기 순서 : ① 밀을 깨끗이 닦은 후 물에 불린다. ② 밀을 소쿠리에 건져서 물기를 뺀 후 절구통에 넣고 찧는다. ③ 가루로 된 밀을 누룩고리(고지)에 넣고 발로 밟는다. ④ 누룩이 성형된 것을 겹으로 쌓아 두고 쑥대로 덮은 후 3일째부터 뒤집기를 수차례 한다. ⑤ 31일 지나면 서늘한 곳에 여섯 달 정도 보관하고 절구로 찧는다. ⑥ 누룩가루를 가을 이슬에 4~5일 바래어 잡냄새를 제거한 후에 가을 햇볕에 말린다.

• 술 빚기 순서 : ① 멥쌀을 깨끗이 닦은 후 분쇄하여 흰무리(백설기)떡을 만든다. ② 누룩가루를 물에 불린 후 누룩 즙을 불린다.③ 흰무리 떡과 누룩 즙을 혼합하여 술밑을 만들고 4~5일 동안 발효시킨다. ④ 찹쌀을 증자하여 술밑과 잘 혼합하고 첨가물인 들국화, 메주콩, 엿기름 등을 넣고 항아리에 넣는다. ⑤ 항아리에 술을 다 빚으면 홍 고추를 꽂고 100일 동안 발, 숙성되기를 기다린다. ⑥ 100일 지나면 용수를 박아 술을 떠내고 자연 침전을 시킨 후 출고한다. ⑦ 소곡주를 소줏고리에서 증류하여 43~45도의 불소주를 만든다.

백제의 1500년 전통이 깃든 한산 소곡주는 국내 전통주 가운데 가장 오랜 역사를 자랑하는 술이다. 2004년 전통식품 베스트에서 국무총리상(전통주 부분 1위)을 수상한데 이어 2004년 청와대 대통령 선물세트로 선정되는 등 우수성을 나타내었다.

백제 우민의 한이 거린 소국주는 그 후 한산지역 주민들에 의하여 면면히 이어져 오다가 한때 정부의 밀주 단속으로 거의 자취를 감추다시피 하였다. 그러나 김영진(金永鎭, 78세, 충남 서천군 한산면) 씨가 충청남도 무형문화재(제3호)로 지정받으면서 비로소 햇빛을 보게 되었다. 지금은 그의 며느리 우희열 씨가 계승 보급하고 있다.

[담그는 법]

(누룩)

현재 소곡주용 누룩의 제조과정은 밀을 맷돌로 갈아서 나온 건더기만을 모아서 물과 혼합하여 비빈다. 좀 되게 반죽하여 깨끗하게 씻은 삼베보자기에 이를 넣고 꼭꼭 밟는다. 그런 다음 성형된 누룩 위에 쑥을 덮고 꼭꼭 밟는다. 그런 다음 성형된 누룩 위에 쑥을 덮어 누룩밑에 더 쑥을 깔아 놓아 바람이 잘 통하는 응달에 놓아둔다. 시일이 조금 지난 다음 누룩 속까지 골고루 바람이 스며들도록 엎었다가 뒤집어다가를 반복한다. 그리고 보름 정도 서늘한 곳에 보관한다.

이 과정을 끝내고 2개월 정도 지나면 마침내 소곡주에 쓸 수 있는 좋은 누룩이 나오게 된다.

(술밑)

누룩이 다 만들어지면 술을 만들게 된다. 우선 누룩 두 되를 물에 담가 불린다. 이때 물의 양은 누룩의 1.5배~2배 정도로 한다. 그런 다음에 멥쌀 두 되는 쪄서 고두밥을 만들어 차갑게 식혀 누룩과 합한 물에 넣어 잘 섞이게 나뭇가지로 젓는다. 이렇게 하여 여름에는 햇빛이 안 들고 시원한 장소에, 겨울에는 아랫목에 며칠 보관하면 부글부글 끓으면서 발효가 시작된다.

(술덧)

이때 찹쌀 한 말을 시루에 넣고 고두밥으로 만든다. 이것이 덧밥(덧술)이다. 이 고두밥을 적당한 물과 함께 첨가한다. 그리고 엿기름, 날콩, 국화꽃과 통고추를 누룩 두 되가 담긴 물에 넣고 비벼서 발효가 진행되고 있는 독에 넣고 창호지로 봉한 다음 대바구니로 덮는다. 완만한 후 발효를 위하여 독을 땅에 완전히 묻어 숙성시킨다. 이렇게 하여 100일 동안 땅속에서 발효와 숙성을 시킨 후 용수를 박아 술을 떠내면 그 향과 맛이 일품이다. 한산 소곡주의 알코올 도수는 18도이다.

◆ 자 료

- 업체명 : 한산 소곡주
- 생산지 : 충남 서천군 한산면 지현리 66-9호
- 주원료 : 찹쌀, 멥쌀, 들국화, 메주콩 홍고추 등
- 알코올 도수 : 18%
- 주 종 : 약주

- 전 화 : 041) 951-0290

21. 안동소주(安東燒酒, 경상북도 안동)

- 민속주 제조면허 취득 주류, 문화관광부(문화재보호법) 무형문화재(제12호, 경상북도 지정), 농림수산식품부(농산가공육성법) 식품명인(제6호)
- 분류 : 증류주, 소주
- 출전 : 주방문(1600년 말), 동의보감(1611년), 지봉유설(1613년), 음식디미방(1670년), 민천집설(1700년 말), 산림경제(1715년), 증보산림경제(1766년), 고사십이집(1787년), 고려대 규곤요람(1795년), 역주방문(1800년 중), 고려대 규합총서(1800년 중), 재불보(1807년), 양주방(1837년), 김승지댁 주방문(1860년), 군도목(1896년), 조선무쌍신식요리제법(1924년)

우리나라에 소주가 유입된 시기를 1335년으로 추정하고 있는데 소주가 정착되면서 처음에는 약으로 사용하였고, 사대부나 부유층을 중심으로 마시기 시작하던 것이 점차 일반적으로 확산되어 저마다 약식으로 소주를 빚어 마실 정도로 인기를 누리게 되었다. 이는 소주의 깔끔하고 청렴하면서도 깨끗한 뒷맛 때문이었다. 소주의 유입경로를 몽고가 고려를 침략하는 시기로 보는데 이때 안동, 개성, 제주에는 몽고군의 군사 주둔지가 들어섰다. 이후 이들 세 지방이 각기 소주의 명산지로 유명해진 배경으로는 이 지방 특산품인 마(麻) 잎으로 초취(草臭)를 낸 독특한 누룩과 좋은 물을 들 수 있다.

현재의 안동소주는 조옥화(경상북도 무형문화재 제12호) 씨가 정부의 전통주 개발 정책에 힘입어 1986년부터 친정에서 대대로 만들어 오던 가양주 비법 그대로 재현한 것이다. 알코올 도수가 45도나 되는데도 안동지방 사람들로부터 비교적 옛 맛과 향취를 간직하고 있다는 호평을 받고 있다.

〈재 료〉

백미 3.4 kg, 누룩 1.9 kg, 물 8 ℓ

[담그는 법]

백미를 물에 하룻밤 담가서 찐다. 밤이슬을 맞혀 빻은 누룩을 항아리에 넣고 남은 물을 넣는다. 13일 정도 되면 발효가 끝나 전술이 되는데 이것을 소줏고리에 넣어 소주를 내린다.

술밑과 덧술을 하는 법 없이 백미 3.4 kg, 누룩 1.9 kg 물 8 ℓ 를 넣어 13일간 숙성시키면 술덧 18.5 ℓ 가 얻어지고, 이것을 소주로 내릴 경우 35도의 소주 5.3 ℓ 가 얻어진다. 조옥화씨의 안동소주 알코올 도수가 45도인데 안동소주 너 되(8 ℓ)를 만드는 데 쌀 한 말, 누룩 한 말이 들어간다.

◆ 자 료

- 업체명 : 명인 안동소주
- 생산지 : 경북 안동시 남후면 광음리 1128-5호
- 주원료 : 백미
- 알코올 도수 : 45%
- 주 종 : 증류주
- 전 화 : 054) 856-6903

22. 안동소주(安東燒酒, 경상북도 안동)

- 농림수산식품부(농산물가공육성법) 식품명인(제 6호)
- 분류 : 증류주

다른 안동소주는 농림부 장관 지정 전통식품 주류부분 명인 제 6호로 박재서 씨가 그 기능을 보유하고 공정의 현대화를 통한 명주 생산에 심혈을 기울이고 있다. 이 방법은 속성방법으로 증류한 술을 저장 독에 넣어 15℃ 이내의 서늘한 토굴 속에 묻고 부드러운 천이나 체로 쌀기름을 제거하면서 10일 이상 장기간 숙성함으로써 공기접촉으로 인한 산화현상으로 쌀 특유의 화근 내를 없애고 은은한 곡향을 냄과 동시에 술맛을 부드럽게 만들어 준다.

◆ 자 료

- 업체명 : 명인 안동소주(식품명인 제 6호, 박재서)
- 생산지 : 경북 안동시 남후면 광음리 1128-5호
- 주원료 : 백미
- 알코올 도수 : 45%
- 주 종 : 증류주
- 전 화 : 054) 856-6903

(참고) : 민속주 안동소주는 식품명인 제 20호로 조옥화 씨가 있다.

◆ 자 료

- 업체명 : 민속주 안동소주
- 생산지 : 경북 안동시 수상동 280번지
- 주원료 : 멥쌀, 찹쌀
- 알코올 도수 : 45%
- 주 종 : 증류주
- 전 화 : 054) 858-4541

23. 남한산성 소주(南漢山城 燒酒, 경기도)

- 문화관광부(문화재보호법) 무형문화재(제13호, 경기도 지정)
- 분류 : 증류주, 소주, 이양주

남한산성 소주는 경기도 무형문화재 제13호의 기능보유자는 강석필(姜石弼) 씨이다. 남한선성 소주의 유래는『세종실록』지리지의 기록을 근거로 조선조 제14대 선조 때부터 빚었던 것으로 전한다. 당시 전쟁에 대비하여 남한산성을 축조하면서 임금의 피난처로 행궁(行宮)과 유수도(留守都)가 마련되었으며 1천여 호가 소도시를 이루어 작은 서울이라 할 만큼 번창하였다. 행군과 유수도가 마련된 만큼 부자들이 많아 궁중음식을 본뜬 독특한 음식들이 타지방으로 퍼져 나갔으며, 특히 부잣집에서 빚어 마셨던 산성 약주와 서민들의 막걸리는 산성의 동문 밖 불광리까지 술 향기가 퍼질 정도로 성행하였다.

그러다가 일제침략 때 강제집행으로 성안의 모든 시설들과 군의 행정기관이 광주(廣州)로 이전되면서 쇠락의 길을 걷게 되었다. 일제의 전통주 말살정책과 한국전쟁, 식량부족 등으로 그 맥이 끊기다시피 하였다. 이후 현재의 광주시(廣州市) 실촌면 중열리의 강신만 씨에게 비법이 전수되어 내려오다가 1994년 그의 둘째 아들 강석필 씨가 경기도 무형문화재 제13호로 지정되면서 오늘에 이르고 있다. 현재 그의 셋째 아들 강환구 씨가 전수자로 전통을 잇고 있다.

남한산성 소주는 제주 성읍마을의 오메기술, 청주 성당산성의 대추술, 담양 금성산성의 추성주(제세팔선주), 부산 금정산성의 토산주(산성 막걸리) 등과 함께 산성을 중심으로 발달해온 몇 안 되는 전통주 가운데 하나이다.

[담그는 법]

남한산성 소주는 이양법의 순 곡류 증류주로서 술 비는 방법이 매우 독특하다. 술을 빚을 때 밀가루를 제거한 밀기울에 엿물과 탕수를 섞어 정형한 후, 발효시킨 누룩을 발효제로 사용하는 한편 멥쌀로 지은 고두밥과 엿기름물을 섞어 당화시킨 당화용액을 하루 동안 고아 만든 엿물에 다시 멥쌀 고두밥과 누룩, 양조수로 술밑을 빚는다. 술밑이 익으면 다시 멥쌀 고두밥에 엿물을 섞은 양조용수와 술밑을 빚는다. 술밑이 다 익으면 다시 멥쌀 고두밥에 엿물을 섞은 양조용수와 술밑을 한데 버무려 술덧을 빚고 예의 상법대로 발효시킨다. 이렇게 빚은 술은 청주나 막걸리로 걸러 마시기도 하지만 소줏고리로 증류하여 소주를 빚기도 한다.

남한산성 소주는 주정도수 40%에도 불구하고 담백하면서도 부드러운 맛과 곡주 특유의 그윽한 향취를 자랑한다. 이렇듯 다른 양조법에서 찾아볼 수 없는 유일하게 재래식 엿물을 누룩과 술밑에 사용하는 것이 특징으로 현재 본거지인 남한산성을 중심으로 경기도 일대의 새로운 관광 상품으로 주가를 올리고 있다.

◆ 자 료

- 업체명 : 남한산성 소주
- 생산지 : 경기도 광주시 실촌면 연곡리 51번지
- 주원료 : 쌀
- 알코올 도수 : 40%
- 주 종 : 증류주
- 전 화 : 031) 482-8000

24. 송순주(松荀酒, 전라북도 김제)

- 민속주 제초면허 취득자, 문화관광부(문화재보호법) 무형문화재(제6호)
- 분류 : 혼성주, 혼양주
- 출전 : 치생요람(1691년), 민천집설(1700년 말), 산림경제(1715년), 증보산림경제(1766년), 주찬(1800년 초), 군학회등(1800년 중), 시의전서(1800년 말), 술 빚는 법(1800년 말), 규합총서(1815년), 임원십육지(1827년), 동국세시기(1849년), 술 방문(1801~1861년)

『임원십육지』에서는 『음선요람(飮膳要覽)』을 인용하여 말하기를 송순(松荀)을 많이 따서 큰 독에 가득 넣고 끓는 물을 부어 물이 독에 차거든 며칠 후에 송순을 건져 버리고 독의 물을 체에 받혀 찌꺼기를 버리고 도로 독에 넣는다. 좋은 찹쌀 한 말을 쪄서 누룩 한 되와 합하여 독 속의 물에 넣고 봉한 지 보름이면 맛이 생생하고, 여러 날 되어도 맛이 변하지 않는다는 것이다. 그런데 송순주(松筍酒)에는 소주에다 침지하는 경우도 있다고 전해지고 있다.

예로부터 소나무 전체는 술을 빚는 주재료로 사용되어 왔다. 소나무의 잎, 마디, 줄기, 뿌리, 새순, 솔방울 등으로 빚어진 술 등은 조선시대에 많이 있었다. 김제 송순주는 선조 때 김 탁이 위장병과 신경통으로 고통을 겪고 있어 부인이 선약(仙藥)을 수소문 하던 중 어느 산사의 여승을 통하여 송순주의 비법을 익힘으로써 김 탁이 이것을 장기 복용하여 건강이 회복되어 이후에 가문에 전승되었다는 것이다. 송순주는 1987년 김제에 사는 김복순 씨가 전라북도 무형문화재 제6호로 지정받았다.

[담그는 법]

재료의 배합량, 저장관리 과정, 술의 숙성에 이르기까지 정성과 비법이 총동원 되지 않으면 시거나 부패하기 일쑤이고 제 맛과 향, 색깔을 낼 수 없다. 양조과정은 술의 기본 재료인 양조용수로 맑고 깨끗한 지하수를 사용하여야 한다.

(누룩)

밀가루로 만든 분국(粉麴)과 밀을 빻아 체로 치지 않고 그대로 사용하여 만든 조국(粗麴)을 사용한다.

(준비물)

송순은 4월 하순부터 5월 상순 사이에 소나무 옆가지에서 돋아난 새순을 채취하여 쪄서 음지에서 24시간 정도 건조시킨다. 사용할 때는 물에 담가 두었다가 불순물을 제거한다.

[혼양주용 소주]

멥쌀 지에밥과 누룩가루로 술을 빚어 소주를 내린다.

(술밑)

멥쌀가루와 누룩가루로 만들고 찹쌀지에밥, 누룩가루, 쪄서 말린 송순을 섞어 덧술을 빚어 발효시킨다. 덧술은 술밑의 4배가 되는 찹쌀 또는 멥쌀을 깨끗이 씻어 하룻밤 불렸다가 고두밥을 쪄서 식힌 후 누룩(황국)가루와 쪄서 말린 송순을 함께 버무려 술밑에 넣은 다음 밀봉한다. 발효가 끝난 술밑은 약 30도의 소주를 섞어준 다음 용수를 박아 놓고 밀봉하여 약 2개월간 숙성시킨다.

용수에 괴인 숙성된 술을 떠내면 25도 정도의 맑은 술이 되고, 남은 찌꺼기에 30도 소주를 넣어 2차로 떠낸다. 이렇게 얻은 술은 병에 담아 1개월 이상 저장하였다가 마신다.

◆ **자 료**

- 업체명 : 백양 영농조합법인
- 생산지 : 전남 장성군 북이면 수성리 505-1호
- 주원료 : 솔잎
- 알코올 도수 : 25%
- 주 종 : 약주
- 전 화 : 061) 392-7410

25. 송순주(松荀酒, 대전광역시)

- 문화관광부(문화재보호법) 무형문화재(제9호, 대전광역시 지정)
- 분류 : 가양주
- 출전 : 치생요람(1691년), 민천집설(1700년 말), 산림경제(1715년), 증보산림경제(1766년), 주찬(1800년 초), 군학회등(1800년 중), 시의전서(1800년 말), 술 빚는 법(1800년 말), 규합총서(1815년), 임원십육지(1827년), 동국세시기(1849년), 술 방문(1801~1861년)

은진 송씨의 가양주이다. 조선조 후기의 문신이며 인조 때 학행(學行)으로 천거되어 조정에 나간 뒤 특히 효종 때 송시열과 함께 서인의 대표적인 인물로 국정을 주동하였던 동춘당(同春堂) 송준길(宋俊吉, 1606~1672) 가문의 술로 전해 온다. 은진 송씨 19대 손용억(94세) 씨에 이은 20대 손봉기의 처 윤자덕(70세) 씨에 의하여 예의 맥을 잇고 있었는데, 그 비법이 가전기록인 한글 필사본 『우음재방 주식시의』에 수록되어 있다.

송순주(松荀酒)의 비법을 보면 중복 무렵에 40일간 띄운 백곡을 가루내고 멥쌀로 지은 백설기와 물을 섞어 된 반죽을 만들어 술밑을 안치는데 15~20일간 발효시킨다. 이어 찹쌀을 물에 깨끗이 불린 후 고두밥을 짓고 이내 차게 식혀 술밑과 혼합하고 물을 되직하게 부어 술독에 안치는데, 이때 송순(또는 황국)을 술독 밑에 한 켜 깔고 그 위에 술밑을 안친다.

술이 익기까지는 한 달이 소요되는데, 송순주는 엷은 보리차와 같은 밝은 담황색으로 진한 송순향기와 함께 감칠맛이 뛰어나 독한 줄 모르고 자꾸 마시게 되어 대취하기가 일수이다.

26. 송순주(松荀酒 / 솔송주, 지리산)

- 문화관광부(문화재보호법) 무형문화재(제9호, 대전광역시 지정), 농림수산식품부(농산물가공육성법) 식품명인(제27호)
- 분류 : 약주

함양의 지곡 개평마을은 지리산 자락에 위치하고 있으며 조선시대 대표적인 양반골로써 좌(左) 안도, 우(右) 함양을 일컫는데, 우(右) 함양은 지곡 개평마을을 지칭한다. 이곳은 흐르는 맑은 물과 울창한 노송으로 덮인 아름다운 마을로 선비들이 시와 풍류를 즐기며 학문을 논하던 곳으로, 조선시대 총독부이며 제천 현감을 지낸 정재범 공의 집안에서 350여 년 동안 제조비법이 대대로 전해 내려온 사대부 집안의 전통주이다.

[담그는 법]

이 술의 개요를 보면 토종 찹쌀, 누룩, 솔잎, 송순과 지리산 자락의 청정 지하 암반수로 빚어 은은한 솔향기와 감칠맛이 나며, 마음을 정결하게 하는 고유의 전통주로서 차게 마시면 맛이 더욱 좋다. 멥쌀과 누룩, 솔잎, 송순을 원료로 하여 20여 일 발효시켜 증류하여 장기간 숙성시킨 40% 솔송주(리큐르 주)는 맛이 부드럽고 은은한 향이 특징이다. 뒤끝이 깨끗하고 오래 둘수록 맛과 향이 좋아진다. 1996년 제조허가를 받아 대량 생산하고 있다.

27. 송절주(松節酒, 서울)

- 민속주 제조면허 취득자, 문화관광부(문화재보호법) 무형문화재(제2호, 서울특별시 지정)
- 분류 : 약용 가향곡주
- 출전 : 동의보감(1611년), 고사십이집(1787년), 고려대 규합총서(1800년 중), 술 빚는 법(1800년 말), 규합총서(1815)년, 임원십육지(1827년), 부인필지(1915년)

『규합총서』(1815년경), 『임원십육지』에 의하면 품담을 없애고 원기를 회복하여 팔다리를 못 쓰게 된 사람이 이 술을 마시고 신기한 효험을 보았다고 전해지고 있다. 그러나 이 술이 정확하게 언제부터 빚어지기 시작했는지 정확한 기록은 없으나 조선 말기 실학자 서유구(徐有榘)의 형수 빙허각(憑虛閣) 이씨가 지은 부녀자 생활지침서인 『규합총서(閨閤叢書)』 등에 소개된 것으로 미루어 조선 중엽 이전부터 빚어지기 시작한 것으로 추정되고 있다.

이 송절주(松節酒)는 전의(全義) 이씨 집안의 가양주인데 대대로 며느리들에 의하여 계승되어 왔다. 조선도 중엽 선조 때 충경공(忠景公) 이정란(李廷鸞) 장군의 14대손 필승(弼承)의 처 허성산(許城山, 1892～1967)을 통하여 그의 며느리 박아지(朴阿只) 씨에게 전수되었고 다시 며느리인 이성자(李成子) 씨가 그 기능을 이어받아 1989년 서울시 무형문화재(제2호)로 지정되었다.

〈재 료〉

멥쌀 아홉 되, 찹쌀 서 말, 분국 2.5 kg, 송절(소나무 마디) 삶은 물 80 ℓ, 찰검 1.5 kg, 당귀 1.5 kg, 두견화(봄), 국화(가을)

[담그는 법]

(술밑)

첫 해일(亥日)이 좋다고 하여 3월, 11월에 담는다. 멥쌀을 씻어서 가루내어 백설기로 찐 다음 5℃ 정도로 식힌다. 끓인 물을 식혀 분국을 넣고 하룻밤 불린 다음 백설기에 송절(소나무 마디) 삶은 물과 누룩 물을 섞어서 술밑을 항아리에 담는다.

(덧술)

5일 후에 찹쌀지에밥에 송절, 찰검, 당귀 삶은 물에 버무려 술밑에 합한 다음 봄이면 진달래꽃, 가을이면 국화, 겨울이면 유자껍질을 송엽과 함께 띄워서 15℃를 유지하면서 25일간 둔다. 술이 익으면 용수를 박아 술을 뜬다.

28. 송화주(松花酒, 경상북도 안동)

- 문화관광부(문화재보호법) 무형문화재(제20호, 경상북도 지정)
- 분류 : 가향주

• 출전 : 음식디미방(1670년), 임원십육지(1827년), 조선무쌍신식요리제법(1924년)

예로부터 안동지방은 명문 세도가들이 많고 유명한 고장이다. 안동 김씨를 비롯해 풍산 류씨, 안동 권씨, 안동 장씨 등 제각기 권세와 문벌을 자랑했던 까닭에 아직까지 각종 유산과 민속자료가 많이 남아 있다.

이 지방에 전통 가향주인 송화주(松花酒)가 있는데 지금도 가전 비법의 가양주로만 전해오고 있다. 송화주 기능보유자인 김영한(경상북도 무형문화재 제20호) 씨에 의하면 "드러내 놓고 자랑할 술이 아니라 제주(祭酒)로만 1년에 한두 번씩 소량으로 빚고 있는데, 집안 어른들이 술맛을 잊지 못해 가끔씩 들르고 자랑삼아 이야기하여 소문이 나게 되었다"고 설명하고 있다.

안동 송화주는 경북 안동시 임동면 수곡리에 사는 이숙경 씨가 기능보유자로 지정되어 있으나 이씨가 노환으로 생을 달리함에 따라 현재는 며느리 김영환 씨와 아들 류승호 씨가 송화주 계승을 위한 노력을 아끼지 않고 있다.

[담그는 법]

(술밑)

누룩멥쌀과 찹쌀 다섯 되씩, 물 여덟 되, 솔잎과 황국 약간씩을 준비한 다음 멥쌀을 씻어 건져서 물기를 뺀 다음 고두밥을 지어 차게 식거든 누룩과 물 여덟 되를 섞어 술밑을 안친다. 술밑 독은 이불로 싸서 2~3일 발효시킨다.

(덧술)

덧술은 나머지 멥쌀과 찹쌀을 섞어 깨끗이 씻어 불렸다가 고두밥을 짓는데, 이 때 솔잎을 시루떡 안치듯 켜켜로 넣고 고두밥이 다 쪄지면 차갑게 식혀서 국과 함께 술밑에 넣고 잘 저어준다.

덧술 안치기가 끝난 독은 자기로 덮고 불로 싸서 두었다가 5~7일이 지나면 불을 벗기는데, 이 때의 술은 술 바탕이 완전히 가라앉고 골이 지면서 술독 가장자리에 뚜렷한 테가 생긴 것으로 보아 술이 다 익었음을 알 수 있다.

29. 신선주(神仙酒, 충청북도 청원)

• 민속주 제조면허 취득업체, 문화관광부(문화재보호법) 무형문화재(제4호, 충청

북도 지정)

- 분류 : 가양주, 약용주, 일반 증류주
- 출전 : 민천집설(1700년 말), 임원십육지(1827년)

예로부터 물이 좋기로 이름난 미원지역에서 생산하는 신선주(神仙酒)는 함양(咸陽) 박씨 집안에 18대째 약 400여 년 동안 전승되고 있는 가양주(家釀酒)로서 전하는 바에 의하면 충청도 도사(都事) 박숭상(朴崇上)이 이 마을로 낙향한 후 이 술을 빚는 비법이 전해졌다고 하며, 신선주라 함은 일찍이 신라시대 최치원(崔致遠)이 이 마을 앞의 신선봉(神仙峰)에 정자를 짓고 이 술을 즐겨 마신 데서 유래되었다고 한다.

신선주는 신선(神仙)들이 마시는 술이라 하여 붙여진 이름이다. 그래서 인지 다른 술들보다 많은 약재가 들어가는데 생지황, 숙지황, 인삼, 당귀, 감국, 구기자, 유계, 맥문동, 하수오, 우슬, 천문동, 지골피(구기자뿌리) 등 12가지나 되는 약재를 넣어 발효시킨 술이 바로 신선주이다.

충청북도 무형문화재 제4호인 신선주는 청원 지방의 토호로 이름이 높았던 함양 박씨 집안의 가양주로 박남희 씨가 그 맥을 잇고 있다. 신선주의 유래는 신라 초기 최치원 선생이 이곳 주산의 신선봉에 올라 속리산을 바라보며 신선주를 빚어 마셨는데 그 자리에 후운정이란 정자가 있었다는 설화에서 찾아 볼 수 있다. 또한 기능보유자 박남희 씨의 18대조가 어은 지사로 부임하여 터를 닦은 이래 가양주로 빚어오다가 3대조 박익진 씨가 부(富)를 축적하여 시인묵객(詩人墨客)들과 교류를 가지면서 이 가양주가 세인들의 입에 오르내리게 되었다. 박남희 씨의 집안 신선주는 소주와 약주로 구분되며 담그는 법은 아래와 같다.

[담그는 법]

먼저 찹쌀을 물에 깨끗이 씻고 하룻밤 불렸다가 건져서 열 가지 한약재(우슬, 하수오, 구기자, 천문동, 생지황, 숙지황, 인삼, 당귀, 육계)를 가루로 쌓아 섞고 시루에 안쳐 고두밥을 지어 차게 식으면 감국과 지골피를 달인 물과 누룩을 섞어 술밑을 빚고 술독에 안친다. 술독은 2차 발효를 시키고 이를 여과 후 정제하여 그대로 마시면 신선약주가 되고, 소줏고리를 이용하여 증류하면 신선주가 된다. 술맛이 진하고 향이 강하여 그 맛을 보면 다시 찾게 되는 술이다.

◆ 자 료

- 업체명 : 소백산 술도가

- 생산지 : 충북 청원군 미원면 계원리 435번지
- 주원료 : 쌀, 솔잎 등
- 알코올 도수 : 18%
- 주 종 : 약주
- 전 화 : 043) 422-0077

30. 연엽주(蓮葉酒, 충청남도 아산)

- 민속주 제조면호 취득업체, 문화관광부(문화재보호법) 무형문화재(제11호, 충청남도 지정)
- 분류 : 명약주, 약용 가향곡주
- 출전 : 산가요록(1450년), 주방문(1600년 말), 산림경제(1715년), 감저종식법(1766년), 증보산림경제(1766년), 고사십이집(1787년), 고려대 규곤요람(1795년), 춘향전(1800년경), 군학회등(1800년 중), 규합총서(1815년), 임원십육지(1827년), 양주방(1837년), 부인필지(1915년), 조선무쌍신식요리제법(1924년)

연엽주(蓮葉酒)가 처음 등장한 것은 고려 때라고 한다. 조선시대 병자호란이 한창이던 시기에 이완 장군이 병사들의 사기를 돋구어주고 원기를 회복시키기 위해 빚어 마시게 했다는 기록이 전해온다. 연엽주는 150년 전쯤 왕실의 비서감으로 지낸 이원집이 양조하여 고종 황제에게 바쳤던 술이기도 하다.

고종 3년에 계속된 가뭄으로 백성이 기근에 허덕이자 대궐이나 사대부집이나 할 것 없이 잡곡을 섞어서 먹게 하고 반찬 가짓수를 줄이도록 하였다. 당연히 고종 황제의 수라상에도 술이나 식혜, 수정과가 올라갈 수 없게 되었다. 한 나라의 임금이 반주조차 못 잡수게 된 것을 죄스럽게 여긴 이원집이 이때 진상한 술이 바로 대궐 연엽주(蓮葉酒)이다.

『산림경제』에서 인용한 삼산방에 의하면 '백미(白米)가루를 써서 누룩가루와 섞어 주먹이나 박같이 만들어 연(蓮)잎으로 싸서 익혀 7일 만에 열어서 먹는 것이다'고 하였고, 『규합총서』에서는 '연잎을 독 속에 펴고 지에밥과 누룩을 뿌리기를 켜켜로 떡 안치듯 하여 단단히 봉하여 둔다. 향미가 이상하고 오래 두어도 상하지 않는다. '술을 담근 후 다른 좋은 술을 부어도 향내와 맛이 여전하다'고 전해지고 있다.

이원집은 조선말 고종 때 왕실 비서감을 지낸 인물로 『치농』은 그가 당시 궁중음식의 제조기법을 붓으로 적은 책이다. 이원집은 이 책에 특히 연엽주의 제조기법을 상세히 기록하여 부인에게 전했고, 이후 예안 이씨 집안의 맏며느리들에게만 전수되어 오늘에 이르고 있는 것이다. 특히 예안 이씨 집안은 이 술이 일반에 알려지지 않은 궁중용인 것을 감안하여 집안에서도 제수용으로만 쓰도록 해 일가친척들도 음복 때 외에는 맛볼 수 없도록 한 귀한 술로 여기고 있다.

연엽주(蓮葉酒)의 제조법을 『규합총서』에 따르면 다음과 같이 전하고 있다.

「좋은 쌀 한 말을 씻어 하룻밤 지낸 후에 쪄놓고, 좋은 물 두 병을 끓여 밥과 물을 얼음처럼 차게 해서 섞는다. 좋은 누룩 일곱 홉을 곱게 가루로 만들어 먼저 연잎을 독 속에 펴고, 그 위에 밥을 넣고 누룩을 켜켜로 떡 안치듯이 뿌린 후 단단히 봉하여 볕이 안 드는 찬 곳에 두어 익힌다. 일절 날물을 들이지 말고, 날이 더우면 쉬기 쉬우니 가을에 서늘해진 후 서리가 미처 내리지 않고 잎이 마르기 전에 빚으면 향기와 맛이 기이하고 오래 두어도 상하지 않는다. 술을 담근 후에 다른 좋은 술을 부어도 향기와 맛은 여전하다.」

연엽주(蓮葉酒)는 예안 이씨 가전 비법주로 고종 왕 때 왕실의 비서감을 자낸 이씨의 고조부가 『원집(原集)』이라는 책자를 만들었는데 여기에 연엽주 제조기법이 상세히 기록되어 있다. 부인인 한산 이씨에게 가르쳐 주면서 대대로 전해져 오다가 지금은 5대 종손인 이득선(李得善) 씨의 처 최황규(무형문화재 제11호, 충청남도 지정) 씨에 의하여 그 맥이 계승 보존되고 있다.

〈재 료〉

찹쌀 한 되, 멥쌀 열 되, 누룩, 솔잎, 연엽, 연근 500 g, 물 16 ℓ

[담그는 법]

찹쌀 한 되 반과 멥쌀 열 되를 깨끗이 씻어 고두밥을 만든 후 하루 동안 밤이슬을 맞혀 냄새를 제거한 후 가장 밑바닥에 솔잎을 가볍게 깔고 그 위에 다시 연잎을 적당히 덮는다. 그리고 누룩과 버무린 고두밥에 연근 500 g을 절게 썰어 섞어 놓은 후 물 16 ℓ 를 부으면 준비과정이 끝난다.

항아리를 멍석 덮개로 10～15일간 발효시키는데, 처음 1주일가량은 25～29℃에서 발효시키고, 나중에는 20℃정 도로 차츰 온도를 낮춰가며 숙성시킨다. 술이 익으면 술독에 용수를 박아 술을 거르면 누런 진액이 나오는데 이것이 연엽주이다. 거른 술은 다시 하루 동안 가라앉혀 정제한다.

◆ 자 료

- 업체명 : 연엽주 제조장
- 생산지 : 충남 아산시 송악면 외암리 88번지

- 주원료 : 찹쌀, 멥쌀, 솔잎, 감초 등
- 알코올 도수 : 14%
- 주 종 : 약주
- 전 화 : 041) 543-3967

31. 송죽 오곡주(松竹 五穀酒, 전라북도 완주)

- 민속주 제조면허 취득업체, 농림수산식품부(농산물가공육성법) 식품명인(제23호)
- 분류 : 이양주, 가향주

송화 백일주와 송죽(松竹) 오곡주(五穀酒)는 송화 양조에서 빚는 또 하나의 명주 오곡주를 생산한다. 오곡이라 하면 쌀, 보리, 조, 콩, 기장을 말하는데 송죽 오곡주는 이러한 오곡 이외에도 솔잎이나 대나무 잎, 국화를 넣어 오곡이 가지고 있는 고소한 맛을 더하여 술에 향기를 불어넣었으며, 또한 기능을 생각하여 오미자와 구기자를 넣었다.

전북 김제군 모악산 산사에서 전해 내려온 술인데, 인조 때 명승 진목대사(1562~1633) 때부터 빚어 내려온 술이다. 조선 인조 때 명승 진목대사가 1602년경 이곳에서 정착하여 모악산 정상 절벽 아래에 수암사를 짓고 참선 도중 고산병 예방과 편식에서 오는 신체적 손상을 보완하기 위하여 모악산 주위에 서식하는 각종 약초와 이곳의 약수인 석간수를 이용하여 개발해 낸 것이 송죽 오곡주이다.

그 후 주지 스님들에 의해 진목대사의 기일에 제사용으로 빚어 내려오고 있었는데, 현재에도 5대째 이 절을 지키는 보벽암 스님에 의하여 빚어지고 있으며, 당시 쓰는 물건도 잘 보존되어 있다. 이 술은 오곡을 비롯하여 산수유, 감초, 구기자, 당귀, 하수오 등 각종 한약재와 소나무 수액, 대나무 잎을 첨가하여 빚어내는데 독특한 향미에 자색의 색깔이 아름다운 것이 특색이다.

송죽(松竹) 오곡주(五穀酒) 제조기능 보유자인 전북 완주군 구이면 모악산 수왕사(水王寺)의 주지 조영귀(趙泳貴) 스님이 1991년 송죽 오곡주로 전통 식품명인(제23호)으로 지정을 받았다

〈재 료〉

술밑 : 밀가루 1 kg, 곡자 4 kg, 물 1.5 ℓ

덧술 : 멥쌀 7 kg, 조, 수수, 쌀보리 각 200 g, 죽엽, 솔잎 각 100 g, 국화 50 g

약재 침출액 : 오미자, 구기자, 산수유 각 100 g, 물 12 ℓ

[담그는 법]

(술밑)

밀가루 1 kg, 곡자 4 kg, 물 1.5 ℓ를 가지고 술밑을 잡는다.

(덧술)

멥쌀 17 kg, 조, 수수, 쌀보리 각 200 g과 죽엽, 솔잎 각 100 g을 증자 냉각하여 술밑과 합하여 덧술을 마친다. 덧술에 물을 사용하지 않는 대신 약재를 우려낸 침출액을 사용한다.

[약재 침출법]

물 13 ℓ에 오미자, 구기자, 산수유를 각 100 g 넣어 달여서 여과한 다음에 달인 물 12 ℓ를 얻어 덧술 급수 대용으로 사용한다. 덧술에는 국화 50 g을 별도로 넣는데 제성하면 알코올 도수 16%인 명약주가 된다.

◆ 자 료

- 업체명 : 송화 양조
- 생산지 : 전북 완주군 고이면 계곡리 64-1호
- 주원료 : 오곡, 댓잎, 국화
- 알코올 도수 : 16%
- 주 종 : 약주
- 전 화 : 063) 221-7047

32. 오메기술 / 고소리술(좁쌀약주, 제주 오메기술, 제주 좁쌀술)

- 민속주 제조면허 취득업체, 문화관광부(문화재보호법) 무형문화재(제3호, 제주도 지정)
- 분류 : 약주

제주 오메기술은 차좁쌀을 연자방아나 맷돌로 빻아 이 지역 맑은 물로 빚어낸 순곡주이다.

「못 먹는 탁배기 권하지나 맙서예, 달이 동동 밝거들랑 날 만나러 옵서예(못 먹는 오메기술 권하지 마시고 휘영청 달 밝거든 나를 만나러 오세요)」

이는 남제주군 지역 민요가창의 한 구절이다. 애틋한 여심의 속삭임이며 순애의 순순함을 나타낸 말이다. 이처럼 제주도 탁배기(오메기술)는 옛 선인의 생활 내면까지 엿볼 수 있으며 언어예술에서도 반영되고 있다. 흔히 청주는 맑은 술이요, 탁배기(막걸리)는 청주를 뜨지 않고 그대로 마구 걸러서 짜내 빛이 맑지 않고 맛이 텁텁하여 알코올 성분이 적은 술로 알고 있으나 제주도에서는 '제주 청주', '제주 탁배기'가 전혀 다른 술이다. 이 술은 품귀한 술이면서도 대중성을 지닌 농어민의 반주로 애용되어 왔다.

누룩가루와 차좁쌀가루로 만든 떡을 익반죽하여 담아 술독에서 윗국물만 떠낸 술로 제주도에서는 원래 청주라 불려졌는데, 요즘은 오메기 떡으로 술을 빚는다 하여 오메기술로 통용되고 있다. 탁배기라고 불리는 오메기술은 차조로 담근 제주도 고유의 토속주이다. 탁주로는 특이하게 약간 붉은 빛이 돌며 입에 착 달라붙는 감칠맛이 일품으로 제주 도민들이면 누구나 선호하는 술이다.

탁주를 만들 때는 찹쌀이나 멥쌀을 사용하는 것이 일반적이다. 그런데 쌀이 넉넉하지 못한 제주도에서는 생산량이 비교적 많은 차조로 오메기 떡을 빚어 손님을 대접하기도 하고, 여유가 있는 집안에서는 이 오메기 떡을 이용하여 술을 빚는데 술이 익으면 청주를 떠서 제주(祭酒)와 손님 접대에 사용하고, 막걸리로 걸러서 농주로 애용하여 왔다. 오메기술은 한독에서 청주와 막걸리를 함께 얻는다. 차조기로 만든 오메기 떡을 뜨거울 때 치대서 죽을 만들고, 여기에 줄보리(맥주보리)로 만든 누룩가루를 섞어 술밑을 빚어서 7~10일 정도 익히면 오메기술을 얻는다.

오메기술은 표면에 기름기가 도는데 위에 말갛게 고인 양이 적은 청주는 살짝 떠내어 제주(祭酒)로 쓰고, 남은 술덧에 적량의 물을 타면 걸쭉하면서도 마시기 좋은 상태의 탁배기가 된다. 곡주 특유의 향기와 함께 약간 새콤하면서도 부드러운 맛이 나는 오메가 술은 제주도 무형문화재(제3호)로 그 기능을 보유하고 있는 김을정 씨에 의하여 빚어지고 있다.

그리고 제주도 지방의 토속주로 '고소리술'이 널리 알려져 왔는데, 고소리란 소주를 증류하는 데 사용되는 고리, 즉 소줏고리를 지칭하는 제주도 지방 방언이다. 따라서 고소리술이란 소줏고리를 이용하여 증류한 소주라는 뜻이다. 고소리술은 오메기술을 고소리로 증류한 재래식 소주로서 이 술 또한 김을정 씨가 그 기능을 보유하고 있으며, 술 빚는 법과 증류법은 어느 증류식 소주와 다를 바 없다.

좁쌀(조)로 누룩을 만들기 위하여 좁쌀을 살짝 쪄서 오메기 떡을 만들어 이 오메기 떡을 다시 삶는데 좁쌀을 두 번 삶는 것이다. 1990년 제주도 무형문화재(제3호)로 지정된 오메기술은 주로 남제주군 표서면 성읍리에서 성행하였다. 술 제조 기능보유자인 김을정 씨는 20세 때 강진보(姜 秦輔) 씨 집안으로 시집와 술을 빚는 기법을 배웠다고 한다.

[담그는 법]

(누룩)

꽃이 잘 핀 참 누룩을 쓴다.

[오메기 떡 만들기]

차좁쌀을 큰 그릇에 놓아 8시간 쯤 미지근한 물에 담갔다가 곱게 빻아 가루를 만든다. 그 가루를 미지근한 물로 떡을 만들 수 있도록 익반죽하고 난 후 주먹만큼씩 떠내어 문고리처럼 생긴 오메기 떡을 만들어 솥에 놓아 푹 삶는다. 이 때 떡이 삶아지는 동안 솥바닥에 눌지 않게 하기 위하여 댓잎을 깔아 놓기도 한다. 떡의 크기는 반듯이 일정한 것이 아니고 골고루 삶아질 수 있도록 만들면 된다. 구래야 술 찌꺼기를 최대로 줄일 수 있다.

[술 담그기]

삶아 낸 오메기 떡을 큰 그릇에 넣어 식히면서 방망이와 손으로 떡의 형태가 없어질 정도로 충분히 다진 후 그 위에 누룩가루를 놓고 물을 건건이 부어 가며 손으로 반죽이 되게 이리저리 잘 섞는다. 이것을 술독에 담아 놓은 후 물 스무 되 쯤 붓고 나서 뚜껑을 꼭 덮고서 방구석에 보름쯤 놓아두면 거의 발효가 된다.

농익은 술독에서 맨 위에 맑은 윗 국물을 떠내면 이것이 바로 청주인데, 마셔 없어지는 대로 바로 누룩가루와 오메기 떡으로 술밑을 만들어 넣기만 하면 묵힌 것과 같이 쉽게 발효된다.

◆ 자 료

- 업체명 : 오메기술
- 생산지 : 제주도 서귀포시 표선면 성읍리 673-1호
- 주원료 : 차조
- 알코올 도수 : 30%
- 주 종 : 증류식 소주
- 전 화 : 064) 787-1360

33. 옥로주(玉露酒, 경기도 군포시 당정)

- 민속주 제조면허 취득자, 문화관광부(문화재보호법) 무형문화재(제12호, 경기도 지정), 농림수산식품부(농산물가공육성법) 식품명인(제10호)
- 분류 : 증류식 소주

경기 옥로주(玉露酒)는 민속주의 하나로 증류식 소주이다. 우리나라에서 소주가 제조되기 시작한 연대에 대해서 정확한 기록은 없으나 중국으로부터 전래되어 고려를 거쳐 조선시대에 성행한 것으로 알려지고 있다. 이 옥로주는 유씨 가문에서 만들어 먹은 가양주(家釀酒)로 그 연대는 1880년경부터로 보고 있다. 그 후 1947년 초에 전통 가양주인 알코올농도 30도 소주를 생산하면서 「옥로주(玉露酒)」라는 상표를 붙였다. 옥로주(玉露酒)라 이름하게 된 것은 옥로주를 증류할 때 증기가 액화되어 마치 옥구슬 같은 이슬방울이 떨어지기 때문이라고 한다.

증류할 때 증류기를 통하여 나오는 술 한 방울 한 방울이 마치 옥처럼 아름답다 하여 붙여진 이름이 바로 옥로주이다. 옥로주는 쌀이 아닌 잡곡을 이용하여 빚는데, 잡곡 특유의 깊고 고소한 향이 증류를 통하여 전달된 술이다.

경기도 군포시 당정(堂井) 옥로주(玉露酒)는 유민자 씨가 기능을 보유하고 있는데, 경기도 무형문화재(제12호)이면서 농림수산식품부(농산물가공육성법) 식품명인(제10호)이다. 당정 옥로주는 토종 율무와 멥쌀을 주원료로 하여 빚은 율무 술을 증류한 증류식 소주로서 술이 증류할 때 기화한 알코올이 냉각되어 소줏고리에 떨어지는 모습이 마치 옥구슬처럼 방울방울 떨어지는 것 같다고 해서 옥로주(玉露酒)라는 이름이 붙게 되었다 한다.

옥로주(玉露酒)는 화계장터에서 더욱 유명세를 얻었으나, 1910년 이후 일제의 주세정책으로 민간제조와 유통이 금지되어 유민자 씨의 조부 유행룡(1852~1032) 씨에 의하여 가양주만 빚어 왔다고 한다. 해방이 되어 유행홍 씨의 대를 이은 류양기(柳瀁琪, 1911~1994) 씨가 경남 하동에서 옥천 양조장을 운영하다 경기도 군포로 이주하게 되었고, 현재는 용인시 백암면 박곡리로 이전을 하였다. 이후 정부의 전통주 개발정책에 힘입어 다시 빛을 보게 되었다.

경기도 옥로주는 당정동의 오봉산 줄기를 타고 내려와 땅속 깊이 고인 샘물을 사용한다. 백미, 율무, 누룩을 주원료로 곡주를 빚어 흙으로 만든 항아리인 토고리(土古里)를 얹은 다음 장작불을 때서 증류시켜 소주 내리기까지 20일 정도가 소요된다.

(원료)

백미, 율무, 누룩 샘물

(누룩)

먼저 분쇄한 밀 두 말과 율무 일곱 되를 끓여서 식힌 다음 양조용수로 반죽하여 3～5일 가량 두었다가 마른 약쑥을 첨가하여 다시 반죽하고, 깨끗한 광목에 싸서 밟아 1～2시간 보쌈한 후 성형한다. 크기는 직경이 여덟 치, 두께가 한 치 닷 푼으로 원형이고, 엷은 노란색을 띠며, 누룩 특유의 향기가 난다.

[담그는 법]

술밑과 덧술은 전형적인 우리 고유의 술독에 넣어 10일간 숙성시키면 죽엽 같은 빛깔을 띤 곡주가 만들어진다.

(증류)

이 곡주의 증류는 토고리(土古里) 또는 구리로 만든 동고리란 특유의 항아리를 이용한다. 이때 덧술 닷 말을 솥에 넣고 고리를 얹은 다음 장작불을 때면 소주 두 말가량이 생산된다. 주정 도수는 처음 증류한 것이 85도 이상이나 나중 증류된 것은 점차 도수가 내려간다. 이를 45도가 되도록 조절하면 완전히 투명한 소주가 된다.

◆ 자 료

- 업체명 : 옥로주
- 생산지 : 경기도 군포시 당정동(용인시 백암면 백곡리)
- 주원료 : 잡곡
- 알코올 도수 : 45%
- 주 종 : 증류주
- 전 화 : 031) 333-0335

34. 옥미주(玉米酒, 경기도 안양)

- 민속주 제조허가 취득 주류
- 분류 : 탁주

경기 안양시 안양 2동 안양유치원 입구에서 안쪽으로 200m쯤 들어가면 대형 풀장 맞은편에 옥미주 시음장이 있다. 이 집은 1980년 국세청의 민속주 제조허가를 받아 옥미주를 만들고 있다. 백여 년 전 남평(南平) 문씨(文氏) 가문의 맏며느리들에게만 전수되어온 이 술은 잘 여문 옥수수와 현미, 엿기름, 고구마 등이 어우러져 빚어내는 독특한 향과 감칠맛이 자랑이다. 따라서 4대째 가문의 맥을 전승하고 있는 안양 전통주의 가능 보유자인 임송죽(林松竹) 여사는 민속주 시판의 선발 주자답게 나름대로의 경영법을 펴고 있다.

〈재 료〉

술밑 : 현미 3 kg, 곡자 1 kg, 물 4 ℓ, 효모 20 g
덧술 : 고구마와 엿기름

[담그는 법]

(술밑)

옥미주를 제조하기 위하여 먼저 현미 3kg을 물로 깨끗이 씻은 다음 12시간 담가두었다가 건져서 물기를 뺀 후에 거칠게 빻은 후 곡자 1 kg을 콩알만 하게 빻아 섞고 물 4 ℓ 에 효모 20 g을 희석하여 깨끗한 도기에 붓고 혼합한 것을 넣어 잘 젓는다. 이러한 공정을 거친 뒤 1차 당화가 진행되는데, 이때 온도를 25～30℃로 유지시키는 것이 중요하다.

(덧술)

그 다음 고구마와 엿기름 등을 첨가하여 숙성시킨 술덧을 자루에 넣어 짜내면 도수 11도의 옥미주 30 ℓ 가 얻어진다. 옥미주 제조기간은 술 빚기 시작한 때부터 160시간쯤 걸린다.

35. 옥선주(玉仙酒, 강원도 홍천)

- 민속주 제조면허 취득업체, 농림수산식품부(농산물가공육성법) 식품명인(제24호, 1995)
- 분류 : 혼성주, 약용 증류주

증류할 때의 모양이 이슬과 같다 하여 노주(露酒), 땀이 나는 것과 같다 하여 한주(汗酒), 투명하고 맑다고 하여 백주(白酒), 또한 독한 기운 때문에 기주(氣酒)라고도 불린다. 여기에서 떨어지는 증류액이 옥같이 곱다 하여 옥(玉)자가 들어간 아름다운 이름이 옥선주(玉仙酒)이다. 옥선주는 고 이한영 씨 집안의 가양주로 1995년 농림수산식품부(농산물가공육성법) 식품명인(제24호)으로 지정되었다.

조선조 말엽 고종 38년 인제군 내면 미사리의 이용필 씨는 부모가 괴질에 걸려 백약 처방이 무효하여서 궁여지책으로 자신의 손가락을 절단하여 피를 부모에게 먹이기를 수차례, 그러나 부모의 병은 차도를 보이지 않았다. 마침내 그는 자신의 허벅살을 도려내어 국을 끓여 봉양하니 부모의 병이 씻은 듯 나아 장수하게 되었다. 이에 고종은 효자 포상과 함께 칙명으로 제3품 통정대부 벼슬을 내렸다. 이후 이용필 씨는 가양주로 빚어 오던 옥촉서(玉蜀黍) 약소주를 빚어 진상하였다고 전해오고 있다.

강원도 지방의 명주답게 옥수수를 주재료로 하여 빚는데 고 이한영 씨가 선친(이종철)에게서 물려받은 가승과 족보에 기록된 옥촉서 약소주 제조과정을 그대로 옮기면 다음과 같다.

[담그는 법]

술독을 볏짚으로 소독허여 술밥에 누룩을 섞어 물로 술밑을 담근다. 방에서 사흘 후에 술이 되면 옥수수 물엿을 끓여 식힌 후에 술밑과 함께 덧술을 한다. 건조 당귀를 씻어 술 두 동이에 당귀 반 근을 넣는다. 열흘이 지나면 술이 익는다. 된 술을 걸러서 소주를 곤다. 소주를 주둥이가 좁고 키가 큰 항아리에 넣어 소주 한 말에 생 갈근 반 근이 못 되게 넣고 밀봉하여 후숙시킨다. 삼칠일이 지나면 된다.

◆ 자 료

- 업체명 : 옥선 영농조합 법인
- 생산지 : 강원도 홍천군 서석면 어론리 204-7호
- 주원료 : 쌀, 옥수수, 갈근, 당귀
- 알코올 도수 : 40%
- 주 종 : 일반 증류주
- 전 화 : 033) 482-8000

36. 왕주(王酒, 충청남도 논산시 가야곡)

• 민속주 제조면허 취득업체, 농림수산식품부(농산물가공육성법) 식품명인(제13호)

궁중술이라 불리는 왕주(王酒)는 가야곡(可也谷) 청정지역의 맑은 물을 사용하여

땅의 기운에 의해 백일 동안 정성스럽게 익힌 짜릿하고 새콤달콤하며 은은하게 약초 내음이 나는 술이다. 구전에 의하면 왕주는 백제시대부터 내려온 가양주로 백제인의 얼과 한이 서려있는 전통의 술이다. 오천년 유구한 음식문화를 자랑하는 우리나라는 왕주와 같이 많은 술과 음식이 전통방식 그대로 명맥을 유지하며 전해 내려오고 있다. 백제시대에도 많은 집안에서 곡주를 빚어 마셨는데 조선시대 초까지 명맥을 유지하다가 조선시대 중엽 금주령이 내려진 이후 곡류의 술 담금이 엄격히 규제되자 산에서 채취한 약초를 가지고 술을 담그기도 했다. 조신시대 말 곡주의 규제가 완화되자 민씨 집안(명성왕후의 친정)에서는 곡주와 조선시대 중엽 성행했던 약술을 접목시켜 이를 빚어 왕실에 진상하였다고 한다.

남상란 씨의 친정어머니 도화희 여사는 친정어머니 민재득 여사에게 민씨 집안에서 빚어 왕실에 진상하던 왕주 담그는 비법을 습득하여 이를 다시 첫째 딸인 남상란 씨에게 전수하였다고 한다. 민재득 여사는 궁중에서 『동의보감』을 만병치료법으로 사용하는 것을 알고 왕주에 사용되던 약초를 『동의보감』 처방에 맞게 넣어 제조하였다. 가야곡(可也谷) 왕주의 생산지는 노령산맥의 끝가락 태봉산을 등지고 있는 논산시 가야곡면으로 효자 강응정을 비롯한 많은 효부를 배출한 고장으로 유명하다. 마을 곳곳에 정문(旌門)과 비가 세워져 있어 효의 고장임을 한눈에 알 수 있다.

남성란 씨는 농림수산식품부(농산물가공육성법) 식품명인(제13호)으로 남편의 사업이 위기를 맞자 그 타개책을 궁리 끝에 친정의 가양주인 왕주(王酒)를 떠올리고 남편과 함께 재현을 하게 되었다. 사실 남성란 씨의 남편 이용훈 씨는 21세 때부터 이 고장의 토속주로 명성이 높은 가야곡 동동주 또는 빽빽주로 이 지역 주민과 인근의 공주, 부여, 금산 전북, 완주 등지에 이름을 날렸었다. 그러나 1990년대에 접어들면서 급격한 생활환경의 변화로 먹거리와 동동주 등의 전통주가 외면을 당하였다. 왕주(王酒)는 대를 이어 농주를 빚어온 양조기술을 바탕으로 그리고 무엇보다도 친정이 명문 민비(閔妃, 조선조 고종의 비)의 집안으로서 그 집안의 가양주를 재현한 것이라는 사실에서 의미가 크다.

〈재료〉

멥쌀 너 되, 찹쌀 한 말 두 되 닷 홉, 누룩 너 되 닷 홉, 약재(오미자, 들국화, 구기자 각 한 근), 솔잎 한 말, 물 한 말 닷 되

[담그는 법]

(술밑)

멥쌀 너 되를 물에 깨끗이 씻어 1시간 불렸다가 건져서 가루로 빻는다. 쌀가루를 시루에 안쳐 흰무리를 지어 풀어 헤쳐서 차게 식힌다. 누룩은 가루로 빻아 법제하여 분지한다. 흰무리와 누룩가루 두 되, 물 닷 되를 고루 섞어 술밑을 잡고 술독에 담아 안친다. 술독은 예의 방법대로 하여 7일간 발효시키면 술밑이 익는다.

(덧술)

찹쌀 한 말 두 되 닷 홉을 물에 깨끗이 씻어 하루 동안 불린 뒤 건져서 물기가 빠지면 고두밥을 짓는다. 고두밥은 고루 펼쳐서 차게 식힌다. 고두밥에 준비한 분량의 약제를 섞고 물 한 말을 부어 고루 버무려 덧술을 만든다. 발효가 끝난 술밑과 덧술을 합하여 고루 버무린 뒤 준비한 술독에 담아 안치고 10일간 발효시킨다. 술이 익으면 채주(採酒)하여 병에 담아 찬 곳(10~15℃)에 두고 100일간 숙성시켜 마신다.

37. 유자주(柚子酒, 경상남도 남해)

- 민속주 제조면허 취득업체, 농림수산식품부(농산물가공육성법) 식품명인(제20호), 지방명주, 관광・토속주
- 분류 : 가향주
- 출전 : 조선무쌍신식요리제법(1924년)

국내에서 4번째로 큰 섬이며 국립한려해상공원의 수려한 자연환경을 자랑하는 남해는 유자・치자・비자가 성한 '3자의 고장'으로도 유명하다. 신라시대 장보고에 의해 전래되었다는 유자는 전남의 진도, 고흥, 해남, 경남의 남해와 거제도 등 남해안 일대에서 주로 재배된다. 탱자와 접목시켜 대량으로 재배하는 다른 유자와 달리 남해의 유자는 실생목으로 17년에 한 번 밖에 얻을 수가 없다. 그래서 귀하고 맛도 독특해 가격 차이도 많이 난다.

술밑 과정에서 물의 20% 정도 되는 유자즙을 첨가하고, 2차 덧술 과정에서 당절임한 생유자를 첨가하여 발효시킨 전통 곡주이며 가향주이다.

〈재 료〉

술밑 : 찹쌀 두 되 반, 멥쌀 두 되 반, 누룩 너 되, 물 한 말 닷 되

덧술 : 찹쌀 두 되 반, 멥쌀 두 되 반, 누룩 두 되 닷 홉, 유자생채 2 kg, 솔잎 100 g, 물 한 말 닷 되

[담그는 법]

(술밑)

멥쌀과 찹쌀 각 두 되 닷 홉을 깨끗이 씻어 하룻밤 물에 불렸다가 건져서 물기가 빠지면 고두밥을 짓는다. 고두밥은 펼쳐서 차게 식혀 누룩 너 되, 솔잎 100 g, 물 한 말 닷 되를 섞어 술밑을 잡는다. 술밑은 고루 버무려 소독한 술독에 담아 안치고 7일간 발효시키면 술이 익는다.

(덧술)

찹쌀과 멥쌀을 예의 방법과 같이 하여 고두밥을 짓고 차게 식힌다. 유자는 깨끗이 씻어 껍질과 속청을 따로 분리하여 껍질만을 사용하는데, 껍질은 가늘게 채 썰어 준비한다. 고두밥에 누룩가루 두 되 두 홉, 유자생채, 물 한 말 닷 되를 한데 섞어서 고루 버무린 뒤 발효가 끝난 술밑 위에 쏟아 붓고 다져준다. 술독은 한지나 창호지로 밀봉하여 서늘한 곳에서 2개월가량 발효 숙성시킨다. 발효온도는 20℃ 내외이고, 기간은 술밑 7일, 덧술 2개월이며, 술밑과 덧술을 섞지 않는다.

38. 이강주(梨薑酒, 전라북도 전주)

- 민속주 제조면허 취득업체, 문화관광부(문화재보호법) 무형문화재(제6호, 전라북도 지정), 농림수산식품부(농산물가공육성법) 식품명인(제9호)
- 분류 : 약용소주
- 출전 : 수운잡방(1500년 초), 음식디미방(1670년), 요록(1680년), 경도잡지(1700년 말), 감저종식법(1766년), 증보산림경제(1766년), 주찬(1800년 초), 군학회등(1800년 중), 임원십육지(1827년), 동국세시기(1849년), 조선세시기(1916년), 조선무쌍신식요리제법(1924년)

이강주(梨薑酒)는 배(梨)와 생강(生薑)이 들어갔다 하여 붙여진 이름으로 배와 생강 이외에도 울금, 계피, 그리고 뒷맛을 좋게 하기 위하여 꿀이 들어간 것이 특징이다. 기능보유자인 조정현 씨의 제조과정을 보면 소맥과 누룩으로 술을 빚고 여기에 덧밥(덧술)을 가하여 15℃에서 발효, 숙성시키고 증류하여 30% 재래식 소주를 얻고, 이때 여기에 배, 생강, 울금, 계피 그리고 벌꿀을 가하여 향을 내고 다시 숙성 여과하여 25% 알코올 이강주를 얻는다.

전통 증류식 소주에 배, 생강, 계피, 울금(심황)을 넣고 꿀을 가미한 후 장기간 숙성시켜 만든 전주 이강주는 재료에서 보듯 술에 배와 생강을 넣었다 하여 붙은 이름이다. 전주 이강주는 전통 소주 특유의 향에 배에서 울어나는 청량감과 생강의 매콤한 맛, 계피의 강한 향이 대표적인데, 여기에 벌꿀이 가미되어 은은한 향과 부드러운 맛으로 입을 즐겁게 해주고, 울금에서 나오는 담황색 색조는 눈을 즐겁게 해주어 예로부터 품위와 격이 있는 술로 칭송을 받았고, 사대부와 부유층에서만 즐길 수 있었다고 한다.

조선 중엽부터 죽력고(竹瀝膏)와 함께 명성을 얻었던 이강고(梨薑膏)가 대중화되면서 약식 가양주로 자리 잡음으로써 이강주로 되었을 것으로 추측된다. 옛 문헌에는 이강주란 술 이름이 보이지 않기 때문이다. 이강주는 울금의 재배지역인 전라도 전주와 황해도 개성에서만 제조되었던 고급 약주였던 관계로 오랜 세월 이 지역에 터를 닦고 살아온 조정형 씨 집안의 가양주로 뿌리를 내려왔다고 한다. 전주 이강주는 대학에서 발효공학을 전공하여 1급 양조기술사 자격을 갖추고 이는 조정형(趙鼎衡, 무형문화재 제6호, 1987년도 전라북도 지정) 씨가 기능보유자로, 이강주 제조에 있어서 가장 중요한 것은 주재료와 부재료의 배합으로서 여기에 정성이 들어가야만 제 맛이 난다고 한다.

[담그는 법]

멥쌀을 물에 깨끗이 씻어 불려서 고두밥을 짓고 누룩과 물을 혼합하여 만든 술밑을 5~7일간 잘 발효시킨 다음 다시 보리쌀로 고두밥을 지어 덧술을 한다. 덧술은 보리쌀 고두밥에 재차 누룩과 물을 섞어 술밑에 넣고 잘 저어 준 뒤 발효가 끝나면 소줏고리를 이용하여 재래식 소주를 얻는데, 이를 재차 증류하여 순수한 소주를 얻는다. 이 순수한 소주에 전주 배와 완주군 봉동읍의 생강을 주재로 하고 적정량의 계피와 울금, 꿀을 넣고 상온에서 30일간 숙성 여과하여 이강주를 얻는다. 알코올 도수 25%로 마시기에 전혀 부담이 없고 서서히 취하게 한다.

◆ 자 료

- 업체명 : 이강주
- 생산지 : 전북 전주시 덕진구 원동 61-7번지
- 주원료 : 멥쌀, 찹쌀, 배, 생강
- 알코올 도수 : 19%, 25%
- 주 종 : 리큐르
- 전 화 : 063) 221-5765

39. 금산 인삼주(錦山 人蔘酒, 충청남도 금산)

- 민속주 제조면허 취득업체, 문화관광부(문화재보호법) 무형문화재(제19호, 충청남도 지정), 농림수산식품부(농산물가공육성법) 식품명인(제2호)
- 분류 : 약용약주, 발효주
- 출전 : 김두종 본양생서(1800년 초), 임원십육지(1827년)

금산(錦山) 인삼은 예로부터 우리나라에서 생산되는 영약의 신초로 '최고의 선약', '불로장생의 영약', '생명의 뿌리'라는 이름을 얻고 있다. 역사적으로는 개성이 고구려 인삼, 풍기가 신라인삼, 금산이 백제 인삼의 특성을 각각 이어오고 있으며, 그 중 백제 삼이 금산 인삼을 대표하는 인삼으로 평가되고 있으며, 세계 제일이라고 한다.

백제 인삼을 원료로 빚은 금산 인삼백주는 삼남지방에 널리 알려진 명주로, 주질(酒質)에 있어서 어느 민속주와 견주어도 손색이 없는 전통과 품질을 자랑하고 있다. 금산(錦山) 인삼백주는 삼국시대 백제 때부터 제조됐던 것으로 구전되고 있으나 기록에는 1399년 도승지와 이조판서를 지낸 김문기 가문에서 대대로 내려오는 것을 18대손인 김창수 씨(충남 금산군 금성면 파초리)가 조모와 모친에 의해 선승되어 계승되어 오고 있다.

금산 인삼백주의 양조방법과 효력은 조선시대 『임원십육지』와 중국의 『천금방(千金方)』, 『본초강목』에도 나와 있으며, 김씨가 소장하고 있는 가전문헌 『주형녹단』, 『잡록』에도 인삼을 넣어 술을 빚어 제주와 가양주로 쓰였다고 설명하고 있다. 금산 인삼주는 5년 이상의 인삼이 사용되며, 저온에서 100일간 숙성을 거쳐야만 좋은 맛이 난다. 기능 소유자에 의하면 발효 약용주인 제조는 술밑은 쌀과 누룩으로 만들고, 여기에 쌀과 인삼의 덧밥을 가하여 알코올 농도 16% 술밑을 얻고 숙성하여 13% 알코올의 발효 약용주를 얻는다고 한다.

한편 소주 인삼주는 16%의 술덧은 재래식으로 증류하여 숙성 여과하고, 43% 알코올의 인삼 증류주를 얻는다고 한다. 우리나라의 대표적인 특산품이 인삼이기 때문에 어떤 차원에서도 지원과 배려가 뒷받침되어야 하며, 따라서 1994년 금산 인삼주가 충청남도 무형문화재(제19호)로 지정되었다. 쌀과 누룩에 인삼을 저온 발효시킨 발효주로 인삼이 술 속에 그대로 녹아 맛이 순하고 은은한 인삼의 청향과 풍미를 즐길 수 있다.

〈재 료〉

현미 닷 되 닷 홉, 현미 찹쌀 닷 말 닷 되, 물 아홉 말 닷 되, 미삼 6kg, 약쑥 500g

[담그는 법]

현미를 깨끗이 씻어 한나절 불렸다가 건져서 물기가 빠지면 생 미삼 1kg과 섞어 한 시간 동안 푹 쪄서 고두밥을 짓는다. 고두밥은 고루 펼쳐서 차게 식힌 뒤 누룩가루 두 되와 물 여덟 되를 섞은 다음 버무려서 술독에 담아 안친다. 술독은 예의 방법대로 베보자기로 씌어 3일간 발효시킨다.

현미 찹쌀을 예의 방법대로 준비하여 솔잎 1 kg과 함께 시루떡을 안치듯 켜켜로 안치고 고두밥을 짓는다. 고두밥을 고루 펼쳐 차게 식혀 파쇄한 생 미삼 6 kg과 약쑥 500 g을 발효가 끝난 술밑과 합한 뒤 고루 버무려서 술독에 안친다. 술독에 물 일곱 말을 붓고 고루 저어준 다음 예의 방법대로 베보자기를 씌워 15~20일간 발효시킨다. 술이 익으면 다시 밀봉하여 40일간 2차 발효시켜 약주 인삼주를 얻는다. 술이 익으면 용수를 박아 채주(採酒)한 다음 체로 여과하여 30일간 숙성시켜 마신다.

◆ 자 료

- 업체명 : 금산 인삼주
- 생산지 : 충남 금산군 금성면 파초리 260번지
- 주원료 : 멥쌀, 찹쌀, 인삼
- 알코올 도수 : 43%
- 주 종 : 증류주
- 전 화 : 041) 754-3313

40. 인삼주(人蔘酒)

- 농림수산식품부(농산물가공육성법) 식품명인(제2호)
- 분류 : 약용 증류주

한의학 최초의 약재인 고려인삼은 세계적으로 그 약효를 인정받아 한국을 대표하는 수출품목 중 하나였다. 고려인삼의 명성에 걸맞게 인삼주 또한 우리나라가 종주국의 위치를 차지하고 있다. 인삼주를 만드는 방법에는 크게 두 가지가 있다. 소주를 만든 다음 인삼을 넣고 침출 숙성시키는 방법과 쌀, 누룩, 인삼을 넣고 발효시킨 후 증류하여 소주를 만드는 방법이다.

전자는 증류식 소주의 향미에 인삼의 향과 맛이 가미된 형태이며, 현재 양조장에서 생산되는 대부분의 인삼주는 국내 소비보다는 중국이나 동남아에 수출되고 있다. 여기서 소개하는 제조법이 이 방법에 의한 것이다. 후자는 증류식 소주에 인삼의 맛보다는 향이 잘 어우러진 형태의 소주로 현재 민속주로 빚어지는 금산 인삼주가 이러한 형태에 해당한다.

우리나라의 대표적인 특산품이 인삼이기 때문에 어떤 차원에서도 지원과 배려가 뒷받침되어야 하며 증류한 증류식 소주 금산 인삼주가 농림수산식품부 전통품 부분 명인 제2호로 지정되었다.

[담그는 법]

인삼주(금산 인삼주)의 인삼 발효주를 소주 내리기를 하면 약용 증류 인삼주가 된다. 즉 가마솥에서 걸러 낸 술을 쏟아 붓고 소줏고리를 얹어 예의 방법대로 증류한다. 알코올 함량 40%로 조절하여 30～50일간 숙성시켜 마신다. 희석식 소주 담그는 법은 아래와 같다.

〈재 료〉

고려인삼 100 g, 설탕 100 g, 소주 1.8 ℓ

[담그는 법]

인삼은 수염뿌리까지 잘 씻어야 하며, 햇빛에 3일 정도 말린 다음 술병에 인삼을 넣고 설탕과 술을 넣은 후 밀봉하여 서늘한 곳에 보관한다. 원래부터 말린 인삼을 물에 씻어 물기를 뺀 후에 병에 담그면 된다. 숙성기간은 6개월 정도이고, 약초 냄새가 약간 있고 쓴맛의 인삼주는 약용주의 일종이다. 잘 빚어진 것은 진누런 색을 띤다.

41. 의이인주(薏苡仁酒 / 율무주, 강원도 횡성)

- 민속주 제조면허 취득업체
- 분류 : 약주

율무주를 빚기 시작한 것은 200년 전으로 추정되며, 저온에서 발효기간을 길게 하여 빚은 술로 최종 담금에 율무를 넣어 상용약주로서 세 번 담금을 한다. 알코올 도수는 꽤 높고 저장성도 있다.

[담그는 법]

(술밑)

멥쌀을 물에 불려 빻은 후 끓인 물을 그에 비례 하도록 넣어 반죽한다. 그리고 국자를 넣어 10일 경과하면 주모가 완성된다.

(중 술밑)

빻은 멥쌀을 가루와 혼합하고 끓인 물을 가하여 반죽한 상태에서 국자와 주모를 한다.

(덧술)

중 술덧 후 30일 경과한 다음 율무와 멥쌀을 합하여 증자하고 국자를 넣어 2차 덧술을 완료한다. 한 달 지난 후 압착 여과하여 독특한 향의 주도(酒度) 높은 율무주를 채취한다. 술을 빚을 때는 10~17℃ 정도의 저온에서 발효시키는 것이 좋다.

42. 죽력고(竹瀝膏, 전라북도 태인)

- 문화관광부(문화재보호법) 무형문화재(제63호, 전라북도 지정)
- 분류 : 증류주
- 출전 : 증보산림경제(1766년)

대나무가 많은 전라도 지방의 전통주이자 조선의 3대 명주로 일컬어지는 술이 바로 죽력고(竹瀝膏)이다. 죽력은 푸른 대나무를 쪼개 항아리에 넣고 열을 가하여 얻어진 대나무 기름인데 이렇게 만든 죽력과 꿀, 생강 등을 넣어 증류한 술이 죽력고이다.

매천(梅泉) 황현(黃玹)이 쓴 『오하기문(梧下記聞)』에 전봉준이 서울로 끌려가면서 죽력고를 찾았다고 쓰여 있다. 죽력고는 자신의 상처를 치유하며 혁명의 기개를 조금도 잃지 않았던 녹두장군의 일화가 있는 술로서 오랫동안 명맥을 확인할 수 없었다. 예로부터 김치를 담가 먹는 것처럼 술도 집에서 빚어 명절을 지내고 손님을 접대하였다.

그러나 주세법 도입 후 그 많은 가양주는 밀주로 몰려 긴 세월 움직이지 못하였다. 이 과정에서 수많은 전통 가양주가 사라졌다. 육당 최남선 선생은 『조선상식문답』에서 감홍로, 이강주와 함께 조선의 3대 명주로 죽력고를 꼽았다.

정읍 태안의 송명섭 씨가 가문 비법의 죽력고를 재현하여 전라북도 지정 무형문화재(제63호)가 되었으며, 그 과정이 복잡하고 까다로워 현재는 한정량만 생산 판매하고 있다.

[담그는 법]

죽력(竹瀝)은 대나무즙액으로 대쪽을 불에 구워서 얻은 진액이다. 죽력고는 일반적인 방법으로 술밑을 빚어 익으면 막걸리를 거른 다음 대나무를 잘라서 중탕하듯 고아서 내린 죽력에 솔잎, 청포 등을 발효주와 함께 증류하여 만드는 매우 높은 도수의 증류주이다. 대나무가 자생하는 전라도 지방에서는 죽력고를 많이 빚었고, 전국적인 명주로 이름을 얻었다.

◆ 자 료

- 업체명 : 죽력고
- 생산지 : 전북 정읍시 태인면 태흥리 392-1호
- 주원료 : 찹쌀
- 알코올 도수 : 32%
- 주 종 : 약주
- 전 화 : 063) 534-4018

(참고) 죽력고 만드는 회사에서는 찹쌀막걸리도 생산하고 있다.

43. 진양주(眞讓酒, 전라남도 해남)

• 문화관광부(문화재보호법) 무형문화재(제20호, 전라남도 지정)

• 분류 : 청주

어떠한 첨가물도 없이 쌀과 발효제인 누룩 그리고 물 이외에는 더 이상 들어가는 것이 없는데도 그 맛은 오묘하기 이를 데가 없다. 그래서 인지 술 이름도 진양(眞釀)인 듯하다.

전남 해남군 계곡면에 임금이 마신 술이라 하여 어주(御酒)라는 별칭을 갖고 있는 전통 청주가 있다. 이 고을 장흥 임씨 가문의 비주(秘酒)로서 200여 년의 내력을 간직하고 있는 진양주가 그것으로 1993년 전라남도 무형문화재(제20호)로 지정되었다. 특히 이 마을 우물물을 양조용수로 하여 빚어야만 제 맛을 낼 수 있다고 한다.

해남 진양주에 얽힌 유래가 있다. 조선조 순조 때 광산 김씨 문중에 김 관(1805~1866)이란 이가 순조 31년에 등과하여 순조로부터 신임을 받았는데, 그는 퇴출 궁녀 최씨를 소실로 맞았다. 그는 술을 좋아하여 이것저것 두루 마시고 취하기 일쑤였는데 이를 보다 못한 소실 최씨가 술 같은 술을 마시라면서 손수 빚은 술을 마시게 하였는데 그 술이 최씨가 궁녀로 있을 당시 궁중 비법의 어주(御酒)였다고 한다. 이후 김씨의 딸이 진양주 제조비법을 체득하여 후일 장흥 임씨 가문에 출가함으로써 광산 김씨 가문의 가양주가 전해지게 된 것이다. 상궁 최씨는 현재의 진양주 기능보유자 최옥림 씨의 남편 임종모 씨의 증조모가 된다.

[담그는 법]

(술밑)

진양주 한 말을 빚는 데 찹쌀 한 말과 누룩 두 되, 계곡면 덕정리 소재 생수 열 되가 필요하다. 먼저 찹쌀 한 되를 물 닷 되와 섞어 죽처럼 끓인 후 누룩 두 되를 골고루 5일쯤 발효시켜 술밑을 만든다. 이때 항아리 주둥이를 얇은 이불로 덮고 따뜻한 아랫목에 묻어 두게 되는데 너무 꽉 막아 두면 술이 시어지기 때문에 조심하여야 한다.

(덧술)

술밑이 발효되면 나머지 찹쌀 아홉 되를 술밥으로 쪄서 함께 섞고 일주일쯤 숙성시킨다. 술이 숙성되면 물 다섯 되를 마저 붓고 3일 정도 묵힌 뒤 용수로 걸러 내면 맛좋은 진양주가 된다.

◆ **자 료**

- 업체명 : 해남 진양주
- 생산지 : 전남 해남군 계곡면 덕정리 439번지
- 주원료 : 찹쌀
- 알코올 도수 : 18%
- 주 종 : 약주
- 전 화 : 061) 532-5745

44. 청명주(淸明酒, 충청북도 중원)

- 문화관광부(문화재보호법) 무형문화재(제2호, 충청북도 지정, 1993년)
- 분류 : 상용 약주, 시양주, 이양주
- 출전 : 주방문(1600년 말), 음식보(1700년대), 술 만드는 법(1700년 말), 성호사설, 임원십육지(1827년), 양주방(1837년), 김승지댁 주방문(1860년)

청명주는 조선 중엽부터 유행한 술로서 춘분에서 15일째 되는 청명일(淸明日 : 음력 3월 초순)에 빚는 절기주이다. 이 술은 궁중 진상품(進上品)으로 선정될 만큼 뛰어난 술이었으나 일제 감정기를 거치면서 맥이 끊기는 시련을 겪었다. 가양주 형태로 빚어온 이 술의 기능보유자인 김영기 씨가 충청북도 충주시 가금면에서 민속주로 복원하여 빚고 있다.

청명주 빚는 법은 『양주법(釀酒法)』, 『주방문(酒方文)』, 『임원경제십육지(林園經濟十六志)』 등의 옛 문헌에 남아 있으며, 여기서는 『임원경제십육지』를 토대로 소개한다. 『성호사설(星湖僿說)』에는 청명주(淸明酒)를 두고 '춘분(春分)부터 15일째 되는 청명일(淸明日 : 음력 2월 하순)에 빚는 계절적인 술이다'라고 하였다.

『임원십육지』에서는 '술의 양조에 특별한 시기를 가리는 것을 시양주(時釀酒)'라고 한다. 청명주(淸明酒)는 시양주(時釀酒)의 하나인 이양주(二釀酒)이다. 그런데 『임원십육지』의 청명주(淸明酒) 만들기를 보면 「찹쌀 두 말을 씻어 물에 담가둔다. 따로 찹쌀 두 되를 물에 담갔다가 빻아서 죽을 쑨다. 죽이 식은 후 좋은 가루누룩 한 되와 밀가루 두 되를 만들어 놓은 죽 속에 넣고 동쪽으로 뻗은 복숭아 나뭇가지로 고루 섞어 술을 빚어 넣는다. 3일이 지나면 술이 되니 이것을 체에 걸러 찌꺼기를 걸러낸 것에 미리 물에 담가둔 찹쌀로 밥을 지어 덧술하여 주면 21일 만에 익게 되는데 이 술은 감미(甘味)가 강하기 때문에 술을 잘 못 먹는 사람도 먹게 된다.」고 설명하고 있다.

청명(淸明)에는 부지깽이를 꽂아도 싹이 난다는 속담이 있다. 청명은 24절기 중 날이 풀리기 시작하여 화창해지는 시기로 이 날에 먹기 위하여 정성을 다하여 빚은 술이 바로 청명주이다. 청명주는 오히려 서울 사람들과 경상도 사람들에게 널리 알려져 있으며, 지금도 청명일을 상기시켜 주는 계절로 유명하다. 중원 지방의 청명주는 은근하게 취하는 술인데, 전하는 말로는 한양으로 가던 경상도 선비들이 이곳에 이르러 청명주를 마시고 가노라면 문경새재 산마루에 다다라서야 술이 깼다고 할 정도로 오래도록 그 진미를 즐길 수 있는 술이다.

청명주는 충북 청주시 중원군 창공에서 누대에 걸쳐 터를 닦고 살아온 김영기(金榮基) 옹이 기능보유자로서 1993년 충청북도 무형문화재(제2호)로 지정되었으며, 현재는 아들 김영섭 씨가 그 기능을 인정받았다. 중원 청명주는 일제 강점기에 접어들면서 맥이 끊겼다가 김영섭 씨의 고조부 되는 고 김양배(金良倍) 씨 생존 당시 가전 기록 『향전록(香奠錄)』에 기록된 약방문(주방문)을 바탕으로 하여 1968년 10월 10대에 걸친 가양주를 재현한 것이라 한다.

[담그는 법]

(누룩)

누룩은 밀을 빻아 기울을 제거한 다음 전에 빚었던 청명주를 물 대신으로 섞고 버무려서 반죽하여 건조시킨 뒤 다시 빻고 하기를 3차례 반복한다. 누룩 버무리기가 끝나면 무명베로 싸서 누룩틀(고지)에 담아 발로 디뎌 성형한다. 이를 따뜻한 방 아랫목에서 2~3일간 발효시켜 사용하는데, 이러한 누룩제조법은 청명주에서만 볼 수 있는 것이다.

(술밑)

누룩이 준비되면 술 빚기에 들어가는데, 먼저 찹쌀 한 말을 체로 쳐서 얻은 싸라기 반 되에 물 세 홉을 부어 죽을 쓰고 다시 물 한 말을 넣어 죽을 만들어 누룩을 혼합하여 술밑을 빚은 후 일주일 정도 발효시킨다. 다음으로 나머지 찹쌀을 깨끗이 씻고 한나절 담가 두었다가 고두밥을 짓고 차게 식혀서 누룩과 섞어 술밑 항아리에 담고 잘 저어준다.

청명주는 술이 익기까지 100일이 걸린다. 따라서 청명일 100일 전에 술밑을 담아야 하는데 숙성된 청명주는 알코올 도수 16%로 매우 끈적거릴 정도의 진미와 약간의 산미를 느끼게 된다.

◆ 자 료

- 업체명 : 충주 청명주
- 생산지 : 충북 충주시 금면 창동리 243번지
- 주원료 : 찹쌀, 통밀, 인삼, 구기자, 갈근 등
- 알코올 도수 : 17%
- 주 종 : 약주
- 전 화 : 043) 842-5005

45. 추성주(秋城酒, 전라남도 담양)

- 농림수산식품부(농산물가공육성법) 식품명인(제22호, 2000년)
- 분류 : 일반 증류주

"청산(青山)도 절로절로 녹수(綠水)도 절로절로, 산 절로 물 절로 산수(山水)간에 나도 절로-."

조선조 선조 때 전라도 담양골 면앙정(俛仰亭)에 낙향해 노년을 보내던 송순(宋純, 1493~1583)을 위해 마련한 「과거합격 60주년 큰잔치」에서 하서(下西) 김인후(金麟厚)가 읊은 시 구절이다.

전국에서 모여든 선비·학자들이 대선배인 송순의 장수를 기원해 학문을 논하고 시를 지으며 3일 동안 잔치를 벌였는데, 이때 마신 술이 담양의 토속주인 추성주(秋城酒)이다. 담양골에서도 용면 일대를 중심으로 면면히 이어온 추성주의 탄생 시기는 문헌상 1200여 년 전으로 거슬러 올라간다.

조선시대 담양은 부자촌인 담양골과 선비촌인 창평골(현재의 담양군 창평면)로 나누어졌는데 창평사람이 담양사람을 부러워했던 이유 중 하나가 바로 추성주가 있었기 때문이다. 추성주(秋城酒)는 대나무로 유명한 담양의 옛 이름인 추성(秋城) 지방에서 유래되었다고 한다.

멥쌀과 찹쌀 그리고 기능성을 보강하기 위하여 구기자, 오미자, 갈근, 우슬 등의 한약재를 혼합하여 발효시킨 술을 증류하여 40%의 증류주를 만들고, 여기에 다시 약재 추출물을 가미하면 알코올 도수 25% 추성주가 된다. 고려 고종 14년(1060)의 사람으로 참지정사란 벼슬을 지났던 이영간 씨가 어렸을 때 금성 산성에 있는 연동사에서 공부를 하였는데, 스님들이 금성 산성 일대의 자생 약초와 불자들이 가져다 준 보리쌀을 원료로 하여 술을 빚어 곡차로 즐겨 왔었다. 연동사의 스님이 빚은 술은 신통한 효험이 있어 늙은 살쾡이가 그 술을 마시고 사람이 되었다는 전설로 널리 알려지기 시작하였다. 이후 스님이 빚었던 제조법 그대로 금성 산성 인근 산속에서 자생하는 약초와 열매를 주재료로 하여 술을 빚었는데, 이 술이 지금의 추성주로 이어져 내려오고 있다.

추성주(秋城酒)는 순 곡류로 빚은 일반 증류주이기 때문에 알코올 도수에 비하여 순하게 마실 수 있다. 가양주로서 명맥을 유지했던 추성주는 추성 고을의 양대수 씨의 정성어린 손끝으로 현대인에게 맞는 주류 연구의 모태가 되었고, 꾸준한 연구와 노력은 지역에 국한되어진 지방 토속주를 전국의 소비시장으로 진출시킬 수 있었다. 그 결과 2000년 12월 27일 농림수산식품부(농산물가공육성법) 식품명인(제22호)으로 지정됨으로써 주류에 대한 장인정신을 인정받게 되었다.

〈재 료〉

찹쌀 여섯 되 두 홉, 멥쌀 한 말 아홉 되, 엿기름가루 두 되, 누룩 서 되, 약재(주충, 창출, 우슬, 육계, 산약, 차전자, 의이인, 독활, 강활, 사인, 원지, 연자육, 하수오, 홍화 각 1kg, 구기자, 갈근, 음양곽 200g), 물 열 말 아홉 되, 끓여서 식힌 물 여덟 되

[담그는 법]

(술밑)

찹쌀 여섯 되 두 홉과 멥쌀 한 말 아홉 되를 섞어 물에 깨끗이 씻은 후 하룻밤 불렸다가 건져서 물기가 빠지면 고두밥을 짓고 차게 식힌다. 고두밥과 엿기름가루 두 되를 물 서 말 너 되에 풀어 넣고 25～30℃에서 43일간 1차로 당화시킨 다음 30～35℃에서 2일간 2차 당화시킨 것으로 술밑을 삼는다.

(덧술)

당화가 끝난 고두밥은 25℃로 온도를 낮춘 다음 덧술을 넣는다. 준비한 한약재 중 두충, 창출, 육계, 우슬, 산약, 차전자, 의이인, 독활, 강활, 사인, 원지, 연자육, 하수오 각 1kg을 물 여섯 말 닷 되에 버무려 당화시킨 고두밥에다 섞는다. 고두밥에 섞은 것에 누룩 서 되를 법제하여 넣은 다음 고루 버물려 넣고 덧술을 삼는다. 덧술을 술독에 담아 안치고 예의 방법대로 하여 1～2일간 발효시킨다.

(증류)

술덧을 불을 지핀 가마솥에 쏟아 붓고 소줏고리를 얹어 예의 방법대로 하여 증류한다. 알코올 함량 40%의 증류주 한 말에 넣고 중간 불로 오랫동안 달인다. 약 달인 물 다섯 되를 섞어 그늘지고 서늘한 곳에서 30일간 숙성시킨 후 여과한다. 여과한 술을 끓여서 차게 식힌 물 여덟 되를 가수하고 재차 여과하여 20℃ 이하의 실내에서 30일 가량 2차 숙성시키면 예의 추성주(秋城酒)가 얻어진다.

◆ 자 료

- 업체명 : 추성 고을
- 생산지 : 전남 담양주 용면 추성리 662-5호
- 주원료 : 멥쌀, 찹쌀, 오미자, 구기자, 산약, 강활 등
- 알코올 도수 : 25%
- 주 종 : 리큐르
- 전 화 : 061) 383-3011

46. 칠선주(七仙酒, 인천광역시)

• 민속주 제조면허 취득업체

- 출전 : 산림경제(1715년), 규합총서(1815년), 임원십육지(1827년), 양주방(1837년)

칠선주(七仙酒)는 『규합총서』, 『산림경제』, 『임원십육지』, 『양주방(釀酒方)』 등에 그 기록이 전해지고 있다. 그 중 1777년 조선조 22대 정조 원년에 빚어진 기록으로 보아 200년 이상의 전통을 가지고 있는 술이다.

오늘날의 칠선주는 인주(인천의 옛이름) 지역 궁중 진상품이었던 칠선주로서 인삼, 당귀, 구기자 등 한약재를 넣어 두통, 구토 등 숙취를 없애 건강약주에 대한 조상의 지혜를 느낄 수 있다. 일제 때 쌀 공출령으로 맥이 끊긴 뒤 애주가 이종희(인천시 남구 옥련동) 씨가 옛 문헌 고증 등 10여 년의 연구 끝에 1980년 그 맛의 효능을 재현하는 데 성공하였다.

칠선주(七仙酒)의 칠(七)은 인삼, 구기자, 산수유, 사삼, 당귀, 갈근, 감초의 일곱 가지 약재를 혼합한 데서 유래되었다고 한다. 특히 선(仙)은 '이 술을 마시면 몸에 해가 되기보다 보양과 장수를 꾀할 수 있다'는 뜻을 담고 있다.

칠선주는 반 약조와 동일하게 빚어지는데, 술밑에 여러 가지 약재가 들어가는 까닭에 칠선주라고 이름을 지었다. 일본 강점기로 맥이 끊어져 있다가 애주가 이종희(인천시 남구 옥련동) 씨가 옛 문헌 고증 등을 통한 10여 년의 연구 끝에 1980년 그 맛의 효능을 재현하는 데 성공하였다. 1990년 칠선주 제조법 가능 보유자로 인정받으면서 본격적으로 제조하기 시작하였다.

〈재 료〉

술밑 : 멥쌀 두 말, 누룩가루 서 되 닷 홉, 약수 두 말
덧술 : 찹쌀 두 말, 누룩 두 되, 물 서 말 닷 되
2차 덧술 : 멥쌀 서 말, 약 달인 물 한 말, 인삼 반 근, 더덕 두 근, 모과 두 근, 칡 두 근, 당귀 한 근, 감초 한 근

[담그는 법]

(술밑)

멥쌀을 깨끗이 씻어 10시간가량 물에 담가 불린 다음 시루에 안쳐서 고두밥을 짓는다. 고두밥은 차게 식혀서 누룩가루 서 되 닷 홉과 물 두 말을 섞어서 소독하여 준비한 술독에 담아 안친다. 베보자기나 삼베보자기로 술독 주둥이를 씌우고 뚜껑을 덮어 실내온도 25℃ 되는 곳에서 3～4일간 발효시킨다.

(덧술)

찹쌀을 깨끗이 씻은 뒤 12시간 물에 물린 다음 소쿠리에 건져서 고두밥을 짓는다. 고두밥을 차게 식혀 누룩가루 두 되, 물 서 말 닷 되를 섞어 술덧을 만든다. 술덧을 발효가 끝난 술밑과 섞고 새 술독에 안친다. 술독은 술밑에서와 같이 하여 실온 25℃에서 2일간 발효시킨다.

(2차 덧술)

멥쌀 서 말을 예의 방법대로 하여 고두밥을 짓고 고루 펼쳐서 차게 식힌다. 준비한 인삼, 더덕, 모과 당귀, 칡, 감초를 물 서 말에 넣고 끓어서 물 이 한 말이 될 때까지 졸인 뒤, 차게 식힌다. 식혀 둔 고두밥과 한약재를 달여서 식힌 물 여덟 말을 함께 섞어서 2차 덧술을 만든다. 발효 중인 덧술을 한데 섞어 소독을 한 새 술독에 안친 뒤 예의 방법대로 발효시킨다. 실내온도 25℃에서 4～5일간 1차 발효시키고 2℃정도에서 4～5일간 발효 숙성시킨 뒤 용수나 술 자루를 이용하여 자연 여과하여 마신다.

◆ 자 료

- 업체명 : (주)칠선
- 생산지 : 인천광역시 강화군 불은면 삼성리 1027-42호
- 주원료 : 쌀
- 알코올 도수 : 35%, 45%
- 주 종 : 약주
- 전 화 : 080) 937-7755

47. 하향주(荷香酒, 대구광역시 달성)

- 민속주 제조면허 취득업체, 문화관광부(문화재보호법) 무형문화재(제11호, 경상북도 지정)
- 분류 : 이양주, 약주
- 출전 : 고사찰요(1554년), 주방문(1600년 말), 음식지미방(1670년), 요록(1680년), 치생요람(1691년), 민천집설(1700년 말), 산림경제(1715년), 증보산림경제(1766년), 고사십이집((1787년), 주찬(1800년 초), 군학회등(1800년 중), 음식방문(1800년 중), 역주방문(1800년 중), 규합총서(1815년), 임원십육지(1827년), 양주방(1837년)

유가면(瑜伽面) 음리(陰里)에서 제조되고 있는 이 술은 주향(酒香)이 은은하고 향기를 실은 듯하여 하향주(荷香酒)라 이름 지어진 술인데 이 지방에서 유가토주(瑜伽土酒), 음동주(陰洞酒)라고도 불린다. 20도 정도로 주도가 높은 청주(淸酒)인데 음지(陰地)에 보관하면 해를 넘길 수 있다고 한다.

지금도 비슬산(琵瑟山) 중턱에 위치한 이 마을에서는 술맛 좋다는 평판이 옛날부터 전한다고 한다. 일설(一說)에 의하면 이 술을 빚기 시작한 것은 신라시대 중엽으로 거슬러 올라간다. 비슬산 중턱에 위치한 현재의 도성암(道成庵)은 병란(兵亂)으로 전소되었다가 성덕왕(聖德王) 때 중수했는데 당시 인부들에게 제공하기 위하여 임시로 토주를 빚기 시작한 것이 그 시초라 전해진다.

이 술이 세상에 알려지기 시작한 것은 광해군(光海君) 때 비슬산이 천연 요새로 국방상 가치가 있다 하여 군사 주둔이 시작되면서 이곳 토산주(土産酒)가 본격적으로 빚어지기 시작하면서 부터이다. 주둔 대장이 왕에게 이 술을 진상하니 독특한 맛과 취향이 '천하명주(天下銘酒)'라 칭찬받아 그 후 10월 상달이면 조정에 진상했다는 설화도 전한다. 한일합방 후 일제의 전통주 제조 금지로 그 맥이 끊기게 됐으나 박영수 옹의 4대 조부만이 비밀리에 제조해오다 제조 비법을 자손들에게 전수, 현재 박 옹이 유일하게 하향주 제조비법을 간직하게 된 것이다. 현재는 그의 며느리로 전승되어 100여 년 이상 4대째 전승되고 있다.

연꽃이나 연잎을 넣은 것도 아닌데 연꽃 향기가 난다 하여 하향주라 한다. 경북 대구광역시 달성군 유가면 소재 비슬산 기슭에는 유가사(瑜加寺)라는 절이 있는데, 신라 때 이곳 유가사의 도성암이란 암자가 소실되어 복원공사를 하던 중 이 절의 스님이 인부에게 줄 술을 빚어 마시게 했다는 것이 달성 하향주의 유래이다. 이후 조선조에 이르러 임진왜란이 일어나면서 천연 요새였던 이곳 비슬산이 군의 주둔지가 되었는데, 후일 장수가 하향주의 독특한 맛에 반해 임금님께 진상하였던 바, 광해군은 하향주의 특별한 맛과 취향을 극찬하면서 천하명주라 이름하고, 그 후로 매년 10월이면 수라상에 올랐다고 전해진다. 그러나 『음식디미방』, 『주방문』 등 여러 고서에 수록되어 있는 하향주와는 상당한 차이가 있는 것으로 미루어 보아 달성지방의 하향주는 토속주로서 상당한 명성을 얻었던 것이라 하겠다. 유일하게 하향주의 맥을 이어오고 있는 사람은 고 박영수 씨의 처 김필순 씨로 최근 대구광역시 무형문화재(제11호)로 지정되어 있다.

[담그는 법]

(술밑)

술밑은 찹쌀로 흰 죽을 묽게 쑤거나 흰무리(설기 떡)를 쪄서 식힌 다음 물, 누룩가루를 함께 섞고 잘 버무려서 항아리에 안친다. 7~8일이면 발효가 끝나므로 덧술을 안친다.

(덧술)

덧술은 찹쌀과 누룩 각 한 말, 물 한 말 반 내지 두 말이 소요되는데, 찹쌀로 고두밥을 지어 차게 식혀서 준비된 누룩과 물, 발효가 끝난 술밑을 함께 섞고 잘 치대어 항아리에 안친다. 그리고 덧술을 약 15~17일 가량 1차 발효를 시켰다가 다시 온도를 낮추어 15일 정도 숙성시킨다.

이렇게 하여 2차 발효가 이루어지면 항아리를 밀봉하여 뚜껑만 보이도록 땅에 묻어 2개월 후에 항아리 가운데 용수를 박고 하루 뒤에 술을 떠내면 곧 하향주를 얻는다. 하향주의 특색은 고두밥을 찔 때 시루 밑에 약쑥과 야생 국화잎, 인동초를 각각 50 g을 넣고 덧술의 양조용수로를 바로 시루 밑 물을 식혀서 사용한다는 점이다.

◆ 자 료

- 업체명 : 하향주
- 생산지 : 대구광역시 달성군 유가면 음리 212-12호
- 주원료 : 찹쌀, 인동초, 약쑥, 국화
- 알코올 도수 : 14%
- 주 종 : 약주
- 전 화 : 053) 614-3383

48. 한주(汗酒, 충청북도 옥천)

- 민속주 제조면허 취득업체
- 분류 : 증류 소주류

한주(汗酒)란 '땀(汗)나듯 증류주를 뽑는다' 하여 붙여진 이름이다. 한주는 땀을 내듯 증류시킨다는 뜻의 한주(汗酒), 이슬같이 받아낸다는 의미의 로주(露酒)라고 불리던 조선시대 전통 증류주로 서울특별시 무형문화재 제 2호 송절주(松節酒)의 기능보유자 이성자 선생에 의해 그 명맥이 유지되어 왔다.

봄, 가을의 소나무 마디(송절)를 잘라 다양한 한약재와 혼합하여 발효주를 만드는데 이를 송절주(松節酒)라 한다. 이렇게 만든 송절주를 증류하여 땀나듯 증류를 하

고 6개월 정도 숙성을 거치면 솔 향을 머금은 한주가 비로소 완성된다.

[담그는 법]

(누룩)

한주(소주)를 빚는 누룩을 만들기 위하여 우선 밀이나 보리를 맷돌 등에 갈고 그 가루를 미지근한 물에 타서 덩어리지지 않을 정도로 보통 너 되에 여덟 홉 정도의 물을 놓아 반죽한다. 반죽한 것을 고지(누룩 고리, 누룩 틀)에 넣어 단단히 다져 나간다. 그 위에 깨끗한 헝겊이나 짚 등을 덮어서 차곡차곡 쌓아 뜨기 시작하면 덮었던 짚이나 헝겊을 걷어내고 차차 건조시킨다. 이것을 부엌 구석이나 쥐를 방지하기 위하여 짚 따위를 둥그렇게 둔 자리에 묵어서 20일 정도 놓아두면서 띄운다.

이렇게 되면 거의 누룩이 된 셈인데, 햇빛에 어느 정도 말린 후에 망태기 같은 것에 담아서 술을 빚을 때까지 고방 벽에 걸어 두거나 아니면 맷돌 등에 대강 으깨어서 항아리에 담아 보관해 두기도 한다.

(술떡찌기)

메좁쌀을 8시간쯤 물에 담가 두었다가 갈고 그 가루에다 적당히 물을 뿌리면서 시루에 담아 찐다. 반드시 차좁쌀보다 찰기가 약한 메좁쌀 가루를 시루에 놓아 찌는 것은 솥에 놓아서 증류할 때 솥바닥에 붙지 않도록 하기 위한 것이다. 또 일부 지역에서는 메조를 말린 채 그대로 연자방아에 가서 대강 빻아다가 시루에 쪄서 술을 만들기도 한다.

(술 빚기)

시루에서 쪄낸 술떡을 큰 그릇에 놓고 한 시간쯤 식힌 후 그 위에 누룩가루와 물을 간간히 뿌려가며 덩어리지지 않게 반죽하고 손으로 이리저리하여 잘 섞는다. 이것을 서른 되 되는 술독에 담아 놓고 그 위에 물 스무 되 정도 부어서 뚜껑을 덮는다.

이 술독을 방 또는 부엌 구석에 10여 일 동안 놓아두면 저절로 발효되는데, 동짓날에 담근 술독은 다음 해 4월까지 묻어 둔 채 위 국물은 청주로 마실 수 있다. 또 마셔서 없어지면 그 만큼 술독에 누룩가루와 술떡을 반죽하여 넣기만 하면 묵혀 둔 것과 쉽게 섞여 발효된다.

◆ 자 료

- 업체명 : 옥천 한주

- 생산지 : 충북 옥천군 동이면 적하리 1136-10호
- 주원료 : 찹쌀, 멥쌀, 들국화, 메주콩, 홍 고추 등
- 알코올 도수 : 35%, 45%
- 주 종 : 증류식 소주
- 전 화 : 043) 731-1720

49. 향온주(香醞酒, 서울)

- 민속주 제조면허 취득업체, 문화관광부(문화재보호법) 무형문화재(제9호, 서울특별시 지정)
- 분류 : 단양주
- 출전 : 산가요록(1450년), 고사촬요(1554년), 음식디미방(1670년), 요록(1680년), 역주방문(1800년 중), 임원십육지(1827년)

『고사촬요』, 『음식지미방』에 향온주에 관한 기록이 있으며, 『임원십육지』에는 내국법(內國法)이라 하고 있다.

향온주는 조선조 궁중에서만 빚어온 술로 누룩을 만들면서 해독작용이 뛰어난 녹두를 섞어 독기를 제거해 주는 효용이 있어 법주를 마시면 설사하는 일이 잦았던 중국 사신들을 접대하는 데 주로 사용되어 왔다. 그러나 향온주는 일제시대에 그 맥이 끊겨 재현할 수 있는 방법을 찾지 못하다가 최근에야 민가에서 가양주로 전해 내려온 사실이 확인되어 1993년 2월 서울시 무형문화재로 지정되었다.

향온주(香醞酒)는 조선시대 궁중의 내의원(內醫院) 양온서에서 어의(御醫)들에 의하여 빚어졌던 어주(御酒)로 알려져 있다. 향온주가 궁중에서 빚어졌던 술이라는 근거는 향온주의 방문(方文)과 궁중의 술로 기록된 『내국법온』에 나오는 술과 재료면 『주방문(酒方文)』에서 완전히 일치하는 까닭이다. 「내국」이란 궁중의 내의원을 지칭하는 것이고, 「법온」은 궁중의 술 빚는 법식대로 빚은 술이라는 뜻이니 향온주가 궁중 술인 것은 분명하다.

이 술은 궁중에서도 귀하게 여겨 외국의 사신을 접대하거나 국가의 큰 행사에만 사용했다고 전하는데, 이 술이 일반 사가(史家)의 가양주로 전해지게 된 배경은 다음과 같다. 조선조 19대 숙종 왕의 비(妃)였던 인현왕후가 사가에 유폐되어 있는 동안 궁중의 향온주가 일반에 전해진 것으로, 1대 향온주의 기능보유자(서울특별시 무형문화재, 제9호)였던 고 정해중 씨의 8대조인 덕필(德弼) 공이 인현왕후의 외조부였던

관계로 그 비법을 전수받아 대대로 정씨 집안의 가양주로 맥을 이어왔다고 한다. 현재 정해중 씨의 제자로서 2대 향온주 기능보유자로 지정된 박현숙 씨가 현대식 생산시설을 갖추고 대중화를 위한 노력을 기울고 있어 일반인도 임금이 마셨던 어주(御酒)를 맛볼 수 있게 되었다.

[담그는 법]

(누룩)

향온주는 녹두국이라 하는 특수한 누룩을 발효제로 하여 빚는데 누룩은 밀, 겉보리, 녹두를 섞어 상법으로 만들고, 약쑥을 덮어 발효시킨다. 누룩에 겉보리와 녹두를 넣는 이유는 보리는 술맛을 부드럽게 하고, 위장과 간장을 보호하며, 녹두는 제독작용과 함께 술의 향기를 좋게 하기 때문이다.

(술밑)

술밑은 대궐창(진상품의 자흑색 쌀)으로 고두밥을 짓고 식힌 다음 누룩가루와 자작할 정도의 물을 붓고 싹싹 비빈 다음 소독한 항아아리에 안쳐 넣는데, 술덧은 3～5일 간격으로 12회까지 안칠 수 있다. 이러한 방법은 향온주에서만 찾아볼 수 있는 유일한 방문(方文)으로 향온주의 가장 큰 특징이다.

(증류)

술이 익으면 용수를 박아 걸러낸 술을 가마솥에 쏟아 붓고 소줏고리를 얹어 증류하는데, 그늘지고 서늘한 곳에 보관해 두고 6개월 정도 숙성시켜 마신다.

50. 호산춘(壺山春, 경상북도 문경)

- 민속주 제조면허 취득업체, 문화관광부(문화재보호법) 무형문화재(제18호, 경상북도 지정)
- 분류 : 명약주, 심양주
- 출전 : 주방문(1600년 말), 민천집설(1700년 말), 산림경제(1715년), 감저종식법(1766년), 고사십이집(1787년), 주찬(1800년 초), 고려대 규합총서(1800년 중), 음식방문(1800년 중), 임원십육지(1827년), 양주방(1837년), 군도목(1896년), 조선무쌍신식요리제법(1924년)

호산춘주는 옛날부터 신선들이 좋아했다고 해서 호선주(胡仙酒)라고도 했고, 조선시대에는 관리들이 술맛에 취해 임무도 잊고 돌아갔다고 전해 '망주(忘酒)'라고도 했으며, 술맛을 보려는 손님이 너무 많아 가세가 기울었다는 내력 때문에 망주라는 별칭까지 지니고 있다. 이밖에 호산춘이란 술이름은 18세기문헌인 『산림경제』, 『교사십이집』, 『임원십육지』에도 전해올 만큼 오랜 명성을 지니고 있다. 그러나 이 술은 지금까지 대량생산이 이루어지지 않아 극히 특수계층의 사람들만 즐겨왔다.

황희 정승이 즐겨 마시던 술이라 하여 더욱 유명한 술이다. 호산춘은 장수 황씨 소윤공파 집안의 가양주(家釀酒)로 시를 즐기는 풍류객 황의민이 자기의 집에서 빚은 술에 본인의 시호인 호산(壺山)과 술에 취했을 때 흥취를 느끼게 하는 춘색을 상징하는 춘(春)자를 넣어 호산춘(壺山春)이라는 이름을 붙인 것이 오늘날의 문경 호산춘의 시작이라고 한다.

술 이름에 춘(春)자가를 붙이게 되면 춘주(春酒)로 분류되는데, 이는 중국 당나라 때부터 왕실과 귀족 등이 특수한 계층에서만 마셨던 고급술이다. 국내에서도 여산춘, 호산춘이 그 유명세를 떨쳤는데 전라북도 익산지방이 춘주의 명산지이었다.

문경지방에 호산춘이 전해진 것은 600여 년 전으로, 조선조 초기 세종 때 가장 신임을 받았던 재상으로 명성이 높았던 황희(黃喜, 1363~1452)의 증손 황정(黃廷)이 가족을 이끌고 문경시 산북면 대하리로 낙향하여 처음 집터를 닦은 이래 집성촌을 이루게 되었으며, 집안의 애경사와 접대용으로 호산춘을 가양주로 빚어 왔으며 지금은 장수 황씨 가문의 종부인 권숙자(경상북도 무형문화재 제18호, 경상북도 지정) 씨와 아들 황규욱 씨 내외에 의하여 내림 솜씨를 이어가고 있다.

〈재 료〉

멥쌀과 찹쌀 각 한 말, 누룩 6 kg, 양조용수 두 말, 생 솔잎 한 말

[담그는 법]

(술밑)

쌀을 가루 내어 백설기를 찔 때 시루 바닥에 솔잎을 1/3정도로 깐다. 다음에 백설기와 거칠게 빻은 누룩을 끓여서 식힌 물과 함께 버무리는데, 메주를 쑤듯이 하여 어린아이 머리 크기로 덩어리를 지어 항아리에 안친 다음 7일간 발효시킨다.

(덧술)

찹쌀과 솔잎과 켜켜로 안쳐 고두밥을 짓고 차게 식혀 물과 함께 술밑에 합하고, 고루 버무려 20일 가량 발효시킨다. 따라서 전통주 가운데 드물게는 술밑용 백설기와

덧술용 고두밥을 찔 때 가향제로 솔잎을 넣는다는 점과 끓인 물을 사용한다는 점, 또 술밑을 메주 쑤듯 덩어리를 지어 안친다는 점이 다른 전통주와의 차이점이자 문경 호산춘만의 특징이라 할 수 있다.

◆ 자 료

- 업체명 : 호산춘 양조장
- 생산지 : 경상북도 문경시 산북면 대하리 460-5호
- 주원료 : 멥쌀, 찹쌀, 솔잎
- 알코올 도수 : 18%
- 주 종 : 약주
- 전 화 : 054) 552-7036

51. 홍주(紅酒, 전라남도 진도)

- 민속주 제조면허 취득업체, 문화관광부(문화재보호법) 무형문화재(제26호, 전라남도 지정)
- 분류 : 혼양주, 소주, 약용소주
- 출전 : 고사촬요(1554년), 동의보감(1611년)

증류주인 진도 홍주는 고려 때 원나라에서 들어왔다는 소주에서 그 근원을 찾을 수 있다. 그래서 일부 학자들은 삼별초를 토벌하러 온 몽고인들이 홍주(紅酒)를 내리는 비법을 전한 것이 아닐까 하는 주장을 하지만 재료로 쓰이는 지초(芝草)는 황폐한 몽고 땅에서 재배하기가 힘들기 때문에 생약(生藥)을 활용한 홍주를 전래했다고 보기는 어렵다.

지초를 사용해 빚은 홍주는 조선시대 술로는 최고의 진상품으로 꼽혔다. 이 술이 처음 빚어진 때는 고려조라는 말이 있기도 하나 널리 알려진 것은 조선조 때라는 것인데, 여기에는 전해오는 이야기가 있기 때문이다.

술의 빛깔이 붉어 홍(紅)자를 써서 홍주(紅酒)라 한다. 홍주를 빚기 위해 붉은 색을 내는 지초를 이용하는데 지초는 자초, 자근, 지치로도 불린다. 진도 홍주는 한국의 남단 도서인 진도에서 고려 초부터 전해져 오던 중 조선조에는 지초주(芝草酒)라 하여 최고의 진상품으로 꼽혔고, 세조 때에는 경상 절도사 허 종(許琮)의 부인 충주 한씨가 홍주의 주조 비법을 알고 집안에서 자주 빚었다고 한다.

성종이 윤비(尹妃)를 폐출하기 위하여 어전회의를 소집하였으나 독한 홍주를 많이

마신 허 종(許琮)이 취하여 출사(出仕) 중 사직교에서 낙마하는 바람에 입궐을 하지 못한 까닭으로 후일 윤비의 소생인 연산군의 보복으로 갑자사화가 일어났으나, 허 종은 그 화를 면할 수 있었다는 일화가 전해져 내려오고 있다. 그 후 5대손 허 대(許帶, 1586~1662)는 진도 표목동(지금의 고군면)에 선대로부터 내려 받은 고소리(소줏고리)를 가지고 내려와 허씨 집안에서부터 진도 홍주를 빚어내려 왔다고 한다.

진도는 보배로운 섬 진도의 3보(진돗개, 구기자, 미역), 3락(진도 홍주, 민요, 서화) 중 하나이다. 진도 홍주(지초주)란 그 빛깔에서 유래된 명칭으로 우리 민족 전래 증류 순곡주(쌀)의 하나이며, 그 제조과정(증류) 중에 야산에서 자생하는 자초뿌리를 활용하여 가미, 가색, 가향은 물론 주질(酒質)을 보강한 술이다.

〈재 료〉

보리쌀 한 말, 누룩 한 말, 자초 뿌리 한 근, 물 너 말

[담그는 법]

(발효)

보리쌀 한 말을 깨끗이 씻어 하룻밤 물에 침지한 다음 물기를 30~40분 정도 빼고 시루에 50~60분 쪄서 술밥을 지어 차게 식힌다. 고두밥과 누룩가루 한 말을 잘 섞은 후 물 너 말과 함께 술독에 담아 안쳐서 20~40일 정도 발효시킨다.

(증류)

숙성된 술덧 중 닷 홉, 물 닷 홉을 솥에 나누어 넣고 품온이 60℃ 정도 되게 가열한 다음, 다시 물 한 되와 술덧 한 되를 넣어 끓인다. 예열된 솥에 나머지 술덧을 나누어 차례로 넣고 솥 위에 소줏고리를 얹은 다음 솥과 소줏고리 사이를 시룻번으로 밀봉한다. 냉각사관에 냉각수를 붓는다. 소줏고리 부리 밑에 소주를 받을 수기를 놓은 후에 수기 위에 면포를 덮고 그 위에 자초뿌리를 썰어 올려놓는다. 불의 세기를 조절하여 부리를 타고 내려오는 술이 자초 층에 닿아 착색되도록 한다.

◆ 자 료

- 업체명 : 진도 홍주
- 생산지 : 전남 진도군 군내면 송산리 747-4호
- 주원료 : 쌀, 보리
- 알코올 도수 : 40%

- 주 종 : 증류주
- 전 화 : 061) 540-6362

52. 황금주(黃金酒, 경상북도 경주)

- 민속주 제조면허 취득업체
- 분류 : 약주, 일반 이양주
- 출전 : 한림별곡(1213～1259년), 삼본집(1337～1398년), 산가요록(1450년), 수운잡방(1500년 초), 고사촬요(1554년), 음식디미방(1670년), 요록(1680년), 주찬(1800년 초), 양주방(1837년), 김승지댁 주방문(1860년)

법주(法酒)가 한 가문의 비주라고 하면 황금주(黃金酒)는 경주인이 널리 애음해 온 토속주이다. 한 가문의 술로 전해져 내려온 것이 아니기 때문에 문헌상으로 기록이 남아있지 않고, 구전으로 전해지기는 신라 헌강왕 때 경주 남산 임씨 문중에서 처음 유래가 되었다고 한다. 신라시대부터 경주지방의 토속주로 사랑받아온 황금주는 일명 국화주라고도 한다. 현재까지도 경주지방에서는 찹쌀로 국화주를 빚어 마시는 전통이 전해 내려오고 있는데 주재료는 찹쌀, 국화, 누룩이다.

이 술은 만들기가 간단하고 쉬운 편이어서 일반 가정집에서 부담 없이 빚을 수 있었다. 또한 다른 술에 비해 맛이 부드럽고 향기가 독특하여 애주가들에게 특히 사랑을 받아왔는데 위에서 언급했듯이 평민층에서 시작되어 경주 전역에 퍼진 평범한 술이 바로 황금주이다. 술빛이 누런 황금빛이라 황금주라고 한 것이며, 노란 국화는 황금이라고 불릴 만큼 예로부터 불로장수의 영초라고 하여 민간에서 약용과 식용으로 널리 이용되어 왔다.

국화에는 상당히 많은 종류가 있으나 크게 두 가지로 나눈다. 하나는 줄기가 붉고 기운이 향긋하며 맛이 단 감국(甘菊)이고, 다른 하나는 줄기가 푸르고 굵은 고의(苦薏)라는 것이다. 식용과 약용, 차용으로 쓰는 것이 감국이다. 고의는 맛이 써서 식용으로는 부적합하다.

황금주는 술 빛이 황금색을 띤다 하여 붙여진 이름이다. 우리나라 전통주 이름을 살펴보면 술의 빛과 맛 그리고 상태를 보고 표현한 것들이 많다. 황금주나 죽엽주, 녹파주 등과 같이 술의 색에 따라 지은 이름이 있는가 하면 술 표면에 쌀 알갱이가 뜬 모습을 보고 지은 부의주, 매화주, 백화주 등의 이름이 있다.

〈재 료〉

술밑 : 백미 두 되, 누룩가루 한 되, 끓인 물 한 말
덧술 : 찹쌀 한 말

[담그는 법]

(술밑)

백미 두 되를 백세하여 하룻밤 재운 다음 다시 여러 번 씻어 작말(作末)하여 끓인 물 한 말에 묽은 죽을 쑤어 차게 식힌 후 누룩가루 한 되와 함께 빚어 넣는다.

(덧술)

술밑을 넣고서 여름에는 사흘, 봄·가을에는 닷새, 겨울에는 이레 만에 찹쌀 한 말을 백세하여 지에밥을 잘 쪄서 차게 식힌 다음 술밑에 함께 넣어 두면 이레 만에 달고도 메운 술이 된다.

▶ 황금주 별법

〈재 료〉

술밑 : 백미 두 되, 탕수 한 말, 누룩가루 한 되
덧술 : 찹쌀 한 말

[담그는 법]

(술밑)

백미 두 되를 정하게 씻어 물에 담가 밤을 재운 뒤 작말하여 끓는 물 한 말로 죽을 쑤어 차게 하여 식으면 누룩가루 한 되를 넣고 빚어 둔다. 여름에는 사흘, 봄·가을에는 닷새, 동절기에는 이레 만에 덧술을 한다.

(덧술)

찹쌀한 말을 백세하여 쪄서 식은 후 술밑에 섞어 넣으면 이레째에 쓸 수 있다.

◆ 자 료

- 업체명 : 신라주 황금주
- 생산지 : 경북 경주시 안강읍 검단리 1416번지
- 주원료 : 쌀, 감국, 등

- 알코올 도수 : 14%
- 주 종 : 약주
- 전 화 : 054) 762-9988

53. 2009년도 전통주 품평회에서 수상한 술

1) 노 미

수상부문 : 천주·약주부문 은상 수상
업체명 : 내촌 주조
생산지 : 경기도 포천시 내촌면 내리 485번지
주원료 : 멥쌀, 찹쌀
알코올 도수 : 18%
주 종 : 약주
전 화 : 031) 482-8000

2) 장수 홍삼주(紅蔘酒)

수상부문 : 기타 전통주 부문 은상 수상
업체명 : 경원리큐르
생산지 : 경기도 김포시 대곶면 초원지리 388-7호
주원료 : 홍삼, 송이버섯
알코올 도수 : 25%
주 종 : 리큐르
전 화 : 031) 987-9562

3) 불로주(不老酒)

수상부문 : 증류식 소주부문 금상 수상
업체명 : 포항 불로주
생산지 : 경북 포항시 북구 청하면 소동리 720-2호
주원료 : 쌀
알코올 도수 : 5%(750mℓ), 45%800mℓ)
주 종 : 증류주
전 화 : 054) 246-0321

4) 진양주(眞釀酒)

수상부문 : 주류부문 대상 수상
업체명 : 해남 진양주
생산지 : 전남 해남군 계곡면 덕정리 439번지
주원료 : 찹쌀
알코올 도수 : 18%
주 종 : 약주
전 화 : 061) 532-5745

5) 참살이 탁주(濁酒)

수상부문 : 탁조부문에서 금상 수상
업체명 : 글로벌 식품외식사업단
생산지 :경기도 광주시 실촌면 연곡리 51번지
주원료 : 쌀
알코올 도수 : 6%
주 종 : 탁주
전 화 : 080) 500-3422

제 8 장

막걸리 만들기

막걸리는 옛날 우리나라 서민들이 즐겨 마시는 전통주이다. 그리고 우리 국민의 70%가 농업에 종사하고 있을 그 당시의 농민의 영양과 에너지 자원이고 또 피로회복제이고 활력소이기도 하였다. 막걸리는 옛날이나 지금이나 청주를 떠내지 않고 그대로 걸러 낸 술로 빛이 탁하며 알코올 성분이 낮은 술이다.

막걸리는 문헌상 『양주방(釀酒方)』에 혼돈주(混沌酒)라는 이름으로 처음 등장한다. 이것은 쌀과 누룩으로 술을 빚은 뒤에 숙성되면 술덧을 체로 받아 버무려 걸러낸 것이다. 그러면 쌀알이 부서져서 부옇게 흐린 술이 된다. 그 뒤 한말(韓末)에 주세법이 제정됨에 따라 막걸리 빚기가 규격화 되었다. 1906년경 서울 지방의 막걸리 빚는 방법은 다음과 같다.

열 말들이 독 한 개에 대하여 쌀 서 말을 물에 담가 하룻밤 지난 뒤 다음날 조리로 건져 내어 반 건조 후 거칠게 부순다. 이것을 쪄서 가마니에 펼쳐 식힌 후 밀기울이 섞인 거친 누룩 두 개를 거칠게 가루 내어 함께 섞는다. 이것을 독에 넣고 물 세 동이 정도를 넣어 방치하면 2~3일 사이에 숙성한다(당시는 막걸리 빚는 주모를 쓰지 않는 일이 많았다).

숙성되면 체로 받아 내고, 지게미는 손바닥으로 뭉개어 쌀알을 부수고 다시 물을 넣어 거른다. 손바닥으로 쌀알을 부수어 걸러 내는데 특히 이것을 막걸리라고 한다. 보존기간은 4~5일로서 이 기간이 지나면 산패하여 오래 보존할 수 없다. 산의 냄새와 맛이 시고 알코올 농도는 4~5% 정도이다. 대개 9~10월에서 이듬해 4~5월까지 많이 빚고, 여름철에는 산패가 빨라 많이 빚지 않았다.

일제 말기에는 식량이 부족하였고 광복 이후에도 만성적인 식량 부족상태에서 헤어나지 못하여 외국산 양곡을 많이 도입하였다. 따라서 1964년부터 막걸리에 쌀의 사용이 금지되었다. 밀가루 80%, 옥수수 20%의 도입양곡을 섞어 빚게 하였다. 이와 같이 밀가루를 사용하자 주질(酒質)이 떨어지게 되어 서민층은 소주로 기울러지고 중산층 이상은 맥주와 양주를 찾게 되었다. 그 뒤 쌀 생산이 늘고 쌀 소비량이 줄어 쌀이 남아돌게 되자 1971년 쌀 막걸리를 다시 허가하였다. 그러나 술 빚는 방법의 규격화 때문에 옛 맛이 나지 않고 값도 비싸서 1년 만에 사라지고 지금은 밀가루나 쌀 그리고 개량 누룩과 별도의 효소제를 첨가하여 막걸리를 빚고 있다.

1. 고문헌 속의 누룩 · 탁주 · 막걸리

좋은 술을 만들려면 재료가 좋아야 하고 물이 좋아야 하며, 양조관리를 잘 해야 하는 것은 예나 지금이나 같다. 그 중에서도 발효의 바탕이 되는 누룩은 매우 중요하다. 누룩이 처음으로 만들어진 것은 중국의 춘추 전국시대로 알려져 있다. 누룩이란 술을 만드는 효소를 갖는 곰팡이를 곡류에 자연 번식시킨 것이다. 누룩곰팡이는 그 빛깔에 따라 황국균(黃麴菌), 흑국균(黑麴龜), 홍국균(紅麴菌) 등이 있는데 우리나라의 막걸리나 약주에 쓰이는 것은 주로 황국균이다.

누룩을 한방에서는 신국(神麯)이라 하는데 소화제의 구실도 해왔다. 누룩곰팡이는 녹말 분해효소, 단백질 분해효소 등을 생산하므로 그 만한 근거가 있는 것이다. 누룩은 밀로만 만드는 것이 아니라 다른 곡물로도 만들어 왔다. 그러나 대부분이 밀로 만든 누룩에다 쌀을 섞어 한 번 쪄서 섞고 거기에 다시 약초를 넣어 맛을 독하게 하여 빚는 것도 있었다.

한편, 곡주의 청탁은 일반적으로 거름새에 따라 구별되는 것으로 발효된 술덧(醪)에 용수를 박아 용수 속에 괴인 것을 떠내면 맑은 술이 얻어지고 체를 받쳐 놓고 물을 더 첨가하면서 주물러 걸러내면 흐린 술을 얻게 된다. 탁주는 국어사전에서는 설명이 없고 막걸리로 설명되어 있다. 즉 막걸리는 맑은 술을 떠내지 아니하고 그대로 걸러 짠 술, 탁주로서 시금털털하다고 설명되어 있다. 그리고 청주는 다 익은 술에 용수를 박고 떠낸 맑은 술, 약주라고 설명되어 있다.

탁하게 빚은 술을 탁주라고 하는데 재주(滓酒) 또는 회주(灰酒)라고도 불러왔다. 우리나라에서는 가장 역사가 오래된 것이다. 탁주는 원래 지에밥(고두밥)에다 누룩을 섞어 빚은 술을 오지그릇 위에 정(井)자 모양으로 걸치게를 걸고 체로 막걸러 뿌옇고 텁텁하게 만든 술이다. 삼국시대 이래 양조기술의 발달로 맑은 술인 청주(淸酒)가 등장하였지만 구별이 뚜렷하지 않았다. 같은 원료를 사용해서 탁하게도 빚을 수 있고 맑게 빚을 수도 있기 때문이다. 술이 다 익어서 맑은 술을 떠낼 때 용수를 박아서 떠낸 것은 맑은 술이고 물을 더 넣어 걸쭉하게 걸러 내면 탁주가 만들어졌던 것이다.

따라서 고래로 누룩을 쓴 술은 청탁을 구별하여 빚기 시작한 것이 아니라 거름새에 따라 이 구별이 생겨난 것이다. 따라서 소국주(少麯酒)라 하여도 탁주도 있고 청주도 있다. 또 부의주(浮蟻酒)는 약주에 속하면서도 술밑의 쌀알이 떠 있으니 청탁의 한계가 모호하다. 속성주에도 탁주에 속하는 것이 많다. 그런데 이 탁주를 막걸리라 한다.

탁주류에도 일반 탁주류와 특별 탁주류가 생기게 되었을 것이다. 일반 탁주류는 밀누룩이 쓰이고, 특별 탁주류에는 쌀누룩을 사용하는 것이 다른 점이다. 일반 탁주류를 탁배기라고 불러왔다. 흔히 말하는 막걸리라는 것은 양조 후에 술을 떠내고 나머지에 물을 둘러 얻어지는 것을 말한다. 고려시대 이후 이화주(梨花酒)로 알려진 대표적인 탁주는 막걸리용 누룩을 배꽃이 필 무렵에 밟는다고 하여 유래되었다. 이화주는 맑은 술이 아니고 된죽과 같고 빛깔은 흰데 물을 타서 마셨던 탁주이다.

『조선주조사(1935년)』에는 『중국에서 전래된 막걸리는 처음으로 대동강 일대에서 빚기 시작하여 우리나라 성쇠를 막론하고 국토의 구석구석까지 전파되어 민족 고유의 술이 되었다. 그 전부를 가리기는 어려우나 막걸리가 우리나라 역사를 담고 있는 것은 틀림없다. 막걸리는 감(甘), 산(酸), 고(苦), 삽미(澁味)가 잘 어울리고 적당한 감칠맛과 청량미가 있었다. 청량미는 땀 흘리고 일한 후에 갈증을 멎게 하는 힘도 있어 농주(農酒)로서 애용되어 왔다』고 한다. 한편 술 재강에 물을 가하여 거른 탁주는 모주(母酒)이다.

막걸리에 대한 신화도 있다.

「단군께서 백성들에게 농사짓는 법을 가르쳤는데 가을에 신곡(新穀)이 수확되면 높은 산에 올라가서 여러 신에게 제사를 지냈다. 제사에는 신곡으로 만든 떡과 술 그리고 소를 잡아서 제단에 올렸다고 한다. 농사를 천하지대본(天下之大本)이라 했거니와 이 제사를 신이 가르쳐 준 농법에 의해 지은 곡식을 가지고 드리는 것이라는 뜻에서 신농제(神農祭)라고 하였다. 소는 양념을 넣지 않고 국으로 끓여 참배한 백성들에게 나누어 먹게 하였는데 이 국을 신농탕(神農湯 : 이것이 지금의 설농탕의 기원이라는 설도 있다)이라고 하였으며, 햇곡으로 빚은 제주를 신농주(神農酒)라 일컬었다고 한다.」

또한 이 술은 현재의 막걸리와 같은 것이었을 것이며, 오늘날 농촌에서 막걸리를 농주(農酒)라고 하는 것도 이 신농주에서 유래된 것이라고 볼 수 있다. 탁주(濁酒)는 『조선무쌍신식요리제법』에서 그 기록을 볼 수 있다. 재료의 수는 3~5가지로 멥쌀, 찹쌀, 누룩, 물, 진말 등이었다. 탁주는 막걸리, 탁백이, 막자, 큰 술이라고도 부른다. 하등 쌀이나 싸라기 한 말을 절구에 찧어 굵은 체로 쳐서 쪄내고 식은 후에 누룩 너 장(여름에는 한 장쯤 더 넣는다)을 찧어 섞되 물은 맑은 술보다 더 질게 버무렸다가 먹을 때 물을 치지 말고 바짝 짜서 얼음 한 덩이를 띄어 먹으면 시원하여 문배 섞은 술과 같다고 하였다. 삼복더위에 4～5탕기를 마시면 상쾌한 것이 천하에 없으나 많이 마시면 나중에 배가 아픈 것은 할 수 없다고 기록되어 있다.

신 흠(申 欽, 1566～1628)의 시조 한 수를 읽어 보자.

「술이 몇 가지요 청주와 탁주로다.
다 먹고 취할지언정 청탁에 관계하랴
달 밝고 풍청한 밤이어서 일어나 깬들 어떠리.」

조선시대의 실명 인사의 시조도 한 수 읽어보자.

「띠(冠) 없는 손이 오거늘 주인이 나서서
나무 정자 아래 장기판 벌려 놓고
아해야 덜 괸 술 막 거르고 외 따 안주 놓아 내어라」

이 시조에서 막 거른다 하였다. 이와 같이 웃물을 안 뜨고 막 걸러내기 때문에 막걸리라 한 것이다. 막걸리에 대하여는 다른 이름도 많다.

우선 맑지 못하고 탁하다고 해서 탁주(濁酒), 탁배기라 하고, 빛깔이 희다고 해서 흉사 간 잔칫집에서 부조를 할 적에 백주(白酒)라고 적고, 나라의 대표적인 술이라는 뜻에서 국주(國酒), 집집마다 담그는 술이라고 해서 가주(家酒) 또는 가양주(家釀酒), 특히 농삿집에서는 없어서는 안 되는 술이라는 점에서 농주(農酒)라고 하는 것이다. 또한 흔히 시골에서 많이 마시는 서민주이니 향주(鄕酒)란 이름을 붙여도 되겠고, 우리나라에서만 있는 특유한 술이 민족주(民族酒)와 한주(韓酒)라 해도 무방하지 않을까?

그런데 처음부터 흐린 것을 목적으로 빚는 술이 있는데 이것을 순탁주(純濁酒)라 하여 막걸리와 구별해야 한다. 순 탁주는 막걸리와 달리 쌀누룩을 쓰는 것이 특징이고, 오늘날 우리 사회에서는 거의 남아 있지 않다. 그리고 『임원십육지』가 중국의 『거가필용』과 일본의 『화산삼제도회』에서 인용한 백주(白酒)가 순 탁주와 비슷한 것 같다. 또 서울에는 백주(白酒, 合酒)라 불리는 술이 있었는데 이것은 순 탁주가 아니고 막걸리의 일종이다.

조선시대 중엽의 이야기이다.

「이판서(李判書)는 술을 좋아 하였는데 특히 탁주만 즐겨 마셨다. 아들들이 "좋은 소주와 약주가 있는데 왜 하필 탁주만을 잡수십니까?" 하고 여쭈니 이 판서는 아무

말도 하지 않고 소의 쓸개 세 개를 사오라 하더니 쓸개 속의 담즙을 모조리 쏟은 다음 한 개에는 소주, 다른 한 개에는 약주, 또 다른 한 개에는 탁주를 담아 매어달아 두었다. 여러 날이 지나서 아들을 불러 쓸개주머니를 열어보니 소주 담은 쓸개주머니는 거의 구멍이 뚫려 있고, 약주 담은 쓸개주머니는 상당히 상해 있고, 오직 탁주 담은 쓸개주머니만은 오히려 두터워 있더라는 것이다.」

그러나 이때의 탁주가 순 탁주인지 막걸리인지는 알 수 없다.

다음은 철종(哲宗)의 막걸기에 대한 고사이다.

「철종은 19세까지 강화에서 고달프게 지내다 왕이 된 후 궁중에서 조석으로 올리는 수라상에는 산해진미가 가득하였고, 내소주방(內燒酒房)에 좋은 술이 무수하였으나 강화에서 먹던 막걸리와 우거지국을 잊지 못하고 있었다. 하루는 막걸리를 찾아 시중의 한 막걸리집의 것이 특히 좋다는 소문을 듣고 이것을 구하여 올리니 먼젓번 것만 못하다는 것이다. 부득이 옛 막걸리 주인을 찾아 1년에 쌀 1천 석씩을 주는 선혜청(宣惠廳)의 창고지기 선달(先達) 급을 주고 왕의 막걸리 만들기를 전담케 하였다고 전해진다.」

2. 고문헌 속의 전통 탁주

2.1 이화주[梨花酒 / 백설향(白雪香)]

이화주는 고려시대 문헌인 『동국이상국집(東國李相國集)』(241년)과 『한림별곡(翰林別曲)』(연도 미상)에 언급되어 있다. 그리고 조선시대 석계부인(石溪夫人)이 쓴 『음식디미방(飮食知味方)』(1670년)에는 이화주의 제조법도 함께 기록되어 있다.

『음식디미방』에서는 이화주는 배꽃이 성하게 피었을 때 담그는 빛이 희고 죽 같은 술로서 물을 타서 마신다고 하였다. 이화주의 누룩은 백미 서 말을 씻어 하룻밤 재웠다가 다시 씻어 고운 가루를 만들어 주먹만큼씩 뭉쳐서 짚으로 싸 가마니에 담아 더운 구들에 두고 자주 뒤슬러서 누렇게 뜨면 된다.

누룩을 쓸 때는 껍질을 벗기고 고운 가루로 만든다. 백미 한 말을 가루 내어 구무떡을 만들어 삶아 더운 물로 잘 풀어서 차게 식힌 후, 위의 누룩가루 서 되를 골고루 섞어 독에 빚어 넣으면 3~4일 후에 쓸 수 있다. 이것은 빛깔이 희고 죽 같으므로 물을 타서 먹는다. 흰 죽과 같은 것을 그대로 떠먹을 수도 있는 것으로 오늘날의 막걸리와 다른 순 탁주임을 알 수 있다.

2.2 사절주[四節酒 / 집성향(集聖香)]

『임원십육지』에서는 『삼산방(三山方)』을 인용하여 말하기를 흰쌀 한 말을 곱게 가루 내어 찌고 누룩가루 두 되 닷 홉, 밀가루 닷 홉, 탕수 서 병을 한데 버무려 봄가을에는 4～5일, 여름은 3～4일 되거든 흰쌀 두 말을 찌되 찹쌀이 더 좋으므로 이것으로 덧술하면 7일 만에 익는다. 청주 서 병, 탁주 한 동이가 나는데 탁주의 맛이 이화주와 같다고 한다. 그런데 『임원십육지』에서는 이것이 청주와 탁주가 함께 얻어지는데, 청주가 적고 탁주가 많기 때문에 탁주류에 소속시킨다고 하였다. 이것은 이양주의 순 탁주이다.

『임원십육지(1827년)』의 사절주 제조방법을 보면 쌀 열 되를 가루 내어 누룩가루 두 되 닷 홉, 밀가루 닷 홉과 함께 끓인 물을 넣어 버무린다. 나흘 정도 후에 쌀 스무 되를 쪄서 덧술 하면 7일 내에 숙성되어 청주와 탁주를 얻을 수 있다. 맛은 이화주와 거의 같다.

2.3 혼돈주(混沌酒)

혼돈주가(渾沌酒歌)라는 시에 언급된 술로 조선시대 연산군 때의 문신인 허암(虛庵) 정희량(鄭希良)이 귀양살이 중에 만들었다고 전해진다. 혼돈주(混沌酒)는 이름 그대로 혼돈하고 탁한 술로 추정되는데, 이 술은 발효가 완료되면 거의 거르지 않고 익은 술을 그대로 음용하였다고 한다.

그러나 『양주방(釀酒方)』에 나타낸 혼돈주(混沌酒)는 다음과 같다.

「희게 쑨 멥쌀 여섯 되를 깨끗이 씻고 가루로 만들어 물 두 병을 끓여 차게 되거든 가루누룩 한 되와 섞임 한 되를 넣어라. 이렇게 빚은 지 사흘 만에 찹쌀 너 되를 깨끗이 씻고 또 씻어 꽤 익게 찌고, 술덧을 체에 밭쳐 버무려 넣어라. 사흘 뒤에 쓰면 향내가 나고 톡 쏘게 매우니 따르면 금방 나온다. 여름에 가장 좋다고 하였다.」

이것이 일종의 막걸리이다. 한편 이용기(李用基)의 『조선무쌍신식요리제법(1924년)』에 나타낸 혼돈주는 전혀 다르다.

「혼돈주는 탁주에 소주를 타서 먹는 것이니 좋은 합주(서울식 백주인 것 같다) 반 사발에 좋은 소주 한 잔을 섞어 약간 끓이면 소주가 위로 맑게 떠오르니 이때 마신다. 소주는 홍소주를 쓰면 빛깔이 곱다. 맛은 매우 좋으나 아무리 대주가(大酒家)일지라도 이렇게 다섯 잔 이상 마실 것이 아니니 다른 술보다 매우 취한다고 하였다.」

이와 같이 혼돈주는 또 탁주와 소주의 칵테일로 비약하고 있다. 혼돈주는 어쨌든

탁주에 속하는 것임을 알 수 있다.

2.4 금정 산성막걸리

부산시 동래구 금정동 농주마을은 산성 막걸리의 산지로서 이 고을은 산성 마을로 더 잘 알려져 있다. 이 산성 막걸리는 술덧을 주물러 가면서 막 걸러낸 것으로 그 맛이 처음 알려진 것은 숙종(肅宗) 때이다. 총길이 17.5 ㎞의 산성 가운데 중성(中城) 4㎞를 축성 당시에 영남 일대에서 차출된 부역꾼 50,000여 명에게 낮참으로 먹인 이곳 막걸리가 별미로 소문이 나게 된 것이 시초이다.

그러나 이 마을에서 술을 빚게 된 것은 그 보다 훨씬 오래 전이다. 오(吳), 장(張), 김(金) 씨의 세 성이 300여 년 전 이곳에 정착 개간하였으나 토질이 약하여 소출은 3개월 양식이 될 뿐이었다. 살아남기 위해 손을 댄 것이 밀 누룩 만들기이고, 이 밀로 만든 누룩과 좋은 물이 별미 막걸리를 빚어 낸 것이다. 해발 880m 고지에서 솟아나오는 산성 마을의 물은 구한말(舊韓末)에 30리 떨어진 곳에서 동래부사가 군졸을 시켜 날마다 마실 정도로 정결하고 맛이 있었다고 한다.

산성 막걸리가 양성화한 것은 정부의 보존 지시에 의한 것이다 그러나 그런 쌀로 술을 빚되 개인 집에서가 아닌 마을 공동양조장에서 만들어야 하며 또 밖으로 반출되어서는 안 된다는 것이다. 휴일이면 10,000여 명의 행락객이 찾아 드는데 이 산성 막걸리를 마시면 얼음을 깨듯 설미(雪味)가 돌고, 마을의 내력을 알고 마시면 선미(仙味)가 돈다고들 한다. 이 막걸리는 1980년 전통 민속주 제도가 생기면서 민속주 제1호로 지정을 받았다.

금정 산성막걸리는 오직 전통방식의 산성 수제는 누룩을 만들어 사용하고 있다. 산성 수제누룩은 통밀을 가루 내어 물과 섞어 반죽한 후 보자기에 싸서 둥글고 납작하게 발로 밟고 누룩방에서 일정기간 띄우므로 일반 누룩과는 달리 그 두께가 얇다. 현재 시판되는 금정 산성막걸리는 주조에 사용되는 누룩을 이처럼 전통방식으로 빚은 수제 산성누룩만을 사용한다.

2.5 합주(合酒)

합주는 탁주와 청주의 중간단계의 술로 일반적으로는 탁주의 한 종류로 본다. 알코올 농도 11%로 색깔이 희고 감미와 신미가 많으며, 산미가 적은 것이 특징이다.

『주방문(酒方文)』에서는 1600년대 말엽의 합주(合酒)를 설명하기를 『백미 닷 되를 백세하여 모두 쪄 섶에 두고 물을 무한히 흩여 식힌 다음 누룩 닷 홉을 섞어 더운

데에 두었다가 7일 후에 물을 더하여 거른 다음 베에 바쳐 쓰라』고 하였다. 이것이 오늘날의 서울식 백주(白酒)인 것 같기도 하지만 이것은 농가의 술인 만큼 역시 막 거른 막걸리인 것 같다.

2.6 모주(母酒)

『대동야승(大東野乘)』에 의하면 선조 망비(亡妣)인 인목대비(仁穆大妃, 1584~1632년)의 어머니 노씨 부인이 광해군 때에 제주도로 귀양을 가서 술지게미(재강)를 재탕한 막걸리를 만들어 섬사람들에 값싸게 팔았다는 것이다. 왕비의 어머니가 만든 술이라고 대비모주(大妣母酒)라 부르다가 나중에는 대비(大妣) 두 글자를 빼버리고 그냥 모주(母酒)라고 불렀다는 것이다. 지금도 제주도에서는 막걸리를 모주(母酒)라 한다. 이 말은 홍기문의 『조선문화총서(朝鮮文化叢書)』에도 나와 있다. 그리고 모주의 알코올 농도는 매우 낮아서 맹물을 겨우 할 정도였다.

한말(韓末)의 서울에는 모주집이 많아 입김이 허옇게 서리는 겨울 새벽에 술지게미에 물을 타서 뜨끈뜨끈하게 끓이면 날품팔이 노동자들이 해장 겸 아침으로 먹었다. 값도 어지간히 쌌으며 여기에서는 비지찌개도 함께 끓였다.

3. 전통누룩 만들기 (1)

(서울시 문화재 무형문화재 기능보유자 권희자 씨)

우리나라의 전통누룩은 밀이나 보리 등 곡류를 분쇄하여 물과 반죽하여 성형한 후 여기에 아연상태의 야생 곰팡이와 효모 등 기타 균류를 번식시켜 각종 효소를 생성 분비시키고 있는 발효제의 일종이다.

누룩은 한문으로 국(麴), 국(麯)으로 표시하는데, 국(麴)은 살균한 배지에 원하는 미생물을 인공적으로 접종하는 데 사용하고, 국(麯)은 미생물이 자연 상태에서 전분질 원료에 부착된 미생물이 번식한 경우이다. '麴'은 국으로 알고, 그리고 '麯'은 곡으로 읽으나 한문사전에는 다 같은 글자라고 한다. 따라서 이 두 글자는 혼동하여 사용하는 경우가 많고, koji(고지)는 개량 국자라고 부르기도 한다.

3.1 누룩의 분류

1) 떡 누룩(餠麴)

① 분국(粉麴) : 곡물을 분쇄하고 밀기울을 30% 정도 제거하고 만든 누룩
② 조국(粗麴) : 곡물을 거칠게 갈아서 덩어리로 만든 누룩
③ 백국(白麴) : 하얀 밀가루로만 만든 누룩
④ 초국(草麴) : 여뀌 잎, 닥나무 잎 등 약초를 넣거나 그 주액을 넣어 만든 누룩

2) 흩임 누룩(散麴)

그 밖에 누룩은 만드는 시기에 따라서 봄에 만들면 춘국(春麯), 여름에 만들면 하국(夏麯), 가을에 만들면 추국(秋麯), 겨울에 만들면, 동국(冬麯)이라 부르기도 한다. 그러나 여름 삼복 중에 누룩을 만들면 가장 좋은 누룩을 만들 수 있다.

3.2 전통누룩의 제조공정

누룩 제법상의 누룩의 크기와 형태에 따라 누룩 품질에 많은 영향을 줄 수 있다.

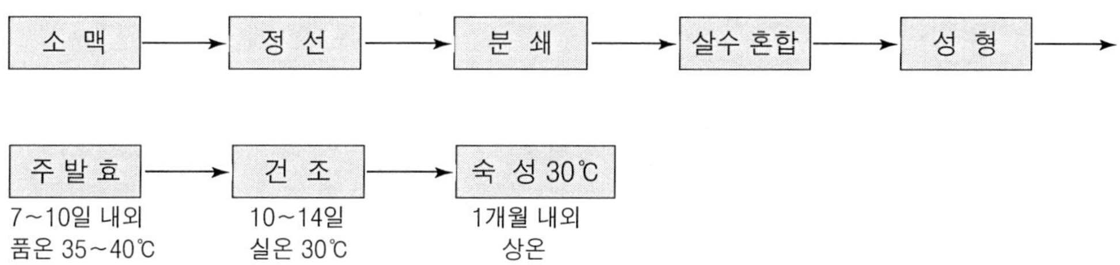

그림 8-1. 누룩제조 공정도

① 누룩의 크기가 너무 작거나 두께가 너무 얇으면 곰팡이가 충분히 번식하지 못한 상태에서 건조되어 품질이 좋은 누룩을 얻을 수가 없다.
② 누룩이 너무 두꺼우면 역으로 수분 발산이 곤란하여 가운데 부분이 썩기 쉬우므로 좋은 누룩을 얻을 수 없다.

3.3 누룩제조 실습

1) 재료와 분량(누룩 1개분)

① 통밀(거칠게 분쇄한 것) : 1.3 kg

② 물(생수) : 300 mℓ
③ 누룩고지(누룩고리, 누룩틀: 고지는 국어사전에 있는 우리말), 무명보자기, 신문지

2) 누룩 제법

① 통밀을 깨끗이 씻은 다음 건져 물기를 뺀 후 분쇄한다.
② 분량의 물을 가하여 단단하게 뭉쳐질 수 있도록 잘 버무리고 치댄다.

3) 누룩 디디기

① 누룩고지에 무명보자기를 깔아 준다.
② 반죽한 밀을 다져 넣는다.
③ 무명보자기 끝을 여민 후 단단히 디딘다.
④ 단단히 디딘 누룩을 누룩고지에서 꺼낸다.

4) 누룩 띄우기

① 누룩을 35℃ 안팎의 온도에서 쑥이나 볏짚을 덮어 3~4일 발효시킨다.
② 품온은 너무 오르지 않도록 뒤집어 주면서 45℃를 넘지 않도록 한다.
③ 누룩을 잘 건조시켜 숙성시킨다.

5) 누룩의 법제(法製)

누룩을 사용하기 전에 콩이나 도토리 알 크기로 부순 다음 2~3일간 햇볕과 이슬을 맞혀 법제하여야 한다. 햇볕과 이슬은 누룩의 잡균을 살균하고 나쁜 냄새를 제거하며, 누룩의 빛깔을 바래게 하며, 누룩이 가지고 있는 효소와 효모를 활성화 시킨다.

4. 전통누룩 만들기 (2)

(신라대학교 막걸리 세계화 연구소장, 배송자 교수)

1) 재료와 준비물

재료: 물 400 mℓ, 통밀 2 kg, 누룩틀, 체, 볏짚, 보자기

2) 누룩 반죽하기

① 통밀을 깨끗이 씻어 건조시킨 후 가루를 내고 체에 친다.
② 가루 낸 통밀에 따뜻한 물을 넣어 단단하게 반죽한다.

3) 누룩 디디기

① 누룩틀에 보자기를 펴 놓는다.
② 밀가루 반죽을 틀에 넣는다.
③ 보자기로 반죽을 감싸고 발로 꾹꾹 눌러 디딘다.
④ 단단하게 뭉친 후 누룩을 꺼낸다.

4) 누룩 띄우기

① 누룩방에 약 20 cm 정도 간격의 높이로 대나무 발을 층층이 연결시키고, 각 층마다 볏짚이나 가마니를 깔아 디딘 누룩을 서로 닿지 않게 놓는다. 이때 누룩방 안의 온도는 체온과 비슷하게 유지시켜 주어야 한다.
② ①과 같이 적당한 온도가 유지되는 누룩방에서 약 15일간 누룩을 발효 → 숙성 → 건조시킨다. 잘 띄운 누룩은 표면이 까칠까칠하며 잡냄새가 없다.
③ 술을 담금 하기 전에는 잡균 등을 제거하기 위한 법제(法製) 과정을 반드시 거쳐야 하며, 누룩 표면의 곰팡이를 솔로 잘 털어서 사용한다.

5) 누룩 법제하기

① 잘 띄운 누룩을 잘게 부순다.
② 바람이 잘 통하고 햇볕이 잘 드는 곳에 내놓아 2～3일 정도 건조시킨다.
③ 법제는 술을 빚기 2～3일 전에 시작하는 것이 좋다.

5. 전통누룩 만들기 (3)
(막걸리학교 허시명 교장)

곡물로 술을 빚으려면 누룩이 있어야 한다. 지금도 밀누룩이 흔하게 쓰이는데 지역이나 술에 따라 쌀누룩·보리누룩·좁쌀누룩 등도 쓰이고, 한약방에서는 약재를 넣은 누룩을 사용한다. 요즘 양조장에서는 밀가루나 쌀을 찐 뒤 균을 파종하여 만드는 흩임누룩을 많이 사용하고 있다.

누룩은 시장에서 한 장에 2～3천원에 구입할 수도 있지만 직접 띄워서 술을 빚으면 자기만의 술을 빚을 수 있다. 누룩 속에 내려앉은 곰팡이나 효모균이 지역이나 계절에 따라 약간씩 형태를 달리하기 때문이다. 상온보다 높은 온도를 유지해야 하고 제조 기간도 길기 때문에 누룩 만들기는 까다로운 작업에 속하지만, 누룩을 손수 만들면 그만큼 성취감도 커진다.

누룩은 날곡류를 분쇄하여 물에 갠 다음 형태를 잡는다. 누룩을 정확히 정의하면 곰팡이와 효모가 번식하여 각종의 효소를 생성·분비하고 있는 발효제의 한 가지이다. 밀·멥쌀·찹쌀·좁쌀·보리쌀 등의 곡물로도 만들 수 있고, 녹두나 도꼬마리 따위 부재료를 넣기도 한다. 누룩 속에는 거미줄곰팡이(*Rhizopus*)·*Asp. kawachi*·솜털곰팡이(*Mucor*) 등의 곰팡이와 효모가 들어있는데 이들은 전분과 단백질·지방을 분해하고, 당을 알코올로 만드는 기능을 한다.

누룩은 둥글거나 네모나고, 손바닥만큼 작은 것이 있는가 하면 쟁반이나 맷돌만큼 큰 것도 있는 등 그 형상이나 크기가 다양하다. 소주를 많이 만드는 북쪽지방 누룩은 곡물을 거칠게 분쇄해서 큰 덩어리로 만든다. 중부와 남부 지방에서는 대체로 지름 18 cm 안팎이나 가로세로 16 cm 안팎에 두께 5 cm 되는 크기로 만들어 사용한다. 부산 금정 산성마을에서 만드는 누룩은 커다란 피자 모양인데, 제주 누룩은 호떡크기만 하다. 각 지방의 온도와 습기에 따라 독특한 형태의 누룩이 만들어진다고 할 수 있다.

1) 재료와 준비물

통밀 6 kg(누룩 7장 분량), 물, 누룩틀(대용으로 양철로 된 냉면그릇), 면보자기, 함지, 바닥깔개용 돗자리, 볏짚 또는 마른 쑥, 종이상자

2) 누룩 만들기

① 통밀을 씻어 물기를 뺀다.

② 물기가 빠진 통밀을 방앗간에서 빻는다. 대체로 1～2번 정도 빻아서 사용하는데 맑은 술을 얻으려면 곱게 빻아야 하고, 탁주나 소주용으로 준비할 때는 거칠게 빻는다. 예전에 곡식이 귀할 때는 빻은 밀을 체로 걸러낸 뒤 밀가루는 수제비를 해먹고 밀기울로 누룩을 만들었다.

③ 빻은 밀 1 kg 분량에 물 200 ㎖를 부어 고루 비빈 다음 반죽을 한다. 밀반죽은 한 줌 쥐었을 때 부서지지 않고 손에 질척한 물기가 남지 않은 정도라야 한다. 물을 섞어 반죽한 뒤 곧바로 누룩 모양으로 만들 수도 있지만 수분이 골고루 흡수되도록 1～2시간 천으로 덮어 두었다가 만들기도 한다.

④ 누룩틀에 면보자기를 깔고 틀 안쪽부터 밀반죽을 한 움큼씩 뭉쳐서 꼭꼭 눌러

담는다.

⑤ 누룩틀 안에 밀반죽을 가득 담은 뒤 면보자기로 이를 감싼다. 이때 면보자기의 네 귀를 합쳐서 마치 상투를 틀듯 하여 밀반죽의 중앙에 오게 한다. 이렇게 하면 누룩의 가운데가 오목하게 들어가 열이 중앙으로 모이는 것을 피할 수 있다.

⑥ 면보자기로 잘 감싼 누룩을 발뒤꿈치로 힘껏 밟아서 단단하게 뭉친다. 누룩 만들기를 "누룩 디딘다."고 표현한 것은 이렇게 발로 밟기 때문에 생긴 말이다.

⑦ 누룩의 모양이 단단하게 잡히면 면보자기를 벗겨낸다. 그리고는 볏짚을 깐 종이상자에 누룩을 넣고, 그 위에 볏짚을 덮은 다음 다시 누룩을 올리고 볏짚을 덮는다. 누룩은 한 번 만들 때 종이상자에 가득 담을 수 있는 분량(6장 정도)을 만들어서 띄우는 게 좋다. 이때 볏짚 외에 마른 쑥을 채워 넣기도 하는데, 이렇게 하면 누룩이 너무 빨리 마르지도 않고, 볏짚이나 마른 쑥에 많이 들어 있는 누룩곰팡이나 효모 덕을 볼 수 있다.

⑧ 누룩을 담은 상자를 전기방석 위에 올려놓고 천으로 덮어준다. 누룩은 32~42℃ 사이에서 잘 띄워지는데, 누룩균이 좋아하는 평균 온도를 사람의 체온과 같은 36.5℃라고 생각하면 된다. 2~3일에 한 번씩 종이상자 속의 누룩의 위치를 바꿔준다. 그렇게 15~20일 정도를 유지하면 누룩이 단단하게 마르면서 완성된다.

잘 띄워진 누룩은 겉이 하얗고 노란 꽃이 보인다. 붉은색이나 검은색이 도는 것은 술 빛깔을 짙게 만들어 좋지 않다. 누룩이 잘 띄워졌으면 수분 없이 단단하게 건조시켜 공기가 통하지 않게 밀봉하여 보관했다가 필요할 때마다 꺼내 쓴다.

누룩은 빻아서 사용한다. 예전에는 누룩을 빻은 뒤 밤이슬을 맞혔다가 낮에 햇볕에서 말리는 법제 과정을 거친 뒤에 사용하였다. 이렇게 하면 누룩의 잡내가 줄어드는데, 지금은 환경이 오염되어 밤이슬을 맞추기는 어렵고 분무기로 이슬처럼 물을 뿌려 법제하기도 한다. 지역이나 가정에 따라서는 은근하게 달군 가마솥에서 누룩을 볶은 뒤 사용하기도 하고, 물에 하룻밤 정도 불렸다가 사용하는 경우도 있다.

여기까지 왔으니, 이제 누룩의 쓰임새와 기능에 대해 다시 한 번 살펴보기로 하자.

① 곡물로 술을 빚을 때는 반드시 누룩이 필요하다.
② 잘 띄워진 누룩을 사용해야 좋은 술을 빚을 수 있다.
③ 직접 띄운 누룩으로 만들면 자기만의 술을 빚을 수 있다.
④ 누룩의 양을 적게 쓰면 누룩 향이 없는 대신 술 빚기가 까다롭고, 누룩의 양이 늘면 술 빚기는 쉽지만 누룩 향이 강해질 수 있다. 즉, 누룩의 사용량에 따라 술맛이 달라지므로 누룩의 양을 잘 계량하여 술을 빚어야 한다. 누룩의 양은 술밥

의 10~20%가 적당한데, 여러 번 술을 빚으면서 입맛에 맞는 적절한 분량을 찾아내는 것도 흥미로운 작업이 될 것이다.

6. 전통누룩 만들기 (대학 교재에서)

곡류와 같은 전분질에서 술을 만들 때는 포도당 같은 단당으로 전환시켜야 하는데 여기에서 필요한 것이 효소이다. 이 효소는 미생물이나 곡물의 씨앗이 발아 할 때 생성된다. 전자의 대표적인 것이 누룩(麯)이고, 후자는 맥아(엿기름)이다. 국자(麯子 : 누룩은 미생물을 연으로 번식시킨 것이며, 국(麴 : 일본에서 개발된 koji)을 인위적으로 접종한 경우에 사용하나 이 두 가지 이름을 혼돈하여 사용하는 경우가 많고, koji를 개량 국자라고 한다.

1955년도 (고)김호식 선생의 발효공업 강의내용 중 일반 누룩(麯子)과 소주용 흑국(黑麴)의 제조법을 소개한다.

6.1 일반 누룩

누룩의 기원은 한약의 신국(紳麴)에서 유래되었으며, 그 역사는 오래된 것이다. 원료는 주로 밀인데 밀의 생산량이 부족한 지방에서는 밀에 보리를 섞기도 한다(전남). 그 밖에 옥수수, 콩, 팥, 귀리, 호밀을 섞는 지방도 있다(북한과 강원도 산간지방).

1) 누룩의 종류

누룩은 지방에 따라 그 형상, 크기, 품질 등이 매우 다르다. 그러나 일제시대의 누룩회사의 전매제도를 시행한 뒤로는 대개 통일되어 원료 1되로 만든 원판형의 것이 일반적인 것이었다.

누룩은 앞에서 설명한 바와 같이 밀의 분쇄 정도에 따라 분국(粉麯)과 조국(粗麯)으로 나눈다. 분국(粉麯)은 밀을 분쇄한 가루로 만든 것으로 밀기울이 섞기지 않은 순 밀가루만으로 만든 것으로 그 색이 희다 하여 백국(白麯)이라 한다. 이들 분국(粉麯)은 주로 약주 양조용으로 사용하였다. 조국(粗麯)은 백국용 밀가루를 빼고 남은 밀기울이나 혹은 거칠게 분쇄한 밀로서 밀가루를 빼지 않은 거친 분말로 만든 것으로 일반적으로 누룩하면 조국을 뜻한다.

조국(粗麯)은 주로 탁주(막걸리), 소주용으로 사용하였다. 조국 중에서 특히 소주용으로 증류를 쉽게 하기 위하여 원료를 아주 거칠게 만든 것을 추국(麤麯)이라 하여 탁주용으로 구별하고 있다. 또 탁주용 누룩에는 밀가루를 뺀 밀기울만으로 만든 것과 분쇄한 밀에 밀기울을 더하여 만든 것이 있다.

그 밖의 소주누룩으로 밀 이외에 옥수수, 콩, 보리, 보릿겨 등을 혼합하여 만든 것, 귀리만으로 만든 것, 소주박에 조를 섞어서 만든 것도 있다. 누룩은 그 만든 시기에 따라 춘국(春麯 : 1, 2, 3월), 하국(夏麯 : 4, 5, 6월), 절국(節麯 : 8, 9, 10월), 동국(冬麯 : 11, 12월)으로 구별하기도 한다.

재래식 제법은 원래 밀을 깨끗이 씻어서 충분히 말린 다음 곡편이 5~6조각 될 정도로 분쇄한다. 분쇄한 밀에 25~30% 정도의 물을 가하여 잘 반죽하고 1~2시간 재워둔 후 수분이 균일하게 흡수되면 보에 싸서 누룩틀(고지)에 넣어 성형한 다음 쑥으로 싸서 부엌 시렁에 매달아 두거나 온돌방의 벽에 매달아 놓고 띄운다. 누룩의 크기는 건조제품으로서 0.8 kg 또는 1.6 kg 되도록 납작하게 만든다. 우리나라 전통의 방법은 종국(種麴)을 사용하지 않았다. 공장에서 다량으로 만들 때는 보온이 잘 되어 있는 국자실(누룩방)에서 띄우게 되며, 그 공정은 그림 8-2와 같다.

이와 같이 옛날식으로 만든 누룩이라도 쪼갰을 때 속까지 담황색 또는 회백색을 띠고 곰팡이가 잘 번식되어 있으며, 특유의 향기가 있어야 좋은 것이다. 부패취나 메주냄새가 나고 속이 갈색으로 되어 있는 것은 좋지 않다.

누룩에서는 *Rhizopus, Aspergillus, Mucor* 등의 곰팡이와 *Saccharomyces* 속의 효모와 고초균(*Bacillus subtilis*), 젖산균(*Lactobacillus* 속) 등이 검출되고 있다. 이들 미생물은 특별히 접종한 것이 아니며 원료나 제조과정에서 오염으로 들어간 야생균이다. 따라서 누룩의 제조지역이나 제조방법에 따라서 미생물 상(相)은 달라질 수 있으므로 각기 특색이 있는 누룩이 될 수 있다. 또 같은 지역이라 할지라도 계절에 따라 그 환경의 미생물 상(相)에 차이가 있으므로 당연히 누룩의 제조시기에 따라 특색이 달라진다.

그러나 일본의 제국법이 우리나라에 들어 와서 누룩 제조 시에 *Aspergillus oryzae*

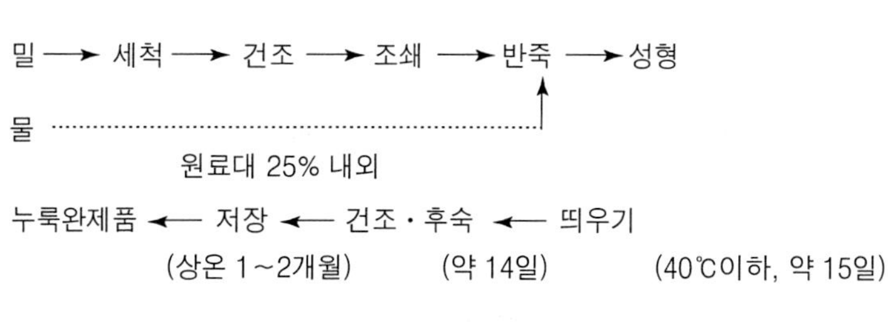

그림 8-2. 누룩의 제조공정

나 *Aspergillus kawachii* 등을 곰팡이의 종국(種麴)과 접종하여 만든 누룩은 전통적인 누룩이라 할 수 없으나 양조학의 발달에 따라 사용하지 않을 수 없으며, 이런 누룩을 국(麴, koji)이라고 한다. 이러한 누룩과 뒤에서 설명되는 입국(粒麴), 분국(粉麴) 등을 합하여 발효제(醱酵劑)라고 한다.

2) 국자실(麯子室)

그러나 일제시대부터 종국을 사용하게 되고 누룩회사가 조직된 뒤로부터는 국자실(麯子室)을 이용하게 되었다. 이 국자실의 목적은 인위적으로 알맞은 온도와 습도를 조절하여 사철을 통하여 어느 때이고 같은 품질의 누룩을 다량으로 만드는 데 있다.

이와 같은 목적을 위하여 두꺼운 천정과 벽을 이중으로 한 장방형의 방으로서 국실(麴室)과 비슷한 구조의 것이 알맞다. 이때 온도와 습도를 임의로 조절하기 위하여 천정과 벽에는 창을 내고 또 이중벽 사이에는 열의 절연재료인 왕겨나 짚, 톱밥 등을 넣는 것이 좋다.

국자실(麯子室)의 면적은 제조할 누룩의 양에 따라서 정해지며 대략 2～3섬에 대하여 3.3 m^2(1평)의 비율이면 좋다. 그러나 국자실의 모양과 내부의 배치 관계로 다소의 차이가 있다. 국자실(麯子室)이 너무 넓으면 보온하기가 곤란하며, 이와 반대로 너무 좁으면 온도 상승이 급격하게 되기 쉬우므로 알맞지 않다.

바닥은 콘크리트로 하는 것이 좋다. 외벽은 토벽이나 벽돌로 쌓으며, 내벽은 보통 파장으로 한다. 이중벽 사이에는 약 30～60 cm로 하여 절연재료를 채워 넣는다. 보온재료로서는 짚, 왕겨, 톱밥 순서로 하며, 천정도 판장으로 하고 그 위에 전충(塡充)재료를 둔다. 내부에는 양편 벽에 높이 약 30 cm 가량의 사이를 둔 시렁을 메고 중앙의 통로만을 남겨 시렁 너비를 정한다. 방의 입구는 이중문으로 하되 바깥문은 여는 문으로, 앞문은 미닫이로 한다.

3) 원료의 처리

원료인 밀을 씻어서 충분히 말린 뒤 제분기로 가루를 만든다. 옛날에는 이 작업을 연자나 물레방아로 하였으므로 제분도가 좋지 못하였다. 빻은 밀은 사용목적에 따라 그대로 쓰거나 체로 쳐서 사용한다.

4) 누룩의 제조

제국(製麯)의 순서는 ① 반죽, ② 성형(성형), ③ 입국(入麯), ④ 뒤바꾸기(積換), ⑤ 출국(出麯)으로서 국자실의 구조와 제국(製麯)의 계절, 지방 등에 따라 그대로

표 8-1. 조국(粗麯) 제조 중 경과

일순	작 업	시 간	실 온(℃)		품온 (℃)	적 요
			건구	습구		
1	입 국	오후 6.00	28	26	-	가마로 덮는다.
2	입 국	오전 2.00	30	28	32	품질 유연
		오후 6.00		32		흰 균사가 보인다.
3	입 국	오전 6.00	34	35	33	
	뒤바꾸기	오후 6.00	37	36	39	아래 위 전부를 뒤바꾸기 한 장소에
4	뒤바꾸기	오후 6.00	39	39	40	뒤지기 정도로 한다.
4	뒤바꾸기	오후 6.00	41	37	43	황색균의 발생이 보인다.
5	뒤바꾸기	오후 6.00	40	34	46	외부 건조
6	뒤바꾸기	오후 6.00	38	34	44	
7	뒤바꾸기	오후 6.00	38	30	44	
8	뒤바꾸기	오후 6.00	35	30	43	
9	뒤바꾸기	오후 6.00	36	30	44	
10	뒤바꾸기	오후 6.00	36	30	44.5	내부의 습한 곳 20% 가량
11	출 국	오후 6.00	36	30	43	건조실로 보내어 10~15일간 말림

표 8-2. 분국(粉麯) 제조 중 경과

일순	작 업	시 간	실온(℃)		품온	적 요
			건구	습구		
1	입 국	오전 6.00	26	24	22	가마로 덮는다.
2	입 국	오전 6.00	30	26	29	아래 위 모두 뒤바꾸기
3	입 국	오전 6.00	29	25	35	
	뒤바꾸기	오후 6.00	30	28	35	
4	뒤바꾸기	오후 6.00	30	25	41	
5	뒤바꾸기	오후 6.00	33	29	38	외부 건조
6	뒤바꾸기	오후 6.00	36	22	33	
7	뒤바꾸기	오후 6.00	29	26	42	내부는 아직 유연
8	뒤바꾸기	오전 6.00	28	22	41	
9	뒤바꾸기	오전 6.00	30	26	40	
	뒤바꾸기	오후 6.00	27	22	37	
10	출 국	오전 6.00	30	26	41	이것을 33~36℃의 건조실로 보내어 10~20일간 말린다.

쓰거나 체로 쳐서 사용한다.

먼저 분쇄한 밀을 자리나 아연판 위에 널어 40% 내외의 물을 살포하면서 잘 이긴다. 잠시 방치한 후 충분히 이겨졌으면 일정량을 떠서 덩어리로 뭉친 다음 보에 싸서 고지(누룩틀)에 넣어 밟아서 평원판상으로 성형한다. 성형한 것은 종국(種麴 : *Asp. oryzae*)을 섞은 밀가루를 발라서 표면접종을 한 다음 입국(入麯)한다. 입국(入麯)은 국자실에 설치한 가마(미리 살균한 것)를 깐 시렁 위에 얹고 그 위에 또 살균한 가마로 덮는다.

입국(入麯)한 다음 날이면 미생물의 번식이 왕성하게 되고, 이에 따라 품온이 올라가며 탄산가스가 집적되므로 매일 또는 하루 걸러 뒤바꾸기를 하여 온도의 균일화와 통풍을 꾀한다. 품온이 너무 올라가는 경우에는 덮었던 가마를 벗기며, 이와 반대로 품온이 내려가면 숯불을 피워서 보온을 한다. 4일째에 품온이 40℃ 이상으로 올라가면 가마를 모두 벗기고 뒤바꾸기를 한다.

4~5일째에 품온이 최고로 되며, 그 후는 점차로 낮아지므로 그대로 방치하여 두었다가 8~9일이 될 때 출국한다. 여기에서 제국(製麯)의 경과를 보면 표 8-1과 표 8-2와 같다.

5) 건조와 저장

이와 같이 제조한 누룩은 다시 건조실에 옮겨 누룩을 말리는 동시에 숙성시킨다. 건조실에 누룩을 포개어 쌓아서 약 2주간 건조 및 숙성시킨 후에 다시 2개월간 건조한 저장고에 두었다가 사용하는 것이 보통이다.

6) 감정

누룩의 중요한 녹말 액화균과 녹말 당화균은 국(麯)인 *Aspergillus oryzae*이며, 그 밖에도 *Rhizopus, Mucor, Absidia* 등의 곰팡이가 들어 있다. *Rhizopus* 로서는 *Rhizopus tritici, Rhizopus oligosporus* 이며, 그 밖에 *Monascus prurpureus* 와 효모로서는 *Saccharomyces coreanus*가 관계하고 있다. 누룩의 감정법으로서

① 밀은 가급적 가늘게 분말하는 것이 좋다. 조국(粗麯)과 분국(粉麯)은 그 품질이 같지 않으나 조국(粗麯)일 경우에는 각각의 부스러기가 부드러운 것이 좋다.

② 누룩 덩어리의 표면이나 이면 그리고 주변에 균등하게 균사가 발육하고, 담황색을 띠며 다른 빛이 나지 않는 것이 좋다.

③ 덩어리는 충실하며 갈러졌거나 조밀이 없고 건조가 충분하여 단단한 것, 그리고 파쇄면은 착색되지 않고 균사나 포자가 속까지 들어간 것이 좋다.

최근에는 입국(粒麴)을 사용하고 있다. 입국이란 쌀 표면에 순수한 배양균을 접종시켜 만든 일본식 누룩, 즉 일본 미국(米麴)을 말한다. 일제 강점기의 양조장들은 입국(粒麴)을 사용하여 소주나 청주를 빚었으며, 1965년 이후에는 막걸리까지도 입국으로 술을 빚고 있다. 몇 년 전 100여 개의 양조장에서 사용여부를 조사한 바에 의하면 99개 공장 중 10% 정도가 입국(粒麴)을 사용하고 있고, 다른 나머지 공장에서는 전통누룩을 사용하고 있었다고 조사되었다.

7. 전통 막걸리 만들기
(막걸리학교 허시명 교장)

우리나라에서는 1995년부터 일반 가정에서도 술 빚기가 가능해졌다. 이전에는 면허를 내지 않고 술을 빚거나 집안에 누룩 몇 덩이만 가지고 있어도 적발되어 벌금을 냈다. 1909년 밀주 단속의 근거가 된 주세법이 공포된 이래 가정집에서 가장 두려워하던 것이 밀주 단속이었다. 요즘은 술 빚기가 자유로워져서 술 빚기 강좌나 막걸리 빚기 행사를 주변에서 쉽게 볼 수 있다. 하지만 빚은 술을 다른 사람에게 공짜로는 줄 수 없는데, 이는 음식점이나 술집에서 자가 양조한 술을 무료로 제공하여 상업적으로 이용하는 것을 방지하려는 조치이다. 세상에 공짜 술은 없는 것이다.

1) 재료

고두밥 3 kg, 누룩 600 g, 물 4.5 ℓ

막걸리의 주원료는 쌀이다. 쌀로 우선 고두밥을 짓는다. 고두밥이 잘 쪄지면 널따란 천 위에 고르게 펼쳐서 20℃ 정도 되게 식힌다. 물은 잘 끓여서 식힌 뒤에 사용한다. 이때 물 온도도 20℃ 정도 유지하면 된다. 누룩은 고두밥 분량의 20% 정도를 사용하고, 물은 고두밥 분량의 1.5배를 사용하면 된다. 그럼 고두밥 찌는 법부터 차근차근 알아보자.

2) 고두밥 찌기

① 쌀을 깨끗이 씻어 2～4시간 정도 물에 불린다.
② 물에 불린 쌀을 바구니에 담아 30～60분 동안 물을 뺀다.
③ 물기를 뺀 쌀을 광목천에 담아 찜통이나 시루에 넣고 고두밥을 찐다.
④ 김이 나기 시작할 때부터 40～60분 동안 찐다.
⑤ 불을 끈 상태에서 20분 정도 뜸을 들인다.

⑥ 잘 쪄진 고두밥알은 손으로 누르면 문드러질 정도가 된다. 이때 너무 물러도 안 되고, 또 너무 딱딱해도 안 된다.

고두밥이 식으면 함지에 담고 누룩과 물을 부어 열심히 치댄다. 술밥과 누룩에 찰기가 생겨서 술밥을 뜨면 덩어리 질 정도가 되어야 한다. 잘 비벼진 술밥을 항아리에 담는다. 이때 항아리는 사전에 철저하게 소독해 둔다.

3) 술항아리(용기) 소독법

① 알코올을 뿌려서 소독하기
② 뜨거운 물을 담아 소독하기
③ 짚을 태워 뜨거운 연기로 소독하기
④ 물이 끓는 솥에 쳇다리를 얹고 그 위에 항아리를 뒤집어놓고 증기로 소독하기

4) 발효관리

① 온도는 23~28℃ 사이에서 안정적으로 유지한다. 발효가 왕성하게 진행될 때도 30℃ 이상 올라가지 않게 관리한다.
② 하루에 한 번씩 술을 저어준다.
③ 술을 저어주고 나서는 술독의 안쪽 면이나 주둥이에 묻은 술을 잘 닦아준다.
④ 술통은 천이나 한지로 덮은 뒤 끈으로 묶어둔다. 비닐로 밀봉할 경우 이쑤시개로 비닐에 숨구멍을 네댓 개 내놓는다.
⑤ 항아리 밑바닥으로 찬 기운이나 뜨거운 기운이 직접 올라오지 않도록 술항아리 밑에 나무나 책을 받쳐둔다. 이는 항아리 아랫부분과 윗부분의 온도 차이를 최소화하기 위해서다.
⑥ 외부 온도가 낮을 때는 항아리 외부를 솜이불이나 두꺼운 솜옷으로 싸주어 온도를 유지한다.
⑦ 이런 상태에서 5~7일간 발효시킨다.

5) 발효가 완료되었다는 것을 알 수 있는 표시들

① 술 위로 기포(탄산가스)가 올라오지 않는다.
② 술독 안에서 성냥불을 켜면 불이 꺼지지 않는다.
③ 술독에서 코를 강렬하게 자극하는 냄새가 나지 않는다. 술독이 클 때는 냄새를 맡으려고 술독 안으로 코를 대지 말아야 한다. 올라오는 탄산가스 양이 많아서 정신을 잃을 수도 있다.

④ 술독의 위쪽이 맑아지고 지게미가 밑으로 가라앉아 있다.

6) 발효 후 관리

① 술이 익으면 용수를 박아 맑은 윗술을 떠낸다.
② 술이 익으면 자루에 담아 거른다. 처음에는 저절로 여과되는 술을 따로 담아놓고 자루를 압착하여 술을 짜낸다.
③ 술이 익으면 체로 거른다. 거른 술은 생수병이나 유리병에 담는다.
④ 술병을 냉장고나 시원한 곳에 일주일쯤 넣어두면 맛이 순해지고 깊어진다.
⑤ 냉장고에 넣어두면 한두 달 정도는 맛이 유지되지만 좋은 맛을 즐기기 위해서는 되도록 빨리 먹는 것이 좋다.

8. 재래식 막걸리 만들기

(신라대학교 막걸리 세계화 연구소장, 배송자 교수)

재래식 막걸리는 예로부터 전해 내려온 제조 방식으로 담근 술을 가리키며, 보통 고두밥과 전통누룩으로 술을 빚는다.

1) 술밑 제조

물과 가루 낸 누룩을 술항아리에 넣어 수국(水麴)을 하며, 이때의 온도는 약 15℃ 정도이다. 담금 후에는 재료를 섞지 않고 술항아리의 입구 부분에 짚을 엮어 덮어 둔다. 술항아리의 온도는 효모의 발육이 진행됨에 따라 서서히 높아지고, 7일째가 되면 온도는 점차 떨어져 독 안의 온도는 27～28℃ 정도를 유지한다.

2) 본 담금

막걸리에 쓰이는 쌀은 대부분 고두밥을 지어 사용한다. 술밑 : 고두밥 : 물의 비율은 주조사마다 차이는 있으나 일반적으로 1 : 2 : 5 정도로 한다. 항아리에 술밑, 고두밥, 물을 넣은 후 하루에 한 번씩 충분히 휘저어 섞어준다.

담금 후 5～8일 정도가 되면 숙성된다. 이때의 담금 온도는 일반적으로 20℃ 내외를 유지하지만, 30℃ 이상까지 올라가는 경우도 있으므로 늘 온도 관리에 신경을 써야한다. 이때 가능한 한 33℃ 이상은 되지 않도록 한다. 이렇게 해서 발효가 끝난 막걸리는 음용이 가능하다.

9. 일반 막걸리 만들기

(신라대학교 막걸리 세계화 연구소장, 배송자 교수)

대량 생산을 목적으로 한 막걸리 주조는 대부분 입국(粒麴) 방식이 많이 사용되고 있다. 일제 강점기인 1940년경부터 사용하고 있는 입국 방식은 고두밥에 국균을 접종하여 균을 번식시켜 술을 만드는 방식이다. 입국한 막걸리는 재래식 막걸리보다 주질(酒質)을 안정하게 유지시켜 주는 장점이 있으나 맛과 향 등 술의 품질에는 차이가 있다.

1) 증자

쌀에 붙어 있는 이물질을 제거하고 쌀 알갱이에 수분을 흡수시키기 위해 쌀을 잘 씻은 후 담근다. 담그는 시간은 쌀의 종류와 수확시기 그리고 양에 따라 다르지만 무엇보다도 주위 온도의 영향을 많이 받는다. 온도에 맞게 충분히 담근 쌀은 체에 친 후 증자한다. 증자는 쌀을 찌는 단계로, 수분을 충분히 흡수한 쌀에 100℃ 이상의 수증기를 가하여 전분의 점성도를 높이는 과정을 말하며, 이 상태에서는 각종 효소의 활동이 쉬워진다. 증자된 쌀을 고두밥이라 하며, 증자 시간은 보통 40～60분 정도이다. 증자가 끝난 쌀은 바로 이용하지 않고 20～30분 정도 뜸을 들인다. 일반적으로 증자 후 쌀의 중량은 증자 전보다 약 35～42% 증가되는 정도가 적당하다.

2) 입국

입국은 고두밥에 국균을 뿌려 단시간에 균을 번식시킨 것이다. 막걸리용 입국은 거의 백국(白麴, *Aspergillus kawachii*)을 이용한다. 백국은 전분의 당화력이 높고, 산(酸) 생산력이 강하며, 깊은 향미를 부여하고, 잡균의 오염을 방지하는 역할을 한다.

3) 술밑

술밑은 알코올 발효를 담당하는 효모를 확대 배양하는 발효제이다. 술밑에는 일반적으로 효모, 입국, 물을 첨가하나 주조 방식에 따라 누룩이나 고두밥 등을 함께 첨가하기도 하므로 술의 맛과 품질에는 다소 차이가 있을 수 있다.

4) 1차 담금

1차 담금은 술밑에 입국을 넣고 다시 골고루 섞어 만든다. 입국이 함유한 각종 효소반응에 의해 당화가 진행되고 산을 침출시키기 때문에 효모가 안전하게 증식하게 된다. 1차 담금, 즉 덧술을 하는 이유는 술의 양을 늘리고 향이 좋은 술을 만들기 위함이다. 1차 담금의 최적 품온은 27~28℃ 정도가 적당하다. 담금 온도가 30℃ 이상 너무 올라가면 효모가 잘 자라지 않기 때문에 최적 온도 유지는 필수이다. 1차 담금에서 본 담금(2차 담금)까지 걸리는 시간은 보통 5~6일 정도인데, 이 기간 중에는 하루에 한두 번 정도 잘 섞어 주어 효모의 증식에 필요한 산소를 공급하고 당화를 도와주어야 한다.

5) 2차 담금(본 담금)

2차 담금(본 담금) 온도는 1차 담금 때와 거의 같거나 2℃ 정도 낮게 유지한다. 담금 온도가 30℃ 이상으로 너무 올라가면 효모가 잘 자라지 않아 알코올 발효가 더뎌지며, 고온성 젖산균 등의 성장으로 산도가 증가하므로 조심해야 한다. 이때는 최적 온도의 유지가 필수적이다. 때문에 하루 3~4회 추가 교반한다.

본 담금이 시작된 후 4~5시간 정도 지나면 담금된 고두밥이 효소가 들어 있는 물을 흡수하여 당화와 알코올 생산의 발효작용이 동시에 일어난다. 따라서 초기에 담금된 원료는 팽창하여 부상하였다가 당화과정을 거쳐 알코올 발효가 진행될수록 점차 가라앉게 된다. 본 담금은 제조 방법에 따라 3차, 4차 담금을 하기도 한다.

6) 제성(製成)

담금을 마친 숙성된 술, 즉 원주(原酒)를 물로 희석하고 필요에 따라 첨가물을 가하여 제품으로 만드는 과정을 제성이라 한다. 이 단계에서는 막걸리 원주(原酒)에 아스파탐 등의 첨가물을 넣어 감미를 돋우거나 소금을 첨가하여 맛을 내기도 한다. 이렇게 맛을 낸 원주에 물을 첨가하여 적당한 알코올 도수(6~7도)로 만들고, 체 또는 지게미 분리기로 막걸리와 지게미를 분리시킨 후 포장한다. 각 주조사마다 제성방법에는 조금씩 차이가 있으며, 막걸리는 제성 후에도 약하게 발효가 진행된다.

10. 내 손으로 직접 막걸리 만들기
(신라대학교 막걸리 세계화 연구소장, 배송자 교수)

① 먼저 도정된 쌀을 깨끗이 씻어 물에 불린 후 쌀을 건져낸다.
② 40분가량 찜통에 쪄서 고두밥을 만든다.
③ 찐 고두밥을 선풍기 등의 바람에 살짝 말린다.
④ 일정량의 누룩과 효모를 각각 물에 개어놓는다.

⑤ 살짝 말린 ③의 고두밥에 ④의 누룩과 효모를 고루 저어 주면서 섞는다.
⑥ ⑤를 술을 담글 용기에 넣은 후 25～28℃가 되게끔 유지한다.
⑦ 2～3일간 아침저녁으로 두어 번 저어 곰팡이 생성을 방지하면서 발효시킨다.
⑧ 일주일 정도 지나면 술 익는 냄새가 난다.

11. 증자 막걸기 만들기

(배상면주류연구소, 이윤희 연구원)

11.1 증자 막걸리 발효

증자 막걸리는 약주, 청주와 같이 전분을 당화효소로 당을 생성시키는 당화과정과 효모에 의하여 알코올을 생성시키는 과정이 동시에 진행되는 병행 복발효 방식이다.

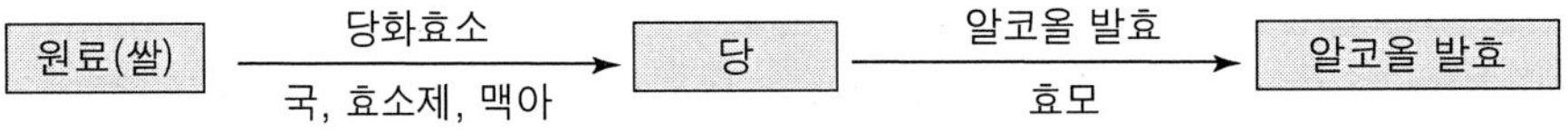

11.2 제조공정

제조공정은 그림 8-3과 같다.

11.3 증자 막걸리 제조실습

1) 재료 및 분량

① 쌀 : 3 kg
② 물(원료 양의 150%) : 4.5 ℓ
③ 개량누룩(원료 양의 2%) : 60 g
④ 효모(원료 양의 0.7%) : 21 g

2) 담금 방법

① 쌀을 깨끗이 씻어 약 2～3시간 물에 불린 후 체에 밭쳐 물을 뺀다.
② 준비한 개량누룩 60 g을 10배 정도의 물(600 ㎖)에 숟가락으로 저어 추출이 잘

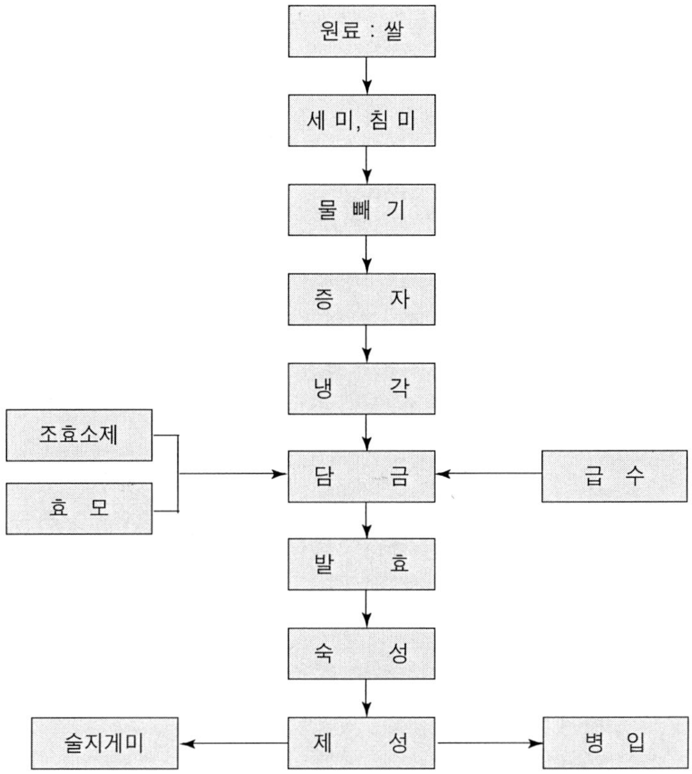

그림 8-3. 증자 막걸리 제조공정도

되도록 한다. 이때 사용하는 물은 담금 수에서 덜어 사용한다.

③ 시루에 천을 깐다. 이때 천에 풀이 먹여져 있으면 김이 올라오기에 힘이 들므로 깨끗이 세척하여 풀기가 없는 천을 이용하도록 한다. 이때 시루 가장자리로 천을 따라 증기가 새어 나가므로 바닥에만 깔도록 한다.

④ 찜통의 물이 끓어오르면 증기가 먼저 나오는 곳부터 쌀을 뿌려 가면서 찐다. 쌀이 익어 가는 것을 확인하면서 쌀을 시루에다 얹은 후에 뚜껑을 닫고 1시간 정도 찌고 20분 정도 뜸을 들인다(불의 세기와 쌀의 양에 따라 찌는 시간을 조정한다).

⑤ 술 담금 용기에 추출된 개량누룩과 담금 용수 중에 미리 넣는다.

⑥ 고두밥을 골고루 펴서 20℃ 정도로 빨리 냉각시킨다. 골고루 펴지 않고 천천히 냉각시키면 겉만 마르고 속은 마르지 않으므로 조심해야 한다. α-전분(고두밥)은 수분이 풍부한 경우 실온에 방치하면서 서서히 β-전분으로 돌아가므로

고두밥을 빨리 식혀서 술 담금에 사용하여야 한다. 고두밥의 냉각은 고두밥 중의 수분의 증발로 열을 빼앗기므로 냉각된 것이다. 냉각법에 따라 다르지만 고두밥은 냉각에 의해 쌀 중량의 10% 정도의 수분을 잃게 된다.

⑦ 효모 21 g을 10배 정도의 물(210 mℓ)에 넣어 잘 풀어 담금 용기에 넣는다. 이때 반드시 물에 효모를 풀어야 한다. 역시 담금 수에서 덜어 사용한다.

⑧ 비닐로 병의 입구를 덮는다. 술덧의 온도를 35℃ 정도로 유지하고 하루에 두 번 정도 국자로 저어준다. 발효 중인 술의 온도가 30℃ 이상 올라가지 않도록 조심한다.

3) 제성방법

① 위의 담금 술이 거의 숙성하면 체로 어느 정도 술지게미를 제거한다.

② 물을 첨가하여 원하는 알코올 도수를 맞추고 입병하여 냉장고에 넣어 보관한다.

12. 무증자 막걸리 만들기

(배상면주류연구소, 이윤희 연구원)

12.1 무증자 막걸리 발효

무증자 막걸리도 전분을 효소로 당을 생성시키는 당화과정과 효모에 의하여 알코올을 생성시키는 과정이 동시에 진행되는 병행 복발효 방식이다.

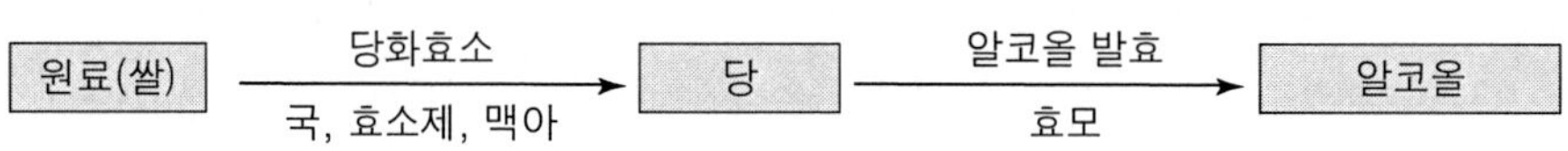

12.2 제조공정

제조공정은 그림 8-4와 같다.

12.3 무증자 막걸리 제조실습

1) 재료 및 분량

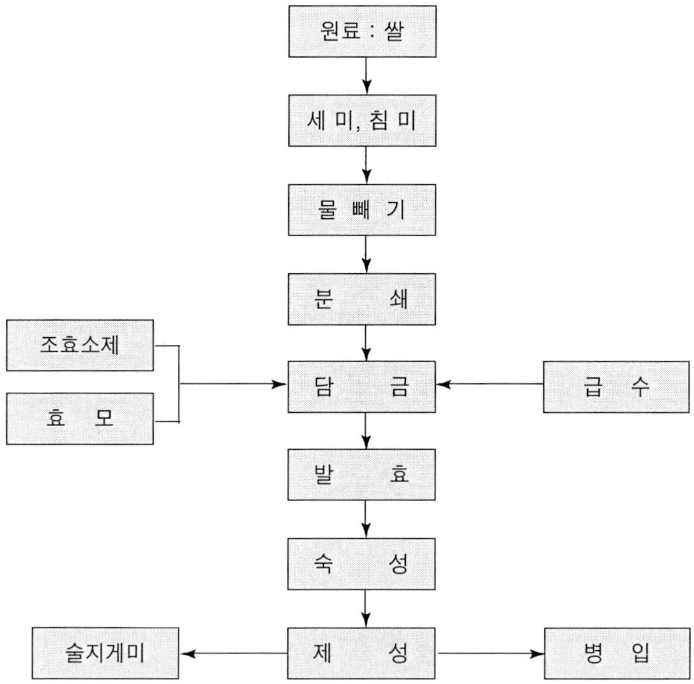

그림 8-4. 무증자 막걸리 제조공정도

① 쌀 : 3 kg ③ 개량누룩(원료 양의 2%) : 60 g
② 물(원료 양의 150%) : 4.5 ℓ ④ 효모(원료 양의 0.7%) : 21 g

2) 담금 방법

① 쌀을 깨끗이 씻어 약 2～3시간 물에 불린 후 체에 밭쳐 물을 뺀다.
② 준비한 개량누룩 60 g을 10배 정도 물(60 mℓ)에 숟가락으로 저어 추출이 잘 되도록 한다. 이때 사용하는 물은 담금 수에서 덜어 사용한다.
③ 불린 쌀은 믹서로 충분히 간다. 이때 쌀알은 충분히 곱게 갈아져야 한다.
④ 믹서로 분쇄한 쌀을 담근 용기에 넣는다.
⑤ 효모 37.5 g을 10배 정도의 물(375 mℓ)에 넣어 잘 풀어 담금 용기에 넣는다. 이때 반드시 물에 효모를 풀어야 하고 사용하는 물은 담금 수에서 덜어 사용한다.
⑥ 비닐로 담금 용기를 잘 덮고 고무줄로 가장자리를 고정한다. 발효 중인 술의 온도가 30℃ 이상 올라가지 않도록 조심한다.

3) 제성방법

① 위의 담금 술이 거의 숙성하면 체로 쳐서 어느 정도 술지게미를 제거한다.

② 물을 첨가하여 원하는 알코올 도수를 맞추고 입병하여 냉장고에 넣어 보관한다.

13. 무증자(無蒸煮) 막걸리 만들기

(신라대학교 막걸리 세계화 연구소장, 배송자 교수)

무증자 막걸리는 쌀을 쪄서 고두밥을 만들지 않고 생쌀 그대로를 사용하며, 생전분 분해효소를 가하여 빚는 막걸리이다.

1) 원료의 준비

쌀을 깨끗이 물에 씻어 3시간 정도 불렸다가 다시 1시간 정도 물을 뺀다. 물기를 충분히 제거한 쌀을 분쇄기로 잘게 부스러뜨리는데, 이때 가장 큰 쌀 알갱이가 0.5 mm 크기를 넘지 않도록 하여 전분 분해효소의 작용이 쉽도록 한다. 곡류의 입자 크기는 발효에 영향을 미친다.

2) 효소의 추출

무증자용 생전분 분해효소제를 약 3시간 정도 물에 담근 후 효소 추출액만 걸러내어 본 담금에 사용한다. 이때 효소 추출액을 만들기 위해 사용한 물과 본 담금에 사용한 물의 온도는 차가워야 한다.

3) 본 담금

오염이 되지 않은 차가운 물에 효소 추출액과 술밑을 넣고, 마지막으로 잘게 분쇄한 쌀을 넣어 섞는다. 이때 담금의 온도는 20～25℃ 사이가 좋다.

14. 주류제조 교본의 탁주 만들기

(국세청기술연구소)

곡류, 기타 전분이 함유된 물료 또는 전분당과 국(麴) 및 물을 원료로 하여 발효시킨 술덧을 여과하지 아니하고 혼탁하게 제성한 것 또는 그 발효 제성과정에 대통령령이 정하는 물료를 첨가한 것.

14.1 주원료

곡류, 곡류 이외의 전분이 포함되어 있는 물료(고구마, 감자 등), 당분

① 당분의 범위 : 설탕(백설탕, 갈색석탕, 흑설탕 및 시럽을 포함), 포도당(액상포도당, 정제포도당, 함수결정포도당 및 무수결정포도당을 포함), 과당(액상과당 및 결정과당을 포함), 엿류(물엿, 엿기름엿 및 덩어리엿을 포함), 당시럽류(당밀시럽 및 단풍당시럽을 포함), 올리고당류 또는 꿀

② 당분 사용량 : 당분을 첨가할 경우 첨가하는 당분의 중량은 전분질 원료와 당분의 합계 중량을 기준으로 하여 100분의 50을 초과하지 않아야 한다.

14.2 첨가물료

아스파탐, 스테비오사이드, 젖산, 주석산, 구연산, 아미노산류, 수크로스, 아세설팜칼륨, 에리스리톨, 자일리톨, 산탄검, 글리세린지방산 에스테르, 과실, 당분, 식물 약재

① 식물 약재를 주정 등으로 추출하는 경우 그 추출액의 알코올분 총량은 최종 제품 알코올분 총량의 100분의 5를 초과할 수 없다.

② 식물 약재 중 알코올분 1% 이상으로 발효시킬 수 있는 과실 또는 과채류를 제외한다.

14.3 양조장의 막걸리 만들기

① 전체 제조공정

원료 → 원료 처리 → 증자 → 냉각 → 입국 제조 → 술밑 → 1단 담금 → 2단 담금 → 숙성 → 제성 → 탁주

② 원료처리와 증자(고두밥 찌기) 과정

쌀 씻기 → 물에 쌀 담금(물 흡수 비율 25~28%) → 물 빼기(1~3시간) → 증자(40~60분) → 냉각

③ 술밑 제조과정

담금(예정된 술 온도 20~22℃) → 6시간 간격으로 저어주기, 총 20~25시간 경과 → 괴어오름(예정 온도 25~28℃) → 최고 술 온도(28℃, 효모 증식이 목적이므로 효모 발육에 적합한 25~30℃를 유지한다) → 술밑 숙성(20~25

시간) → 총 4~5일, 96~120시간 정도 지난 후 완성된 술밑을 사용한다. 사용량은 1단 담금 원료량의 2~3%이고, 1단 담금 할 때 물과 함께 첨가한다.

④ 술덧 제조과정

1차 담금(효모 증식, 담금 온도 (20~25℃) → 저어주기(1일 3~4회), 20~48시간 경과, 30℃ 이하 유지 → 2차 담금(담금 온도 20~25℃, 약 5시간 뒤 팽창 후 가라앉음) → 저어주기(필요한 경우 1일 1~2회), 5~10시간 경과 후 → 술 내부 온도 올라감. 예정 온도 30~32℃. 32℃ 이상이면 감산패, 냉각이 필요함. 온도를 30℃ 이하로 유지 → 숙성 → 제성

15. 소규모 양조장에서 탁주와 막걸리 만들기

약·탁주는 우리나라의 재래 전통주로서 천여 년 이상 양조되어 왔으며, 특히 탁주는 농주(農酒), 회주(灰酒)라고도 하며 옛날부터 널리 음용되어 오던 가장 오랜 역사를 가진 술이다. 약·탁주는 찹쌀이나 멥쌀을 원료로 하고 누룩을 발효제로 하여 양조하여 왔으며, 일본의 입국법(粒麴法)이 도입됨에 따라 약·탁주 원래의 풍미는 많이 감소되었다.

그 후 1977년 주조 원료로는 다시 쌀을 사용할 수 있게 되었으나 쌀을 원료로 한 양조기술의 미흡으로 밀가루로 양조한 약·탁주에서 얻었던 기호를 찾아볼 수 없으며, 또 양조장에서 누룩의 사용을 기피하고 그 사용량을 줄임으로써 약·탁주의 품질이 크게 변하였다. 약·탁주의 일반 제조공정을 그림 8-5에 나타내었다.

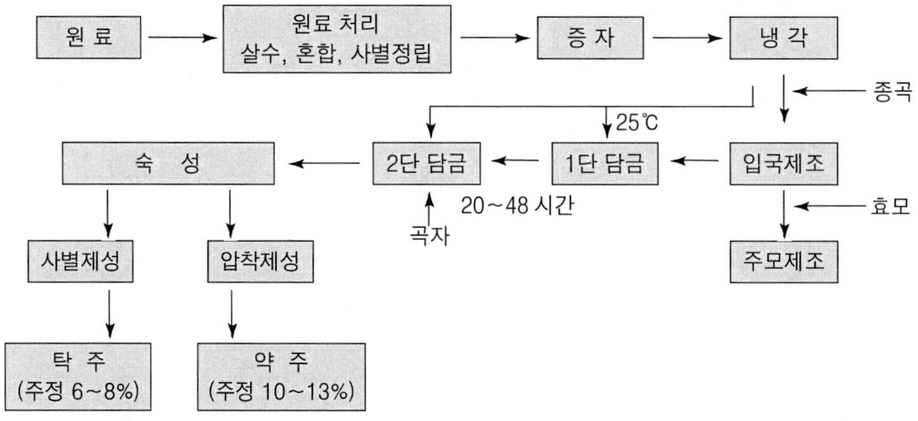

그림 8-5. 약·탁주의 제조공정

15.1 원료와 처리

1) 원료

쌀, 밀가루, 옥수수, 보리쌀, 고구마전분, 고구마 전분당, 포도당 그리고 주조용수와 누룩, 분국 등이 이용된다.

2) 원료처리

원료에 따라 처리법이 다르나 대개 천처리, 흡수, 증자, 냉각의 단계를 거친다.

① 쌀 : 잘 세척 후 15～18시간 물에 침지시켜 43% 정도의 수분을 흡수시키며 침지 중 5～6시간 마다 물을 갈아 준다. 침지 후 물을 뺀 다음 증자하고 냉각한다. 경질미는 증자할 때 김이 오르는 대로 쌀을 한 켜씩 넣는 방법을 쓰는 수도 있으며, 한 켜씩 넣을 때마다 쌀 중량에 따라 약 6～8%의 살수를 하면 탄력성이 있는 연한 증미를 얻을 수 있다.

세미 → 침지 → 물 빼기 → 증자 → 냉각
(15～18시간) (1～3시간) (1시간)

② 밀가루 : 약・탁주 제조용의 밀가루는 중력분(中力粉)의 1급품이 적합하며 주질(酒質)이 좋다. 밀가루에 20～30%의 물을 가하거나 반죽기로 반죽한다. 1시간 정도 방치하여 흡수시킨 다음 증자기로 40～60분간 증자한다. 이것을 체로 쳐서 제국용은 0.5～1.0 cm^3, 덧밥용은 1.0～1.5 cm^3 내의 크기로 입자를 고른다.

밀가루 → 살수혼합 → 흡수 → 사별 → 증자 → 사별 → 냉각
(여름 30～1시간 겨울 1～3시간) (40～1시간) (제국용 0.5～1.0 ㎤ 덧밥용 1.0～1.5 ㎤)

③ 보리쌀 : 대맥(大麥), 나맥(裸麥), 압맥(壓麥) 등이 있으며, 가장 풍부한 대체원료가 되지만 비타민, 무기질과 단백질 등이 많아 여름철의 양조에는 초산균을 비롯한 많은 잡균의 번식으로 산패를 일으키기 쉽다. 또 보리쌀에는 철분도 많아 제품의 색을 검게 하여 주질(酒質)을 저하시킨다.

침맥의 흡수율은 35% 내외로 하고, 증자 흡수율은 제국용 38～40% 내외, 덧밥용 45% 정도로 하는 것이 좋다.

보리쌀 → 세척 → 침지 → 물빼기 → 증자 → 냉각

(여름 30～1시간
겨울 1～3시간) (1시간)

15.2 발효제

우리나라 고유의 누룩(곡자)은 1740년대를 전후하여 사용되기 시작하였으며 점차 사용량이 증가된 입국(粒麴)과 1960년대 개발되어 간편하게 이용되는 조효소제 표품 등이 있다. 이들 효소제는 전분 당화효소(amylase)와 단백질 분해효소(protease)를 비롯한 각종 효소가 있어서 전분을 당화하고 단백질을 분해하여 향미 성분을 생성시키고 많은 효모도 존재하여 그 급원이 되기도 한다. 곡자와 분국, 조효소제 표품 등은 별도 공산품에서 구입하여 사용하고 입국(粒麴)은 각 양조장에서 자가 제조하여 사용하는 것이 보통이다.

1) 누룩

밀을 원료로 하여 세척하고 충분히 건조시켜 분쇄 후 20～25% 정도로 살수하면서 혼합반죽을 한다. 고루 흡수가 되면 0.8 kg 또는 1.6 kg의 일정량을 보에 싸서 누룩틀(고지)에 넣고 압착하여 원판 또는 네모판 모양으로 성형하고 종국[種麴 : 녹색이 더 짙은 장모성(長毛性)의 황국균(黃麴菌, *Asp. oryzae*)을 쓰며 백국균(白麴菌, *Asp. niger* mut. *kawachii*) 등을 쓰기도 한다]을 섞은 밀가루를 발라서 표면접종을 한다. 이것을 곡자실의 살균한 짚방석을 깐 시렁에 얹고 살균한 짚방석으로 덮는다. 이것을 입국(立麴)이라 하며, 일본에서는 이를 재우기라 한다.

입국(재우기) 후 24시간이 되면 곡자 표면에 흰 균사가 보이면 이에 따라 품온이 상승하고 호흡이 왕성하여져 탄산가스가 집적되므로 매일 또는 격일로 뒤지기와 상하의 뒤바꾸기를 하여 통풍을 하고 품온을 35℃ 이하로 조절한다. 입곡 후 실온이 부적당하면 쉰내가 나거나 균사의 발육이 불량하여진다.

품온이 35℃ 이상으로 되면 덮은 짚방석을 벗기고, 품온이 내려가면 보온을 한다. 입곡 4～5일 후 황록색의 포자기 모이며 품온이 40℃ 이상으로 상승하여 곡자의 표면이 건조하기 시작한다. 이때 짚방석을 모두 벗기고 뒤지기를 자주한다. 품온 관리가 적당하지 않으면 솜털곰팡이(*Mucor*), 거미줄곰팡이(*Rhizopus*) 등의 곰팡이가 번식하고, 곡자의 색이 검어지거나 흑색의 반점이 생기고 곡자의 내부가 흑갈색으로 변한다.

이후 품온이 점차 내려가며 그대로 방치하였다가 입국 후 8～10일에 출국하여 후 발효실에서 7일 내외 숙성시키고 건조실로 옮겨 포개 쌓아서 14일 정도 건조와 숙성을 시킨다. 그 후 다시 1～2개월 건조한 저장실에 저장하였다가 사용한다.

누룩은 그 형태가 충실한 것이어야 하며 갈라졌거나 조밀한 부분이 없이 건조가 잘 되어 단단한 것이 좋다. 전 표면에는 접종한 황국균이나 백국균의 균사가 균일하게 발육하여 담황색을 띠고 속까지 황백색 또는 회백색으로 균사가 충분히 번식되어 있고, 누룩 특유의 구수한 향취가 나는 것이 좋다. 누룩의 단면이 회갈색이거나 흑갈색을 띠고 메주 냄새가 나는 것은 고초균(*Bacillus subtilis*) 등의 세균이 번식한 것으로 좋지 않다.

곡자의 규격은 0.8 kg형과 1.6 kg형이 있으며, 당화력(SP)은 300 이상이어야 하며, 수분은 12% 이하이어야 한다. 곡자를 사용할 때는 효소의 침출이 잘 되도록 적당히 분쇄하여 쓴다.

2) 입국(粒麴)

약・탁주용 입국(粒麴)은 우리나라에서 백국균(白麴菌)이라 하는 *Asp. niger* mut. *kawachii* 등은 증자한 쌀, 밀가루 혹은 옥수수 가루에 배양한 것으로 이것은 주로 약・탁주 발효과정 중 전분의 당화, 향미 부여와 잡균의 오염방지 등의 중요한 역할을 한다. 백국균은 황국균에 비하여 번식이 더디지만 산 생성이 강하여 술덧의 오염을 방지하는 데 효과적이다. 또한 황국균은 내산성이 약한 액화효소(α-amylase)가 강한데 비하여 백국균은 당화형의 내산성이 강하고 또 많은 유기산을 생성하므로 백국

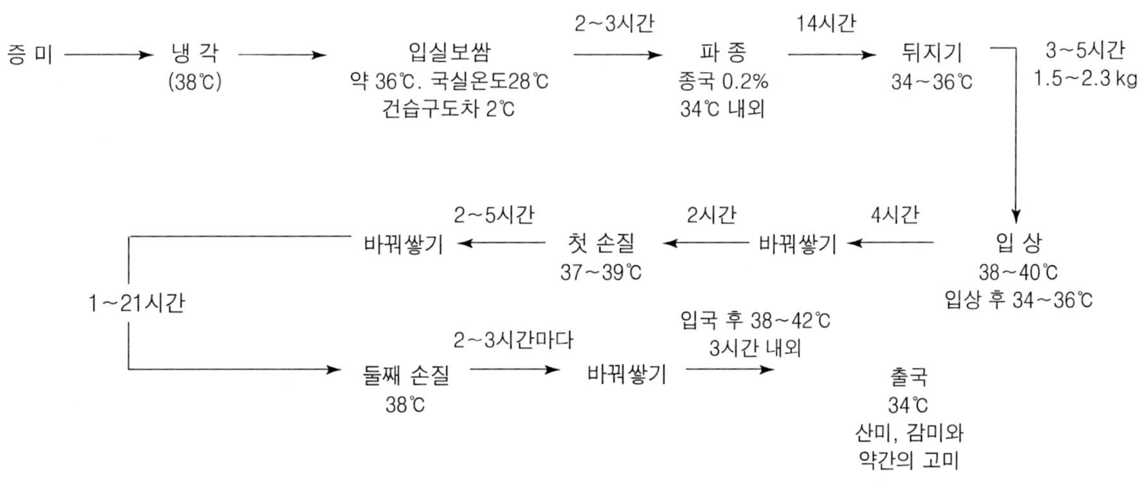

그림 8-6. 입국(粒麴)의 제조공정

균을 이용한 입국(粒麴)은 1단 담금에 사용하고, 황국균을 이용한 곡자는 2단 담금 때에 주로 사용한다.

3) 제국(製麴)

제국(製麴)은 국실에서 행한다. 일반적인 제국법과 대형 국(麴)상자 제국법, 보쌈대 제국법이 있다. 대형 국(麴)상자 제국법은 작업을 간소하게 하기 위하여 10～45 kg의 원료를 대형의 국(麴) 상자에 담아서 제국하는 방법이며, 보쌈대 제국은 제국의 모든 조작을 시종 보쌈대 위에서 행하는 방법이다.

쌀을 예로 들어 일반적 제국법에 의한 입국의 제조과정을 보면 그림 8-6과 같다.

4) 분국(粉麴)

밀가루를 증자, 살균하거나 생밀기울에 40～45% 정도의 물을 가하고 pH 3.2～3.5로 조절하여 내산성의 당화형 효소의 생성력이 강한 *Asp. usami* mut. *shirousamii* 등을 접종, 배양하여 입국에서와 같은 공정으로 제조한다. 효소역가는 입국이나 곡자에 비하여 훨씬 강하다.

양질의 분국(粉麴)은 방향을 가진 담갈색을 띠며, 시판 규격은 수분 10% 이하, 당화력(SP) 600 이상, 내산성 당화역가(α-SP) 300 이상이다. 분국은 입국역가의 부족을 보충하고 발효의 안정성을 높이기 위하여 사용하고 있다.

15.3 술밑(酒母)

주모(酒母)의 제조는 발효력이 강하고 향미 생성능이 우수한 효모를 순수하게 대량으로 번식시키는 데 목적이 있다. 그러나 원료인 입국, 덧밥, 곡자, 젖산, 물 등을 무균적으로 제조하고 취급이 되지 않으며 육성공정도 개방식이므로 잡균의 혼재가 불가피하지만 기술적인 주모(酒母) 육성방법에 따라 잡균은 도태시키고 우수한 효모만 증식하게 된다. 주모에는 다음과 같은 것이 있다.

① 수국주모(水麯酒母) : 수국주모는 덧밥과 젖산을 첨가하지 않고 입국만을 사용하여 제조한 주모이며, 입국이 갖는 산(주로 구연산)에 의하여 자동적으로 pH 3～4 내외로 적당하게 조절되기 때문에 산(酸)의 보충이 필요 없어 경제적이고 간편하여 약·탁주용 주모로 널리 사용된다.

② 곡자주모((麯子酒母) : 곡자주모는 곡자와 덧밥, 젖산을 사용하여 제조한 속양주모의 하나로 곡자 중에 많이 있는 *Saccharomyces cerevisiae*의 효모에 젖산을 첨가

하고 배양하여 육성한 주모이다.

③ 속양주모(速釀酒母) : 속양주모는 곡자와 덧밥과 물로 담금을 하여 배양효모를 접종하고 젖산을 가하여 산도를 조절하면 안전하고 신속하게 주모가 육성된다.

대용 주모(酒母) 입국만으로 담금을 한 발효 중의 1단 담금의 술덧이나 또는 순조로운 발효경과를 거친 숙성 술덧의 일부를 대용 주모로 쓰는 것이다. 주모는 균학적으로 청결하고 주위 오염을 방지할 수 있게 격리된 보온과 통풍을 할 수 있는 주모시설이 필요하다. 또 담금 용기는 오지독이나 뚜껑이 있는 스테인리스 스틸 또는 법랑제의 탱크가 사용되며, 크기는 원료 10kg에 대하여 40 ℓ 정도의 용량이면 된다. 술덧의 교반에는 나무, PVC, 알루미늄 혹은 스테인리스 스틸제의 고물개와 도봉(櫂棒) 등이 쓰인다.

〔주모 담금〕

주모(酒母)는 그 술덧에 대한 발효시의 사용비율을 높여 전분의 용해와 당화를 촉진시키고, 급수비율을 낮추어 농도를 높여서 pH 조절, 조기 발효의 억제, 효모의 순양을 꾀한다. 약·탁조 양조에는 주모의 사용비율이 적으므로 주모 담금의 양은 10 kg 또는 20kg들이로 담금을 한다. 주모(酒母) 육성은 순수 배양한 우량 균주의 사용이 바람직하지만 전회의 주모 중 강하고 젊은 것의 일부를 사용하는 수도 있다.

담금 작업은 깨끗이 살균한 용기에 급수 전량을 넣고 젖산과 종 효모 또는 종덧을 가하고 잘 교반한 후 소정 양의 입국이나 곡자, 분국과 덧밥을 넣고 교반하여 담금을 마친다. 이때 품온은 22℃ 내외(곡자주모는 20℃ 내외), 실온은 20~25℃로 조절하여야 하며 실온이 낮을 때는 용기 주위를 보온한다.

15.4 술덧(酒醪)

술덧은 담금 용수에 입국, 곡자, 기타 발효제와 덧밥 그리고 주모를 첨가하여 담금한 전체의 물료(物料)와 또는 제성하기 전의 발효 중의 액과 숙성한 발효액을 말한다. 발효제 등의 효소작용으로 술덧 중의 전분이 당화됨과 동시에 증식한 효모의 알코올 발효작용으로 술덧이 숙성되어 약·탁주의 원주(原酒)가 된다.

1) 술덧 담금

약·탁주의 술덧은 대체로 1단 술덧의 담금과 2단 술덧의 담금으로 각각 구분하여 담금하는 것이 일반적이다. 담금은 배합, 계절과 양조장에 따라 발효제의 사용비율과 급수비율 등이 다르다. 그러나 일반적인 담금 배합의 기준은 원료 대 급수비율 250~180%, 주모 사용비율은 2%, 입국 단용 사용비율은 급수비율도 겨울에는 150~160%, 기온이 높은 계절에는 160~180%로 비율을 높여 품온 관리가 용이하게 한다.

입국 사용비율이 낮으면 1단 술덧에서 효모 증식이 적고 2단 술덧에서 당화작용이 늦어 알코올 수득 양이 저하된다. 반면 너무 높으면 산도의 과대 증가로 주질(酒質)이 떨어진다. 따라서 맛의 균형과 알코올 수득 양을 감안하여 입국과 기타 발효제의 사용비율을 결정하여야 한다.

1단 담금은 먼저 담금 용기에 급수와 주모 그리고 입국을 넣고 교반하여 담금을 끝낸다. 담금 품온은 22~28℃ 정도로 하며, 시간이 지남에 따라 입국 자체의 당화와 효모의 증식이 진행된다.

15.5 제성(製成)

품온이 최고로 오른 술덧은 온도가 그대로 지속하다가 서서히 강하하여 탁주 술덧은 2단 담금으로부터 2~3일, 약주 술덧은 4~5일 만에 숙성되며, 이때 품온은 실온에 가까워진다. 숙성된 술덧은 알코올 함량(주정도)을 측정하여 주정도에 따른 희석할 물의 양(後水)을 결정한다. 숙성 술덧은 제성실로 옮겨 계산상의 후수를 가하여 잘 교반하면서 탁주는 체 또는 주박분리기로 주박을 체로 거르고, 약주는 술덧을 자루에 넣어 압착, 여과하거나 회전식 여과기로 제성한다.

15.6 품 질

1) 탁주

탁주는 주정도가 6~8%이고, 각종의 아미노산과 유기산 그리고 비타민 등이 있으며 발효과정 중 ester, aldehyde, fusel oil 등도 생성되어 특이한 향미를 형성한다. 탁주는 제성 후에도 어느 기간 후 발효가 진행되어 청량미를 가지며, 혼탁도의 균형도 유지되나 시간이 오래 되면 청량미가 상실되고 고형물의 앙금이 많아져 주질(酒質)이 상당히 떨어진다.

2) 약주

약주는 주정도가 10~13%이며 탁주와 같이 각종 아미노산과 비타민 등의 미량성분을 함유하고 있으며, 약주 특유의 향미를 갖는다. 약주는 담황갈색으로 누런빛이 더 있는 것이 순주(醇酒)라 하며 약간 혼탁하여 있다. 또한 감미와 산도가 강하여 20℃ 이하에서 저장한 것은 혼탁이 적고 풍미도 좋으나 20℃ 이상에서 오래 저장하면 군내가 난다. 약주는 저장 중 변질이 잘 일어나고 색택이 나빠지므로 신선한 상태에서 빨리 소비하는 것이 좋다. 약주의 저장기간을 연장하기 위하여 입병한 후 저온살균을 하기도 하지만 저온살균 중 색이 진해지고 이취가 생성되기도 하므로 주의를 하여야 한다.

16. 쌀 포도탁주 만들기

(배상면주류연구소, 이윤희 연구원)

1) 쌀 포도탁주

쌀 포도탁주 발효도 전분을 당화효소로 당을 생성시키는 당화과정과 효모에 의하여 알코올을 생성시키는 과정이 동시에 진행되는 병행 복발효방식이며, 포도를 첨가하는 이유는 포도에 의한 맛, 향, 색 그리고 유효성분 이외에도 포도의 높은 당을 이용한 것이다.

2) 제조공정

제조공정은 그림 8-5와 같다.

3) 쌀 포도탁주 제조 실습

(1) 재료 및 분량

① 쌀 : 1 kg
② 포도(원료 양의 300%) : 3 kg
③ 물(원료 양의) : 1.5 ℓ
④ 개량누룩(원료 양의 2%) : 20 g
⑤ 효모(원료 양의 0.7%) : 7 g

(2) 담금 방법

① 쌀을 깨끗이 씻어 약 2~3시간 물에 불린 후 체에 밭쳐 물을 뺀다.
② 준비한 개량누룩 20 g을 10배 정도의 물(200 mℓ)에 넣고 3시간 정도 우려낸다.

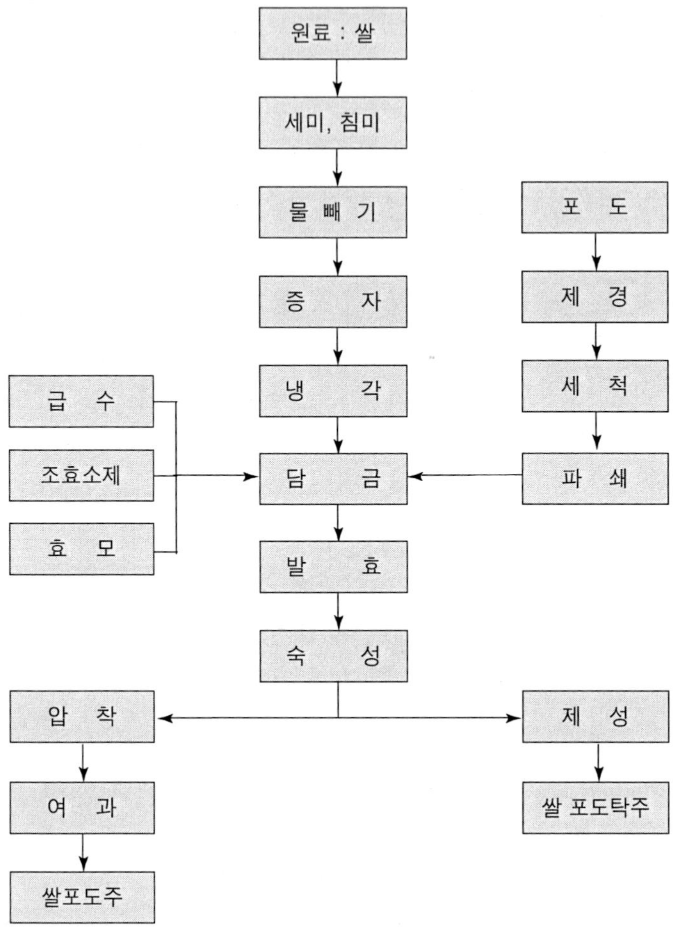

그림 8-5. 쌀 포도탁주 제조공정도

이 때 사용하는 물은 담금 수에서 덜어 사용한다.

③ 시루 위에 천을 깐다. 이때 천이 풀이 먹여져 있으면 김이 올라오기가 힘들므로 깨끗이 세척하여 풀기가 없는 천을 이용하도록 한다. 이 때 천이 시루 측면으로 올라오도록 깔리면 천을 따라 가장가리로 증기가 새어나가므로 바닥에만 깔도록 한다.

④ 찜통의 물이 끓어오르면 쌀을 천 위에 골고루 흩뿌려가면서 찐다. 쌀이 익어가는 것을 확인하면서 쌀을 시루에다 얹은 후 뚜껑을 닫고 1시간 정도 찌고 20분 정도 뜸을 들인다(불의 세기와 쌀의 양에 따라 찌는 시간을 조정한다).

⑤ 술 담금 용기에 추출된 개량누룩과 담금 용수 중의 일부를 넣는다.

⑥ 고두밥을 골고루 펴서 30℃ 정도로 빨리 냉각시킨다. 골고루 펴지 않고 천천히 냉각시키면 겉만 마르고 속은 마르지 않으므로 조심한다.

⑦ 효모 7 g을 10배 정도의 물(70 mℓ)에 넣어 잘 풀어 담금 용기에 넣는다. 이 때 반드시 물에 효모를 풀어야 하며, 역시 담금 수에서 덜어 사용한다.

⑧ 포도의 줄기를 제거한다. 쌀 중량의 3배인 포도알맹이를 씻어서 체에 밭쳐 물기를 뺀다.

⑨ 가정용 믹서나 핸드 믹서를 이용하여 과일을 파쇄한다. 파쇄된 껍질 등에서 맛, 향, 색, 유효성분이 노출되므로 과일양조에서는 과일을 파쇄하여 담는 방법이 유리하다. 파쇄 액을 담금 병에 넣는다.

⑩ 비닐로 병의 입구를 덮는다. 술덧의 온도를 25℃ 정도로 유지하고 하루에 두 번 정도 국자로 저어준다. 발효 중인 술의 온도가 거의 빠진 포도껍질 등이 떠 있고, 술덧의 중간층이 맑으며, 바닥에 발효 후의 침전물이 남으면 발효가 끝난 것으로 불 수 있다.

⑪ 발효가 끝난 후 거즈 천을 이용하여 압착하거나 술덧을 체에 밭쳐 손이나 주걱 등을 이용하여 가볍게 문질러 거른다.

17. 복숭아술 만들기

(배상면주류연구소, 이윤희 연구원)

1) 복숭아술

복숭아술의 담금은 무 증자 쌀 발효과정 중 여기에 파쇄한 복숭아를 첨가함으로써 복숭아의 향, 맛, 그리고 유효성분을 최대로 추출한 것이다.

2) 제조공정

제조공정은 그림 8-6과 같다.

3) 복숭아술 제조 실습

(1) 재료 및 분량

① 쌀 : 1 kg

② 포도(원료 양의 500%) : 5 kg

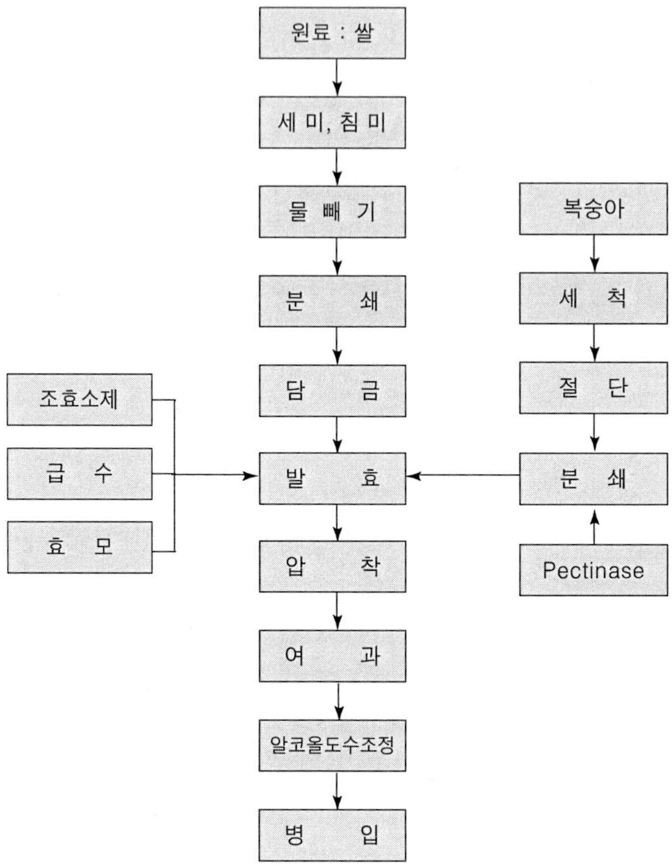

그림 8-6. 복숭아술 제조공정도

③ 물(원료 양의) : 1.5 ℓ

④ 개량누룩(원료 양의 2%) : 20 g

⑤ 효모(원료 양의 0.7%) : 7 g

⑥ Pectinase(복숭아 중량의 0.01%)

2) 담금 방법

① 쌀을 깨끗이 씻어 약 2~3시간 물에 불린 후 체에 밭쳐 물을 뺀다.

② 준비한 개량누룩 20 g을 10배 정도의 물(200 mℓ)에 넣고 3시간 정도 우려낸다. 이때 사용하는 물은 담금 수에서 덜어 사용한다.

③ 불린 쌀을 담금 수를 이용하여 믹서로 충분히 간다. 이때 쌀알은 충분히 곱게 갈아져야 한다.

④ 효모 7 g을 10배 정도의 물(70 mℓ)에 넣어 잘 풀어 담금 용기에 넣는다. 이때 반드시 물에 효모를 풀어야 한다.

⑤ 항아리에 효모, 개량 누룩가루, 분쇄한 쌀 담금 수를 모두 넣는다.

⑥ 복숭아를 깨끗이 씻어 절단기를 사용하여 얇게 썬다.

⑦ 얇게 절단된 과육을 믹서를 이용하여 분쇄한 후 pectinase를 첨가하고 생쌀 술 덧에 담금을 한다.

⑧ 발효기간 내 발효 품온은 25～25℃를 유지한다.

⑨ 발효 종료 후 압착하고 여과한다.

⑩ 알코올 도수를 조정한다.

⑪ 입병한다.

18. 포도주 만들기(발효과일주, 가양주)

포도나무는 포도나무과에 속하고 덩굴낙엽 활엽관목으로 첫여름에 담록색의 오판화가 원추화서로 피고 적색, 흑자색, 청색 등의 둥글둥글한 장과가 열린다. 포도주는 일류가 최초로 마셨던 술로 전해오고 있으며, 유럽 여러 나라가 그 주류를 이루어 왔다. 오늘날에는 세계 어느 나라에서도 포도와 포도주를 흔히 찾아볼 수 있게 되었다.

1) 재 료

포도 10관, 흑설탕(또는 백설탕) 12 kg, 수조 1.8 ℓ

2) 담그는 법

① 포도 알을 10관(37.5 kg)쯤 식초에 깨끗이 씻은 후 흑설탕(또는 백설탕) 20근(12 kg)에 섞어 독에 담는다.

② 이를 공기가 통하지 않게 밀봉하여 묻거나 아니면 그늘진 곳에 놓아둔다.

③ 담근 지 1～2개월쯤 지나면 알맹이는 건지고 술을 깨끗이 밭쳐서 다시 보관하였다가 마신다.

④ 후숙 때에도 서늘한 곳에 두는데, 이때도 숙성이 진행되므로 1～2년 후에 마시

면 맛이 훨씬 부드럽다. 후숙 시 실패를 방지하기 위하여 소주를 가하기도 한다.

19. 복분자로 빚는 특별한 막걸리 만들기
(막걸리학교 허시명 교장)

19.1 건강기능 효과

복분자주가 시장에 진입 하자마자 단기간에 호응을 얻은 건 무엇보다 특이한 이름이 한몫 했다. 복분자(覆盆子)는 한자로 엎을 복(覆)에 동이 분(盆), 열자 자(子)를 쓴다. 동이는 물동이 같은 용기인데 여기서는 요강을 뜻한다. 복분자를 먹고 나면 오줌 줄기가 세져서 요강을 뒤집을 정도가 된다는 것이다. 이유야 물론 복분자가 신장에 좋기 때문이라지만 이와 관련해서 출처불명으로 나도는 이야기들도 많다.

노부가 복분자를 먹고 늦둥이를 봤다거나, 병약한 아들이 복분자를 먹고 요강을 뒤집었다는 얘기는 흔하다. 가정의 평화를 위해 넉 잔 이상은 마시지 말아야 한다는 우스갯소리도 나돈다. 하지만 복분자주는 비아그라 식의 말초적인 술이 아니다. 뿌리가 깊고 저력이 있다. 『동의보감』에서 복분자는 나무딸기라고 소개하고 있는데 다음의 내용은 복분자의 효능이라고 설명해 놓은 부분이다.

「성질이 평하고(평하다는 의미는 뜨겁지도 않고 차지도 않다는 뜻인데, 복분자에는 약간 뜨거운 기질도 있다고 한다.－필자 주) 맛은 달고 시며 독이 없다. 남자의 경우 신정(腎精)이 고갈된 것과 여자의 경우 자식이 없는 것을 치료한다. 남자의 음위(陰痿, 성적 불능증)에 주로 써서 성기를 단단하면서 커지게 한다. 간을 보해서 눈을 밝게 하고, 기를 보하여 몸을 가볍게 하며, 머리가 희어지지 않게 한다.

5월에 따는데 곳곳에 있다. 딸 때는 5～6할 정도 익은 것을 따서 볕에 말리고, 쓸 때는 껍질과 꼭지를 제거하고 술에 쪄서 쓴다. 신정(腎精)을 보태주고 소변이 새는 것을 멎게 하여 요강을 엎을 정도가 된다고 해서 복분자라고 이름 하였다.」

이 내용은 중국의 약학서인 『본초강목』에도 나온다.

복분자주는 1995년부터 양조장에서 제조되어 상품화되기 시작했지만 사실은 그 전부터 선운산 일대 음식점에서 몰래 손님상에 내놓던 밀주였다. 선운산 입구에서 1980년대 초부터 식당을 하는 오복금 씨의 경우 식당을 시작할 때부터 복분자주를 내놓았다고 한다. 그리고 지금은 고창의 풍천장어와 짝을 이루어 선운사에 가면 반드시 맛봐야 할 별미로 자리 잡았다.

복분자주는 와인에 대항하면서도 훌륭한 한국 술로 성장할 수 있는 저력이 있는 술이다. 그럴 만한 자격도 충분해서 술 빛은 와인보다 더 곱고, 맛이 순하고 향기로우며 무엇보다 몸에도 좋다. 한 가지 이유를 더 댄다면 복분자가 농가 수입을 올려주는 효자 작물이기도 하기 때문이다. 복분자의 수확기는 바쁜 벼농사 철을 피한 6월 하순에 집중되어 있어 벼농사에 투입되는 노동력을 분산하여 재배할 수 있기에 농가 수익에 보탬이 되는 것이다.

복분자주는 초기에 복분자를 재배하는 농민들이 주축이 되거나 소자본가들이 투자한 양조장에서 주로 제조되었다. 양조장 역시 복분자 재배 농가가 많은 고창 중심으로 생겨났다. 그러다가 차츰차츰 복분자주 시장이 넓어지면서 소주회사 보해가 뛰어들고, 국순당의 명작복분자, 배상면주가의 복분자음, 롯데 복분자주 구십구, 진로 동의보감 복분자주 등이 줄줄이 출시되면서 주류의 한 장르로 자리 잡게 되었다.

19.2 복분자 만들기

복분자주 보급에 기여한 고창 지역 농가의 복분자주들은 주로 복분자와 소주가 결합된 형태이다. 복분자는 6월 중순에 수확하는데, 검붉게 익은 복분자는 따자마자 물러지기 때문에 빨리 처분해야 한다. 냉동 창고에 넣든 술에 담그든지 해야 하는 것이다. 지금이야 복분자의 인기도 높고 냉동 창고도 있어서 좋은 가격에 오래 두고 팔수도 있지만 예전에는 그럴 수가 없었다. 천상 앉은자리에서 먹든지 재빨리 가공 처리해야 했다.

그런데 열매가 작고 과즙도 적어 생과로 먹는 것은 한계가 있었다. 어쩔 수 없이 설탕에 재서 잼을 만들든지 술에 넣어서 좋은 성분을 추출하는 게 쉬웠다. 그래도 잼보다는 술을 찾는 사람이 많아서 고창에서 복분자 농사를 짓는 집에서는 으레 복분자주를 담갔다.

민가에서는 처음에 포도주를 담듯 복분자에 설탕을 넣고 소주를 부어서 밀봉한 다음 술과 복분자가 적당하게 어우러졌을 때 걸러 마셨다. 하지만 이런 방법은 술도 복분자도 이해하지 못했던 시절의 방식이어서 차츰 개선된 방법들이 보급되기 시작했다. 고창농업기술센터의 복분자 시험장에서는 이런 방식도 제시했다.

1) 소주 복분자주 담는 방법

① 복분자 5 kg을 잘 으깬 뒤 설탕 750 kg을 넣고 잘 섞는다.

② 일주일간 발효시킨 뒤, 알코올 25%의 소주 12.6 ℓ (1.8 ℓ 7병)를 붓고 햇볕이

들지 않는 서늘한 곳에 60일간 보관한다.

③ 60일이 지난 뒤 고운체나 천을 이용해 술을 걸러낸 다음 6개월 이상 숙성한 뒤 마신다. 이때의 술은 알코올 도수 18～19% 정도 된다.

이 방법은 현재 시중에서 상품화되고 있는 복분자주의 제조 원리이기도 하다. 대부분의 복분자주는 소주의 원료인 주정(95%의 순수 에틸알코올)에 복분자를 넣어서 빚는다. 이는 알코올의 효율과 복분자주의 맛을 향상하기 위해서 복분자에 설탕을 넣어 와인처럼 발효시킨 뒤 주정을 섞는 방법이다. 이때 복분자의 양이나 발효 정도 혹은 주정을 여과하는 방법에 따라 맛이 달라진다. 이는 알코올은 주정에서 취하고, 맛과 향은 복분자에서 취하려는 제조법이다. 주정을 쓰기 때문에 값싸고 안전하게 제조할 수 있다는 장점도 작용하고 있다.

주정을 넣지 않고 순수하게 복분자만을 발효해서 술을 빚는 방법도 있다. 하지만 과즙도 적고 당도도 낮은 특성 때문에 복분자만으론 술을 빚는 게 어려워서 변칙적으로 물과 설탕을 섞을 수밖에 없다.

2) 와인 방식으로 복분자주 빚기

① 복분자 10 kg을 통에 넣고 잘 으깬다.

② 으깬 복분자에 설탕 4 kg과 물 10 ℓ를 붓고 잘 젓는다.

③ 효모 1팩(5 g)을 미지근한 물에 넣고 30분 정도 활성화시킨 뒤 넣는다.

④ 20～25℃에서 일주일 정도 발효시킨 뒤 술을 거른다.

⑤ 거른 술을 밀폐된 용기에 담아 숙성시킨 뒤 1개월쯤 후부터 마신다.

와인 방식으로 빚는 복분자주는 알코올 도수가 12%인데 주정이 들어간 복분자주의 알코올 도수는 15%이다. 주정이 들어간 복분자주는 주정의 억센 기운이 강한 반면 과일의 온화한 기운이 약화되어 있다. 복분자가 적게 들어가면서 주정이 맛의 중심을 잡다보니 벌어지는 현상이다. 현재는 주정을 넣는 복분자주 업체가 많지만 함양과 고창, 횡성 등지엔 와인방식으로 복분자주를 빚는 양조장들도 제법 된다.

3) 탁주와 약주 방식으로 복분자주 빚기

① 고두밥 3 kg을 찐다.

② 고두밥에 복분자 1 kg, 물 3 ℓ, 누룩 1장 정도(800 g)를 넣고 잘 으깬다.

③ 용기에 술밥을 담고 밀봉한 다음 숨구멍을 내주고 20～25℃에서 발효시킨다.

④ 일주일 뒤 발효가 끝나면 술을 걸러 병에 담은 뒤 일주일쯤 냉장 보관했다가 마신다.

탁주와 약주 방식으로 술을 빚을 때는 취향에 따라 복분자의 양을 늘릴 수 있다. 이 방식과 근접하게 빚어지는 복분자주가 남원에서 생산되는 복분자 약주 '주몽'이다. 주몽은 조선시대부터 전해오는 복분자주 제조 방식을 차용해서 빚은 것으로, 고두밥과 누룩에 복분자를 함께 넣고 비비는 방식이다. 거칠게 걸러 마시면 복분자막걸리가 되고, 걸러낸 막걸리의 맑은 윗부분을 따로 떠내서 마시면 복분자약주가 된다. 이 술이야 말로 요강을 뒤집어엎었다는 바로 그 전설의 복분자주이다.

시중에서 판매하는 막걸리 중에도 복분자막걸리가 있긴 하다. 그러나 이것들은 막걸리를 만든 다음 복분자 과즙을 얼마간 타서 만든 제품들이다. 막걸리 제조 허가 규정상 복분자를 발효시켜 막걸리와 혼합할 수 없기에 막걸리 발효가 끝난 뒤 과즙 형태의 복분자를 넣는 것이다. 이 방식은 복분자와 막걸리가 어우러지지 않는다는 단점이 있다. 물론 쌀고두밥과 복분자를 함께 넣고 발효시킬 수도 있지만 그렇게 되면 탁주로 분류되지 않아 주세 5%의 혜택을 받지 못한다. 막걸리 양조장에서 복분자막걸리란 이름으로 좀 더 저렴한 술을 내려다보니 복분자 발효 막걸리가 아닌 복분자 주스 막걸리가 되어버린 것이다.

결국 복분자막걸리의 효능을 제대로 맛보고 싶다면 집에서 고두밥과 복분자, 누룩을 넣고 직접 제조하는 방법밖에 없다. 수삼을 넣어 막걸리를 빚으면 쌉싸름한 맛이 강해지는데, 복분자를 넣으면 쌉싸름한 맛은 약해지는 반면에 단맛이 나고 향기가 돌면서 색깔도 예쁜 술이 나온다. 손님 접대용으로 그만인 술이 되는 것이다. 막걸리와 마찬가지로 복분자주 역시 재료의 비율이나 제조법에 따라 다양한 제품이 나온다. 과일이나 약재의 재질을 알고 막걸리 빚기를 배우면 집에서도 재미나게 막걸리를 빚어 볼 수 있다.

20. 매실주 만들기(비발효과일주, 가양주)

매화나무의 원산지는 중국이며, 우리나라 중부 이남과 일본, 대만, 중국에 분포되어다. 촌락 부근에 야생하는 다년목이며, 매화로서 관상되었으나 최근에 열매 목적으로 재배하게 되었다. 매화나무는 열매와 잎에 청산을 함유한 아미그달린이 있어 익지 않는 생과를 그대로 먹으면 중독이 된다. 그러나 소금에 절이거나 술에 담그면 그 독은 사라지고 오히려 약효가 생기게 된다.

익기 직전의 신선한 청매로서 열매가 단단한 것을 골라 쓰는데 숙도가 지나치면 노랗게 된다. 이때의 것은 제 맛을 낼 수 없으므로 피하는 것이 좋다. 흠이 없는 것을 골라 깨끗이 씻어 물기를 빼고 헝겊으로 닦아 하룻밤 시원한 곳에 둔다.

매실에는 구연산, 사과산, 호박산, 주석산 등의 성분이 있어 예로부터 해열, 진해, 거담, 구토, 지사, 구충약으로 쓰여 왔으며 품종은 200여 종 이상으로 열매의 크기도 다양하게 개발되었다.

1) 재 료

청매 1 kg, 설탕 120 g, 소주 1.8 ℓ

2) 담그는 법

① 덜 익은 청매를 깨끗이 씻어 물기를 뺀다.
② 매실은 마른 행주로 물기를 닦아 용기에 넣고 소주를 붓는다.
③ 2～3개월 정도면 숙성되는데 신맛이 강하므로 구미에 맞게 설탕을 넣어 감미를 조절할 수 있다.
④ 한 번 거른 매실은 재탕할 수 있는데, 재탕 시에는 매실 분량의 2배가량 되는 소주만을 넣는다.
⑤ 매실주는 유기산이 많으므로 감초를 약간 넣어서 신맛을 조절하는 것이 더욱 좋다.
⑥ 보통 3배의 소주를 넣어 3개월 지나면 주도가 5도 정도 내려가는데 정기적으로 매실을 담글 때는 더욱 내려가므로 장기 목적일 때는 40도 이상의 고도주(高度酒)로 만든다.
⑦ 약술을 목적으로 할 때는 매실 600 g에 설탕 400 g을 켜켜이 넣고 5일간 두었다가 소주를 붓고 나서 50일이 지나면 마실 수 있으나 실제로는 1년쯤 지나야 술맛이 제대로 난다.

21. 고문헌 속의 전통주

21.1 고문헌 속의 전통 약주(藥酒)

술이 다 된 탁주 속에 용수를 박고 술을 얻은 것이 청주의 시초가 되었다. 즉 술덧을 여과하여 만든 맑은 술이 약주이다. 약주라는 것은 약효가 있는 것이라고 인정되는 술이거나 처음부터 약재를 넣고 빚는 술을 뜻하는 것인데, 맑은 술을 뜻하는 것으로 의미가 변화되고 술의 높임말로 쓰이게 되었다.

약주라는 명칭의 유래에는 몇 가지 설이 있다. 즉 조선시대 때 가뭄으로 여러 번 금주령이 내려지자 특권 계급이 이를 어기는 핑계로 약주라는 말을 사용하였고, 이 때부터 점잖은 사람들이 마시는 술을 모두 약주라고 부르게 되었다는 설이다. 다른 한편으로는 청주가 언제부터 약주라고 불리어졌는지는 알 수 없으나 조선시대 선조 때 서빈(徐濱, 호 藥峰)의 어머니가 서울 약현(藥峴)에서 명주를 빚었다고 하여 약주라고 부르게 되었다는 속설도 있다.

약주는 구한말(舊韓末)에서 일제 초기까지는 주로 서울 부근의 중류 이상의 계급에서 소비되었다. 그 제조법은 멥쌀과 누룩으로 술밑을 담그고, 그 위에 찹쌀을 쪄서 위를 덮어서 만들었다. 가정마다 비법이 많았고, 다른 초근목피를 넣어서 빚기도 하였다. 한 처방을 보면 다음과 같다.

▶ 멥쌀 두 되 반을 잘 씻은 다음 가루 내어 백설기로 찌거나 솥에 물을 일곱 식기만 끓여서 가루를 넣고 젓지 않고 물을 조금 넣은 후 익으면 골고루 저어서 퍼낸다. 하룻밤 재워 식힌 다음 좋은 누룩가루 반 되를 골고루 버무린 후 항아리에 넣고 봉해둔다. 일기가 차면 방에 두어 새끼로 꽈리를 만들어 두르고 거적으로 덮는다. 일기가 더우면 밖에 두어 술이 맑게 되면 찹쌀 닷 되를 잘 쉬어 찐 다음 물 반 사발만 부어 다시 불을 조금 넣어 하룻밤 재워 식힌다. 냉수 일곱 사발에 진 찰밥과 술밑을 혼합하여 짚불을 쬔 항아리에 넣고 봉하여 두면 이틀 후면 마실 수 있다.

『임원경제지(林園經濟志)』에서도 '서충숙 공이 좋은 청주를 빚었는데, 그의 집이 약현(藥峴)에 있었기 때문에 그 집 술을 약산춘'이라고 하였다. 이 약사춘이 약주가 되었다고 보는 것이다.

맑게 빚을 술을 일반 명으로 약주라고 볼 때 여기에 속하는 것으로는 백하주(白霞酒), 온양주(醞釀酒), 녹파주(綠波酒), 벽향주(碧香酒), 유하주(流霞酒), 소국주(少麴酒), 부의주(浮蟻酒), 하향주(荷香酒), 죽엽주(竹葉酒), 별주(別酒), 황금주(黃金酒), 동양주(東陽酒), 절주(絕酒), 행화춘주(杏花春酒), 청명주(淸明酒), 법주(法酒) 등을 들 수 있다. 이들 명주 몇 가지 내용을 보면 다음과 같다.

① 백하주(白霞酒)

고려시대 이래 가장 애용되어 온 술로 흰 아지랑이와 같다고 하여 백하주라고 이름 붙여진 것이다. 청주 중에서 대표적인 것으로 약주의 대명사로 불릴 정도였다. 양조법도 여러 가지가 있으나 가장 오래된 처방을 하나 소개하면 다음과 같다.

▶ 백미 한 말을 여러 번 씻고 가루 내어 그릇에 담고 끓는 물 세 병을 넣고 식힌

뒤에 누룩가루 한 되와 술밑 한 되를 섞어서 독에 담는다. 3일째 되는 날에 또 백미 두 말을 여러 번 씻어 끓는 물 여섯 병을 처서 식힌 뒤에 먼저 술밑과 합치고 거기에 누룩가루 한 되를 얹어서 섞으면 7~8일 만에 익는다. 지심(종이를 비벼 만든 끈)에 불을 붙여 술독 속에 넣을 때 불이 꺼지면 덜 익었고, 불이 안 꺼지면 다 익은 것으로 볼 수 있다. 다 익으면 물을 타지 않는 것이 좋지만 맛있는 술을 만들려면 물 두 병만 타는 것이 좋다.

이 술의 특징은 이미 만들어진 술밑을 이용하여 멥쌀로 가시 술밑을 만들고, 익은 술밑에다 다시 멥쌀밥을 넣어서 빚는 이른바 2차 담금법(重釀法)이다. 누룩가루도 두 번 넣기 때문에 알코올 도수가 상당히 높은 술이 만들어진다.

② **소국주**(少麴酒)

어느 애주가는 우리나라 술을 대표하는 것이 바로 소국주라고 말할 정도로 술 맛이 뛰어나다. 이 술은 조선 초기부터 가장 많이 알려진 술로서 누룩을 적게 쓰는 데서 이름이 생긴 것 같다. 다른 술과는 누룩의 처리방법이 다른 특이한 술이다. 고장에 따라서는 이 술을 탁주형으로 빚어 탁주로 취급되기도 하였으나 손이 많이 가는 방법으로 청주를 빚기도 하였다. 조선 중엽의 한 방문(方文)을 보면 다음과 같다.

▶ 한 말을 빚으려면 먼저 끓는 물 세 병을 식혀서 항아리에 넣고 좋은 누룩가루 다섯 홉, 밀가루 다섯 홉을 넣어서 하룻밤 재우고 다음 날 백미 다섯 되를 물에 담갔다가 건져낸 다음 가루 내어 시루에 올려서 쪄내고 항아리에 담는다. 물에 담가 둔 누룩은 손으로 으깨어 체로 밭쳐서 걸러내고 이어서 누룩 물중에 찐쌀을 넣어서 다시 손으로 으깨서 작은 알맹이가 없도록 하고 식혀서 항아리에 넣는다. 7일 후에 따로 백미 다섯 되를 잘 씻어 밥을 짓고 뜨거울 때에 항아리에 담아 손으로 잘 저은 다음 찬 곳에 놓고 14일이 지난 후에 항아리를 열어 보면 밥알이 뜨게 된다. 이것을 깨끗한 천으로 걸러내면 완성되는 것이다. 2월 초에 빚으면 3월 15일쯤에 익는다. 5월이 되면 맛이 변하므로 항상 따뜻한 곳을 피하고, 햇볕을 피하면 춘주(春酒)의 맛이 무색할 정도이다.

소국주의 특징은 본격적인 술을 담기 전에 누룩가루와 술밑을 만들고, 그 후에는 다시 누룩을 쓰지 않는 방법을 취하는 점이다. 처방에서는 섬누룩(좋지 않는 누룩)을 쓰라고 하였으며, 어느 처방은 좋은 누룩을 쓰라고 되어 있어 조금씩 다르다. 소곡주(小麯酒)라고 쓴 문헌도 있다.

③ **하향주**(荷香酒)

조선 초기에 매우 많이 유행한 술인데 빚어진 술이 연꽃 향기와 같다고 하여 비유한 술이다.

▶ 백미 한 되를 가루로 낸 다음 물송편(구무떡)을 만들고 삶아 식힌다. 거기에 누룩가루 다섯 홉을 섞어 풀고 그릇에 담아 사흘쯤 둔다. 따로 찹쌀 한 말을 물을 뿌려 익게 찌고 잘 식혀서 밑술을 섞으면 3~7일쯤 익는다.

④ **부의주**(浮蟻酒)

고려시대 이후 알려진 술인데 이른바 동동주에 해당하는 술이다. 맑은 술에 밥알이 동동 뜨게 빚어져 개미가 물에 떠 있는 것과 같다고 해서 붙여진 이름이며, 녹의주(綠蟻酒)라는 별명도 있다. 조선 초기의 처방문은 다음과 같다.

▶ 끓는 물 세 병을 식혀서 누룩가루 한 되와 섞어 하루를 재우고 찹쌀 한 말을 깨끗이 씻어 밥을 지은 후 항아리에 넣어 식힌다. 누룩가루를 푼 물(침출국)을 체로 걸러 찐 밥과 섞는다. 항아리에 담은 지 3일이면 맑게 익으며 삭은 밥알이 개미와 같이 뜨니 그 맛이 달고 독하여 여름에 쓰기 좋다.

⑤ **청명주**(淸明酒)

이 술은 조선 중엽 이후부터 말기의 문헌 중에 많이 나타나고 있는 것으로 보아 조선 말기에 유행한 것 같다. 춘분에서 15일째 되는 첫날에 빚는 계절적인 술이며, 특히 김천이 명산지로 알려져 있다. 조선 중엽의 한 방문(方文)을 보면 다음과 같다.

▶ 찹쌀 서 되를 잘 씻고 가루 내어 물 한 놋동이에 풀어 죽을 쑤어 차게 식힌 다음 곱게 빻아 고운체로 친 누룩가루 서 홉과 밀가루 한 홉을 섞어 빚어 술밑을 만든다. 따로 찹쌀 일곱 되를 잘 씻어 지에밥을 쪄서 차게 식힌 후 술밑과 함께 빚어 넣는다. 술항아리는 찬 데 두었다가 이레 후에 위에 끼었던 이불(곱)이 벗겨지고 맑아지면 청주로 떠서 마신다.

⑥ **감향주**(甘香酒)

여러 처방이 있으나 한 방문(方文)을 보면 다음과 같다.

▶ 멥쌀 한 되를 가루 내어 물송편을 만들어 잘 익게 삶아 건지고 그 삶은 물은 물 한 사발에 누룩가루 한 되를 타서 떡을 풀어 술밑을 만든다. 술밑 만든 날 밤에 찹쌀 한 말을 잘 씻어서 물에 담가 두었다가 사흘 만에 지에밥을 이겨서 찐 다음 식지 않을 때 술밑에 함께 빚어 넣는다. 술 항아리는 더운 방에 놓고 항아리를 이불로 싸매어 보온하여 둔다.

⑦ **절주**(節酒)

▶ 찹쌀 서 말을 더운 물에 담갔다가 사흘 만에 건져서 쪄내고, 쌀 담갔던 물은 다시 끓여서 지에밥에 섞어 푼 다음 차게 식혀서 누룩 엿 되를 섞어 빚어 놓는다. 며칠 지나 술항아리에 가야미(밥알)가 뜨면 청주로 떠서 마신다.

⑧ **방문주**(方文酒)

▶ 백미 아홉 되를 잘 씻고 물에 담가 불렸다가 이튿날 빻아서 끓여 식힌 물 두되 한 홉을 붓고 범벅과 같이 개어서 차게 식힌다. 술항아리는 잘 우려서 군내가 안 나고 물기가 없도록 닦고 볏짚을 태워서 그 연기를 쏘이게 한 다음 쓰도록 한다. 가루누룩 두 되를 흰 무리떡에 고루고루 잘 섞어 항아리에 담는다. 술이 괴게 되면 덧술로 해서 빚어 넣는다. 이때 백미 서 말을 잘 씻어 지에밥을 쪄 더운 김에 냉수를 뿌리게 되는데(냉수 아홉 사발) 뿌린 물이 다 먹혀들었으면 헤쳐서 차게 식힌다. 이것을 밑술에 빚어 넣고 술이 한창 되고 나서 밀가루 한 되를 넣는다. 술항아리는 빚어 넣고 괼 때까지는 덥게 하고, 괸 다음에는 즉시 차게 해야 한다.

⑨ **석탄주**(惜呑酒)

그 맛이 희한해서 차마 삼키지 어렵다는 데서 붙여진 이름이다.

▶ 백미 두 되를 가루 내어 물 한 말로 죽을 쑤어 차게 식으면 누룩가루 한 되를 같이 버무려 둔다. 봄과 가을에는 5일, 겨울에는 7일, 여름에는 3일 만에 덧술을 한다. 찹쌀 한 말을 지에밥으로 잘 쪄 식힌 다음 술밑에 빚어 넣는다. 7일이면 익어서 그 독하고 단맛이 한 번으로 삼키면 아깝다는 뜻에서 아낄 탄(呑), 삼킬 탄(呑)으로 이름 지었다고 한다.

⑩ **법주**(法酒)

이 술은 언제 어떻게 이름이 붙여졌는지 확실하지 않다. 이름 있는 절간 주변에서 빚어지고 있는 술을 모두 법주라고 불러 왔다. 그 중에서도 신라 고도인 경주의 법주가 특히 유명하다. 법주를 법대로 만든 술로 보는 사람도 있다. 경주 지방에서 전해지고 있는 법주의 유래는 다음과 같다.

▶ 조선 중엽 중종 때에 궁중과 조정의 문무백관이나 외국 사신들만이 즐겨 마실 수 있도록 제한한 특별 주라는 것이다. 그 제조법은 역시 구구해서 알기 어려우나 찹쌀에 국화와 솔잎을 따서 빚어 넣고 백일 동안 땅에 묻어 숙성시키므로 백일주라고도 불렸다.

21.2 고문헌 속의 전통 고급 약주

보통 약주와는 달리 진하고 맛있게 여러 번 빚는 술을 말한다. 흔히 춘주(春酒)라고도 한다. 보통 약주는 우선 술밑을 담그고 대개 한 번 위에 덮는(덧술) 이른바 2차 담금을 하는데, 이 춘주(春酒)에 속하는 것은 세 번으로 나누어 양조하는 3차 담금을 하는 점이 다르다. 따라서 술맛도 좋으려니와 일반 약주보다 더 맑다.

고려시대부터 이 종류의 술이 알려져 있으며 기록도 남아 있다. 여기에 속하는 술로는 호산춘(壺山春), 약산춘(藥山春), 니산춘(尼山春), 잡곡주(雜穀酒), 삼오주(三午酒), 삼해주(三亥酒), 벽향춘(碧香春), 사마주(四馬酒), 일년주(一年酒) 등이 알려져 있다. 이 중 호산춘(壺山春)에 대해 알아보면 다음과 같다.

호산춘(壺山春)

이 술은 전라도 여산(礪山)이 특산이다. 조성 중엽 이후에 선을 보인 술인데 그 제조법은 다음과 같다.

▶ 초하룻날에 백미 한 말 닷 되를 잘 씻어 가루를 낸다. 이 가루에 냉수를 일곱 되를 섞고 다시 끓인 물 한 말 여덟 되를 잘 섞어 식힌다. 거기에 다시 누룩가루 두 되와 밀가루 두 되를 넣고 항아리에 담아 3일이 지나서 백미 두 말 닷 되를 잘 씻고 가루 내어 큰 그릇에 옮겨 물 두 말 닷 되를 넣어서 고루 섞어 식힌 다음 누룩가루를 먼저 술밑에 넣고 잘 저어 준다. 두 번째 술밑을 빚은 지 13일이 되면 백미 닷 되를 밥 짓고 끓는 물 닷 말에 넣어서 잘 버무려 맑고 윤기가 돌게 되면 자리에 펴 식힌다. 다음으로 누룩가루 두 되, 밀가루 한 되를 넣어서 두 번째 술밑에 버무려 항아리에 담는다. 술항아리는 덥지도 차지도 않은 데에 놓아두면 술맛이 변하지 않고 2~3개월 만에 마실 수 있다.

이 술의 재료로는 멥쌀이고 3차 담금으로 되어 있는데, 1차에는 멥쌀로 죽을 쑤어 술밑을 만들고, 2차도 역시 멥쌀로 죽을 쑤어 먼저 술밑 위에 덮고, 3차는 멥쌀밥 혹은 백설기를 만들어 2차 술밑에 덮는다. 1, 2, 3차에 걸쳐서 누룩가루를 사용하였으며 1차, 2차에만 밀가루를 넣어서 매 담금 일자를 13일의 기간을 두고 빚는 것이 특징이다.

21.3 고문헌 속의 전통 소주

일반적으로 양조주는 알코올 도수가 낮아서 오래 두면 대개 식초가 되거나 부패하게 된다. 이러한 결점을 해결하기 위해 고안된 것이 증류주인 소주이다. 소주는 양조주를 증류하여 이슬처럼 받아 내리는 술이라 하여 노주(露酒)라고도 하며, 또는 화주(火酒)라고도 한다. 백주(白酒) 또는 기주(氣酒)라고 불렀다.

증류주는 페르시아에서 시작되었고 그 증류법이 12세기에 십자군의 영향으로 유럽으로 건너가 포도주를 증류한 브랜디(brandy)를 낳게 되었다고 하며 증류주의 아랍어가 '아리키'라고 한다. 이것이 몽고어로 '아리키(亞剌吉)'로 불리고, 만주어로 '알리카'로 불려졌다. 우리나라 개성지방에서는 '아락주'로 불러 왔다. 소주가 원나라에서 우리나라에 전해진 이래 재래주와 더불어 고려 때부터 많이 쓰이게 되었다.

소주가 처음에는 약용으로 사용되었고, 값이 비쌌다. 소주의 증류기는 승로병(承露瓶), 승로항(承露缸) 등으로 알려져 있으며 만들어진 재료에 따라서 토고리(土古里), 동고리(銅古里)가 최근 까지 전해지고 있다. 범어(梵語)로는 아므르타(Amrta)라고 하였으며, 우리나리 평북지방에서는 산삼을 캐는 사람들의 은어로 술 또는 소주를 아랑주하고 하였다고 한다. 『우리말 사전』에는 질이 낮은 소주가 아랑주라고 풀이되어 있다. 소주를 소주(燒酒) 또는 소주(燒酎)라고 표기하는데, 주(酎)자는 세 번 고아서 증류한 술이라는 것이 본뜻이다.

소주는 본래 곡식으로 만들었는데 찹쌀로 만든 것을 찹쌀소주, 멥쌀로 만든 것을 멥쌀소주라고 하였다. 정초의 해일(亥日)에 빚어 세 번 재료를 추가해서 익힌 후에 증류한 것을 삼해주(三亥酒)라고 하며, 찹쌀과 멥쌀을 섞어서 만든 것을 노주(露酒)라고 부르기도 하였다. 그러나 약재를 넣은 약소주는 약재에 따라 여러 가지 이름으로 불렀는데 감홍로(甘紅露), 기나피주(幾那皮酒), 구기주(拘杞酒,) 매실주(梅實酒) 등이 그것이다.

소주 제조는 고려시대에 비롯하여 조선시대를 지나는 동안 양조과정이나 방법은 별다른 변화나 발전이 없었다. 가정에서 만들 때는 솥과 시루 그리고 솥뚜껑 따위가 이용되었다. 즉 원시적인 제조법은 다 익은 술이나 술지게미를 솥에 담고 솥뚜껑을 뒤집어 덮는다. 뒤집어 덮은 솥뚜껑의 손잡이 바로 밑에는 주발을 놓아둔다. 솥에 불을 때면서 솥뚜껑에는 바가지로 냉수를 부어 둔다. 열을 받으면서 술이나 지게미 속의 알코올분이 휘발하는데 새어나갈 때가 없어 솥뚜껑에 닿게 된다.

기체상태로 올라온 알코올은 솥뚜껑 밖에 있는 찬물 때문에 다시 액체가 되면서 솥뚜껑의 경사를 따라 흐른다. 마지막엔 손잡이에서 뚝뚝 떨어지게 된다. 그러면 손잡이 밑에 있던 주발에 괴게 되는데 이것이 원시적인 소주제조 방법인 것이다. 따라서 소주 만드는 것을 소주 내린다고도 말하게 되었다. 이러한 형태의 증류기를 '논지'라고 불러 왔다.

이 보다 조금 발전된 것이 '고리'라는 것인데, 이 증류기는 아래와 위의 두 부분으로 되어 있다. 밑의 것은 아래가 넓고 위가 좁으며, 위의 것은 반대로 밑이 좁고 위쪽

곡주를 증류하는 소줏고리

이 넓게 벌어져 있다. 이 고리는 흙으로 만든 것을 '토고리(土古里)', 구리로 만든 것을 '동고리(銅古里)', 쇠로 만든 것을 '쇠고리'라고 한다. 증류작업을 할 때는 소주의 술덧 두 말 가량을 서 말 들이의 재래 솥에다 넣고 고리를 앉힌 후 아궁이에 불을 땠다. 조선 중엽 이래 널리 알려진 소주로 노주(露酒)가 있는데 이는 술덧을 고아서 이슬같이 받아낸 술이라는 뜻이다. 한 제법을 보면 다음과 같다.

▶ 백미와 찹쌀 각각 한 되를 물에 담갔다가 가루 내어 누룩가루 아홉 되와 끓여 식힌 물 여덟 되를 함께 담근다. 3일 후 찹쌀 두 말을 물에 담갔다가 지에밥을 쪄서 식히고 술밑에 섞는다. 7일 후 모두 솥에 담아 고리를 앉히고 테를 두른다. 고리 위에 알맞은 양품을 얹어 그 속에 냉수를 붓고 또 테를 두른 다음 참나무, 보리짚 등으로 강하지도 약하지도 않게 불을 땐다. 그러면서 양품에 있는 물을 열두 번 갈아내면 맛이 순하고, 여덟 번이나 아홉 번 갈아내면 맛이 독하다.

이 술은 보통 양주의 처방에 따라 2차 담금을 한 약주의 술덧을 고아낸 소주인데, 불의 세기와 냉각수의 조절로써 그 맛을 조절하는 것이 특징이다. 그 밖에 소주의 종류로는 일반소주, 찹쌀소주, 밀소주, 삼해주(三亥酒), 보리소주 등이 있다. 보통 약재를 이용하여 약용으로 특별히 만든 소주를 약소주(藥燒酒)라고 한다. 소주를 다시 여러 번 고아서 약재와 함께 제조한 것도 있고, 소주에다 직접 약재를 넣고 고아낸 것도 있는데 조선 초기 이후의 문헌에 나온 것을 보면 다음과 같은 것이 있다.

① 감홍로(甘紅露)

소주를 한두 번 다시 고아서 마지막 고리(承露缸)의 바닥에 꿀과 지초를 깔고 이슬을 받아낸 것인데 빛깔이 연지와 같고, 맛이 달며, 독한 것으로 이름난 술이다.

② **죽력고(竹瀝膏)**

한방에서 죽력고(竹瀝膏)란 아이들이 중풍으로 갑자기 말을 못할 때 구급약으로 써온 것인데, 죽력(竹瀝 : 푸른 대쪽을 불에 구워서 받은 진액)을 섞어서 만든 소주에다가 생지황(生地黃), 꿀, 계심(桂心), 석창포(石菖蒲) 등과 함께 조제하여 만든다. 이 술은 대나무 산지인 전라도에서 만들어진 것이 유명한데, 조선 중엽의 이후의 방문(方文)은 다음과 같다.

소주에다가 왕대를 쪼개서 불에 구워 스며 나오는 즙액과 벌꿀을 알맞게 넣어 그 그릇을 끓는 물속에 넣고 중탕해낸다. 또 다른 방법은 생강즙액을 넣기도 한다.

③ **이강고(梨薑膏)**

배 껍질을 벗긴 다음 기왓장 위에서 갈아 즙액을 내어 고운 헝겊으로 받쳐 찌꺼기는 버리고 생강도 즙액을 내어 밭친다. 이 두 가지와 흰 벌꿀을 섞어 소주병에 넣은 후 중탕하라 하였다.

21.4 고문헌 속의 전통 과실주

과실주(果實酒)라 하면 과일을 자연 발효시킨 것을 생각하게 되나 우리나라의 과실주란 전혀 다른 것이었다. 나무열매의 맛, 또는 성분을 우려내서 만들었기 때문에 일종의 가향주(加香酒)와 비슷한 것이라고 볼 수 있다. 즉 재래의 다른 술을 빚는데 과일류를 곁들여 빚은 것이며, 약용의 목적이나 별미를 맛보기 위해 이용된 것이다.

우리나라에서는 과실주가 기록되기는 『고려사(高麗史)』 중에 나오는 것이 처음이며, 다른 술에 비하면 그다지 흔하지 않다. 송자주(松子酒), 포도주(葡萄酒), 백자주(柏子酒), 호도주(胡桃酒) 등이 여기에 속한다.

① **송자주(松子酒)**

조선 중엽 이후의 문헌에 나오는데 이는 해송자(海松子) 즉, 잣을 이용하여 빚은 술이다. 「잣 한 되를 물에 담가 하룻밤 불리고 씻어서 갈고, 콩 한 말 한 되와 함께 끓여서 한 말이 되면 찌꺼기는 걸러 내고, 백미 한 말을 씻어서 가루 내어 끓인 잣물과 섞어서 항아리에 담으면 열흘 만에 먹을 수 있다.」 이 제법을 보면 잣죽을 버무려 빚는데 백미를 다른 술과는 달리 익히지 않고 날쌀가루를 쓰고, 누룩도 안 쓰는 것이 특징이다. 이례적으로는 술이 잘 빚어지지 않는 것으로 되어 있다.

② **백자주**(柏子酒)

백자인주(柏子仁酒)라고 하는데 백자인(柏子仁) 즉, 측백나무의 열매를 이용한 술이다. 쌀 한 말을 빚으려면 백자인(柏子仁) 한 되를 갈아서 질게 만들고, 방문주(方文酒)의 술덧에 섞어서 빚어 마시면 사람에 이롭다고 되어 있다. 서양 사람들이 즐기는 술의 하나인 진(gin)과 향이 비슷한 것이어서 독특한 향을 갖는다.

③ **포도주**(葡萄酒)

우리나라에 도입된 역사가 오래 되지 않기 때문에 비교적 생소한 것이었다. 고려 충숙왕 때 왕이 몽고의 공주를 맞아 들여 올 때 원나라의 황제가 하사하여 그 씨를 가지고 들어와 심었으나 당시는 포도재배에 대한 기술이 없던 탓으로 성공하지 못한 것 같다. 원나라 세조가 사위인 고려 충열왕에게 포도주를 하사한 기록이 있을 뿐 포도주를 양조한 기록은 찾아볼 수 없다. 곡주(穀酒)에 낮익은 사람들에게 포도주는 구미에 맞지 않아 별로 관심을 갖지 않게 된 것 같다. 『음식디미방』, 『규합총서』, 『산림경제』 등에 나와 있는 포도주란 재래주에 곁들인 정도의 양조법이어서 포도주의 향미를 조금 가미한 정도에 지나지 않는 것이었을 것이다.

21.5 고문헌 속의 전통 가향주(加香酒)

가향주(加香酒)는 술에 독특한 향을 주기 위하여 꽃이나 식물의 잎 등을 넣어 빚은 약주류(藥酒類)를 말한다. 가향주에는 일반 처방마다 가향재료를 넣어서 함께 빚는 것과 이미 만들어진 곡주에다 가향재료를 우려내게 하여 빚는 법(加香入酒法)이 있다.

가향주(加香酒)가 고려시대 이후의 문헌에 나오는 것으로 보아 만들어진 역사는 상당히 오래된 것이다. 고려시대의 대표적인 것으로는 화주(花酒)가 있는데 이것은 여러 가지 꽃을 이용하여 담금 것의 통명칭으로 되어 있다. 도화주(桃花酒), 송화주(松花酒), 연엽주(蓮葉酒), 죽엽주(竹葉酒), 국화주(菊花酒), 유자피주(柚子皮酒), 백화주(百花酒), 하엽주(荷葉酒), 두견주(杜鵑酒) 등이 있는데 두견주의 방문(方文)은 다음과 같다.

▶ 진달래꽃을 쓰는데, 진달래꽃에는 꿀이 많아 술에 단맛을 돌게 된다. 우리나라의 두견주 명산지로는 충남 당진군 면천(沔川)이 알려져 있다. 「정월 첫 해일(亥日)에 백미 두 말을 잘 씻고 내어 물 두 말을 쪽박을 띄우고 많이 끓여 쌀가루에 고루 퍼붓고 주걱으로 개서 하룻밤 재우는데 밑까지 얼음 같이 식힌 후 누룩가루 한 되 서

홉과 밀가루 일곱 홉을 섞는다. 이때 누룩은 가루를 만들어 깁체(명주실로 멘 체)로 쳐서 이슬을 맞혀 빛이 뽀얗게 되도록 바래서 쓴다.」 술을 담글 항아리는 짚불을 사르고 그 위에 엎어 항아리 속에 연기가 자욱하게 들어가게 한다. 항아리의 불티는 마른 행주로 깨끗하게 닦은 다음 술을 빚어 넣고 단단히 봉한 뒤 빈 섬으로 싸서 불기와 양기가 없는 곳에 둔다. 이어 덧술은 다음과 같이 담근다.

「백미 서 말과 찹쌀 서 말을 잘 씻고 각각 맑은 물에 담갔다가 다시 맑은 물에 헹구어 건져서 찐다. 우선 멥쌀은 날물을 많이 주어 밥이 뼈 없이 익게 한다. 또 찰밥 지에밥은 날물을 대여섯 방울을 뿌려가며 즉시 헤쳐 널어 식힌다. 멥쌀은 소래기(모양이 굽 없는 접시처럼 된 넓은 질그릇으로 독의 뚜껑으로도 쓰인다)에 펴서 덮어 놓고, 물 여섯 말을 지에밥에 두세 바가지 펴 주고 덮어 두었다가 밥이 물을 먹고 김이 들었거든 삿자리(갈대를 엮어서 만든 자리)에 고루 헤쳐 식힌 다음 온기가 없으면 술덧을 버무린다. 멥쌀과 찰밥을 각각 버무리되 술밑이 적소 밥이 많아 고루 버무리기가 어려우면 잘 끓인 물을 식혀 술밑에 타서 두 가지 밥에 나누어 붓고 고루 버무린다. 다음으로 술독에 멥밥 한 켜, 찰밥 한 켜, 두견화 한 말을 한 켜씩 놓고 맨 위에는 멥밥 버무린 것을 덮는다. 물 엿 말을 끓여서 식힌 후 모두 지에밥에 버무리는데 한 사발쯤은 남겼다가 버무린 나머지를 모두 부셔서 붓는다.」

두견화는 꽃술을 빼고 정하게 다듬어 넣는데, 꽃이 너무 많으면 술의 빛깔이 붉어진다. 술덧을 해 넣고 14일(이칠일)이나 21일(삼칠일)이 지난 후에 뚜껑을 열고 밤에 심지에 불을 켜 술독에 넣어 보아 불이 꺼지게 되면 술이 덜 된 것이고, 불이 켜지면 술이 다 된 것이다. 위에 뜬 것은 고이 걷어 내고 가운데를 헤치면 청주가 솟아나는데 그 취량이 매우 없다.

21.6 고문헌 속의 전통 절기주(節氣酒)

일 년 중 특별한 절기에 즐겨 만들어 마셔 온 술이 있는데 이를 절기주(節氣酒)라고 한다. 대표적인 것으로는 다음과 같은 것이 있다.

① 도소주(屠蘇酒)

정월 초하루에 마시는 술인데, 고려 후기 안축(安軸, 1282～1348)의 시문집(詩文集) 『근재집(根齋集)』에 원단(元旦) 아침에 도소주(屠蘇酒)를 마시고 읊은 시문이 있다. 『동의보감』에 보면 '백미, 대황(大黃), 천초(川椒), 거목(去目), 길경(桔梗), 호장근(虎杖根), 오두거피(烏頭去皮)를 주머니에 넣어서 12월 회일(晦日)에 우물

속에 넣었다가 정월 초일 평명(平明)에 꺼내어 술을 넣어 잠깐 끓인 것을 동쪽을 향하면서 마시면 질병이 없다'고 하였다.

② **과하주**(過夏酒)

이 술은 소주를 원료로 하여 그 속에 여러 가지 꽃을 따다 넣고 땅속에 묻어 성숙을 시킨 것이다. 원래는 삼오주(三五酒)라 하여 3일 만에 탁주를 만들어 땅속에 묻었다가 5일이 되면 술을 꺼내어 이것을 원료로 하여 소주를 뽑고, 다시 그 소주에 여러 가지 과일 혹은 꽃을 넣어 묻어 두었다가 7일 만에 마신다 한다.

③ **사마주**(四馬酒)

오일(午日)만 택해 네 번에 걸쳐 술을 담그기 때문에 생긴 말이다. 대개 용안((龍眼)이나 진피(陳皮)가 들어가고 또 엿기름가루를 넣어 단맛을 돋우고 있는데, 만드는 데 한 달 이상 걸리고, 다시 3개월 이상 땅속에 두어야 한다. 환절기가 되면 자칫 입맛을 잃기 쉬운데 그런 때에 좋은 술로 알려져 있다.

④ **청명주**(淸明酒)

청명(淸明) 날 술밑을 담그고, 다시 보름이 지나 곡우(穀雨) 날 덧술을 만든다. 따라서 21일이 되어야 술이 되는데 단맛이 세어서 술을 잘 못하는 사람도 즐겼다고 한다.

⑤ **유두음**(流頭飮)

6월 보름 유두일(流頭日)에 동쪽으로 흐르는 물에 머리를 감고 시원한 개천에서 술을 마시는 것을 유두가(流頭歌)라고 한다. 그러나 기록이 없어 어떠한 술인지는 알 길이 없다.

⑥ **국화주**(菊花酒)

이규보(李奎報)의 시 『촌가삼수(寸暇三首)』 중에도 있듯이 국화가 피면 국화주를 즐겼음을 알 수 있다.

21.7 고문헌 속의 전통 이양주(異釀酒)

보통 술은 처방대로 재료를 혼합해서 항아리에 빚는데 숙성과정에 특별한 방법을 써서 만든 경우가 있다. 즉 술덧을 담는 그릇을 생나무 통으로 이용하는 경우도 있고, 산 대나무의 대통을 사용한 경우도 있었다. 어떤 경우에는 술항아리를 땅속에 묻거나 물속에 담가 술덧을 숙성시키는 등 특별한 방법을 쓰는 경우가 있다. 이러한 방법에 따라 숙성시켜 만든 술을 이양주(異釀酒)라고 한다. 이러한 술은 중국에도 많이 있는 사실로 보아 중국에서 전래한 것이 아닌가 한다. 조선 중엽 이후의 문헌에 나와 있는 것들을 보면 다음과 같다.

① **와송주**(臥松酒)

비스듬히 누운 큰 소나무에 빚는 색다른 술로 제법은 다음과 같다. 「스스로 누운 생소나무를 골라 몸통을 말 밥통 모양으로 뚫어서 그 속에 술을 빚어 넣고 소나무 판자로 뚜껑을 만들어 덮은 다음 진흙으로 단단히 봉한다.」 그 위에 풀을 덮어서 비가 들어가지 못하게 하여 익은 뒤에 먹으면 맑은 향기가 입을 가득히 채운다.

② **죽통주**(竹筒酒)

산 대나무의 마디 사이를 구멍을 내고 보통 술덧을 빚어 넣는다. 이어서 대나무로 구멍을 막고 진흙으로 개어 발라 빗물이 들어가지 않게 하여 술을 익혀 마신다.

③ **지주**(地酒)

술을 보통 방법으로 항아리에 빚어 담고 항아리를 땅속에 깊이 묻어 익히는 술을 말한다. 중국 노주(老酒)와 같이 몇 해를 묵히는 것도 있다.

④ **청서주**(淸暑酒)

술 항아리를 찬 물에 채워서 술을 익히는 것으로 여름철의 양조 별법이다.

⑤ **송하주**(松下酒)

동짓날 밤에 소나무 밑을 파고 술을 빚어 넣은 항아리에 소나무 뿌리를 넣고 봉해 두었다가 이듬해 늦가을에 파내어 마시는 술이다.

21.8 고문헌 속의 전통 약용주(藥用酒)

술의 예찬자들은 술을 백약지장(百藥之長)이라고 일러오고 있다. 술을 단순히 기호음료로 뿐만 아니라 약을 복용하기 위한 수단으로 또는 약재를 저장할 목적으로 이용하게 되었던 것이다. 고려시대 이후 많은 종류의 양용주가 등장하고 있는데 대표적인 것을 보면 다음과 같다.

① **자주**(煮酒)

청주에다 약재(대추, 잣, 후추, 꿀, 계피, 활밀)를 넣고 고아낸 것인데 고려시대부터 알려진 약용주이다.

② **소자주**(蘇子酒)

계임(桂荏)의 씨가 소자(蘇子)인데 차조기라고도 한다. 소자 한 되를 잠깐 볶아서 생사(生紗)로 만든 주머니에 넣어 청주 서 말을 담은 항아리에 넣었다가 3일 만에 건져서 마신다.

③ **오가피주**(五加皮酒)

오갈피는 물이 오를 즈음 벗겨 상부 껍질을 벗겨 버리고 썰어 볕에 말려 둔 것을 사용한다. 오가피주는 풍증과 요통에 좋은 것으로 알려져 왔다.

④ **구기주**(枸杞酒)

구기(枸杞)는 한방에서 강장제로 널리 쓰여 왔는데 이 구기를 청주에 넣고 우린 술이다.

그 밖에도 창포주(菖蒲酒), 백주(柏酒), 죽엽주(竹葉酒), 송령주(松鈴酒), 송화주(松花酒), 치홍주(雉黃酒), 인삼주(人蔘酒), 지황주(地黃酒), 천문동주(天門冬酒), 백출주(白朮酒), 조하주(糟下酒), 두림주(豆淋酒), 총시주(葱豉酒), 상심주(桑椹酒), 송절주(松節酒), 녹두주(鹿頭酒), 강주(薑酒), 당귀주(當歸酒), 회향주(茴香酒), 해조주(海藻酒), 송지주(松脂酒), 우방주(牛蒡酒) 등이 『동의보감』, 『증보산림경제』, 『음식디미방』, 『규합총서』, 『동국세시기』 등에 소개되어 있다.

부록 1. 최근 전통주 수상품목 리스트(역대 전통주 수상제품)

구분	전통주명 (제조업체, 연락처)	특 징	용 도	도 수	비고(입상내역)
	선운산 복분자주 (선운산특산주홍진, 장현숙) 063-561-0209	• 아침에 핀 해당화처럼 진하고 붉은 술 - 비옥한 토질과 서해안 해풍을 맞아 적당한 염기를 흡수하여 열매 질이 우수 - 단맛, 쓴맛, 떫은맛을 그대로 즐기는 과실주	• 건강 과실주 • 선물용, 가정용, 음식점용, 대형 매장용	16°, 19° (도자기, 유리병)	• '00년 전통주품평회 대상 • '00년 ASEM정상회의 연회주
	초 화 주 (영양장생주, 임증호) 054-682-6036	• 당귀, 오가피 등 10여 종의 약재와 벌꿀, 누룩, 백미로 정성들여 빚은 증류주 - 예부터 문인·선비들이 즐겨 마신 약용주로서 수백년간 전승되어 온 가양주	• 선물용, 가정용 등	30°, 41° (도자기, 유리병)	• '00년 전통주품평회 금상 • ASEM회의 국무총리 리셉션
	백 세 주 (국순당, 배중호) 031-292-3190	• 좋은 술, 시작은 백세주로! - 찹쌀과 좋은 누룩에 인삼, 오미자, 구기자 등 한약재 10가지를 넣어 발효한 전통약주 - 생쌀발효법으로 빚어 필수아미노산이 풍부	• 대형 매장용, 선물용 가정용, 음식점용 등	13°, 15° (도자기, 유리병)	• '00년 전통주품평회 은상 • '01년 선발대회 대상 • ASEM회의 국무총리 리셉션
	가야곡왕주 (가야곡왕주, 남상란) 041-741-8353	• 종묘대제(무형문화재 제56호)의 공식 제주 - 찹쌀, 야생국화, 구기자, 솔잎 등을 섞어 100일 숙성 후, 매실과 벌꿀을 넣어 100일간 다시 숙성하여 독특한 향이 일품 - 조선시대 내려오는 궁중제조 비법으로 빚어 임금에게 진상한 증류주	• 선물용, 가정용, 음식점용 등	13°, 25°, 40° (도자기)	• 전통식품명인(제13호) • '00년 전통주품평회 동상 • '01년 선발대회 은상 • '04 대통령석탑산업훈장 • '06년 대통령 설선물 선정
	금산인삼주 (금산인삼주, 김창수) 041-754-3313	• 은은한 인삼의 청향과 풍미를 즐길 수 있는 약주 - 약효가 뛰어난 5년근 인삼, 오미자, 구기자 등 10가지 한약재를 첨가하여 전통적인 방법으로 발효한 약주 - ASEM 등 국제정상회의 시 건배주·만찬주로 지정된 우수 전통주	• 대형 매장용, 선물용, 가정용, 음식점용 등	12.5°, 43° (유리병, 도자기)	• 전통식품명인(제2호) • '00년 전통주품평회 동상 • '00년 ASEM정상회의 만찬주 • '01년 선발대회 은상 • 2001 ISO 9001, 12001, HACCP 인증 • '04년 선발대회 은상

(계속)

구분	전통주명 (제조업체, 연락처)	특 징	용 도	도 수	비고(입상내역)
	나주배술 (나주봉황농협, 홍기준) 061-331-4431	• 당도가 높고 품질 좋은 나주배 100% 착즙 발효주 - 100% 나주배를 원료로 저온에서 발효시켜 장기간 숙성하여 향과 청량미가 독특	• 선물용, 가정용 등	14°, 40° (도자기)	• '01년 선발대회 금상
	대 추 술 (영농조합서원, 강문근) 043-258-0873	• 대추를 보고 안 먹으면 늙는다. - 양질의 대추와 쌀, 누룩, 엿기름, 솔잎 등을 원료로 전통비법으로 빚은 발효 약주	• 선물용, 가정용 등	16° (도자기)	• '01년 선발대회 동상 • '02년 한국관광상품 공모전 금상
	이 강 주 (전주이강주, 조정형) 063-212-5765	• 조상의 지혜와 현대 주조과학의 만남 - 배, 생강, 울금, 계피, 꿀 등을 첨가하여 100일 이상 숙성하여 빚은 300년 역사의 전통명주 - 무형문화재이며 식품명인이 정성과 혼을 다해 직접 빚은 향이 강한 대표적인 리큐르주	• 대형 매장용, 선물용, 가정용 등	25° (도자기)	• 전통식품명인(제9호) • '01년 선발대회 은상 • '04년 선발대회 동상 • '05년 대통령 설선물 선정
	산양 인삼주 (지리산국화주, 김광수) 055-962-7755	• 대덕산 자생 7년 산양삼으로 빚은 리큐르주 - 산양삼 7년산을 다량 침출, 숙성, 브랜딩한 리큐르주	• 선물용, 가정용 등	35°	• '01년 선발대회 동상
	문 배 주 (문배주양조원, 이기춘) 031-989-9333	• 왕에게 진상한 술, 중요무형문화재 지정 - '00년 남북정상회담 시 만찬주 제공 - 고려 태조 왕건때 한 가문에서 빚어 왕에게 진상한 평양지방의 재래식 소주 - 메조, 찰수수를 주원료로 배꽃이 활짝 피었을 때 향기가 난다 하여 문배주로 불림	• 대형 매장용, 선물용, 가정용 등	40° (도자기)	• 전통식품명인(제7호) • '00년 남북정상회담 만찬주 • '01년 선발대회 동상 • '07년 전통주품평회 금상
	내장산복분자주 (내장산복분자영농조합, 최팔영) 063-536-8080	• 색, 향, 미가 뛰어난 전통명품 과실주 ! - 내장산 기슭에서 자생하는 복분자를 원료로 전통양조 비법으로 발효하여 맛과 향이 우수	• 대형 매장용, 선물용, 가정용, 음식점용 등	16° (도자기, 유리병)	• '02년 선발대회 은상

(계속)

구분	전통주명 (제조업체, 연락처)	특 징	용 도	도 수	비고(입상내역)
	구천동 머루주 (덕유양조, 이재국) 063-323-2355	• 여성과 애주가의 건강반주로 일품 - 덕유산 무공해 청정지역 머루원액을 100% 착즙하여 빚은 건강 과실주 - 동맥경화, 노화예방에 좋고, 부드럽고 뒤끝이 깨끗하여 여성들이 선호하는 와인술	• 대형 매장용, 선물용, 가정용 등	12° (와인 유리병)	• '02년 선발대회 동상 • '03년 대통령 기념품 선정
	지리산 솔송주 (명가원, 박홍선) 055-963-8992	• 명가의 전통을 이어온 전통 명주 - 지리산 야생 복분자로 빚어 야생의 맛과 향을 느낄 수 있는 과실주	• 선물용, 가정용 등	16° (도자기)	• 전통식품명인(제27호) • '99년 우리식품전시회 금상 • ISO 9001/KS A인증 • '02년 선발대회 동상
	주 지 몽 (한국애플리즈, 한임섭) 054-834-7800	• 물 한방울 섞지 않은 국내유일의 애플와인 - 전통와인 제조기법으로 순과일 즙만을 저온 발효하여 원료 속에 함유된 영양소를 보존	• 대형 매장용, 선물용, 가정용 등	15°, 19° (유리병)	• '02년 선발대회 동상
	한산소곡주 (한산소곡주, 우희열) 041-951-0290	• 백제의 천오백년 비법으로 빚어낸 명주 중의 명주 - 문헌상 우리나라에서 가장 오랜 역사를 자랑하는 술로서 충남무형문화재 제3호 - 주원료는 찹쌀이며, 일체의 첨가 당을 쓰지 않고 연한 미색과 단맛이 돌고, 들국화 향이 은은하게 나는 전통약주	• 대형 매장용, 선물용, 가정용 등	18° (도자기, 유리병)	• 전통식품명인(제19호) • '04년 선발대회 금상
	감 그 린 (청도와인, 하상오) 054-371-1100	• 국내 최초로 개발한 한국산 감와인 - 경북 청도군에서 생산된 감을 원료로 정통 발효 방식으로 발효·숙성시킨 술 - 황금빛의 맑고 투명한 빛깔과 은은하게 풍기는 감 향기가 느껴지는 떫은맛의 감와인	• 선물용, 가정용 등	12° (와인병)	• '04년 선발대회 동상

(계속)

구분	전통주명 (제조업체, 연락처)	특 징	용 도	도 수	비고(입상내역)
	진 양 주 (해남진양주, 최옥림) 061-532-5745	• 조선시대 궁중에서 즐겨 마시던 전통약주 - 전남무형문화재 제25호로서 장흥임씨 집안에서 6대째 전승되어온 가양주 - 해남 흑석산 깊은 바위에서 솟아나는 물과 찹쌀로 빚어낸 술로 맛이 순하고 부드러움	• 선물용, 가정용 등	16° (유리병)	• '04년 선발대회 동상
	황 진 이 주 (참본, 양선기) 063-625-5050	• '07년 남북정상회담 시 만찬주로 선정 - 오미자, 산수유, 쌀을 주원료로 전통비법으로 제조, 맛과 주질을 업그레이드 - 전통누룩의 구수함과 오미자, 산수유의 열매향이 어우러져 빛깔과 향, 맛이 우수	• 대형 매장용, 선물용, 가정용 등	13° (유리병)	• '07년 전통주품평회 대상, 인기상 • '07년 국세청 주류품평회 금상
	명인 홍삼주 (금산인삼주, 김창수) 041-754-3313	• 순하고 은은한 홍삼의 청향과 풍미가 나는 약주 - 충남 무형문화재 제19호로 김창수 씨가 전통적인 방법으로 직접 빚은 약주와 증류주 - 쌀과 누룩에 고려홍삼을 저온 발효시킨 발효주로 순하고 은은한 향이 일품	• 대형 매장용, 선물용, 가정용, 음식점용 등	12.5° (유리병)	• 전통식품명인(제2호) • '07년 전통주품평회 금상
	가 을 국 화 (주)무학, 최재호 070-7576-2016	• 국화의 귀한 맛이 마지막 한잔까지 전해지는 귀한 술 - 야생국화 꽃잎만을 엄선하여 찹쌀과 발효시켜 만든 약주 - 생쌀을 가루 내어 빚는 무증자 발효법으로 만들어 비타민, 필수아미노산이 풍부한 신기술 집약형 우리 술	• 대형 매장용, 선물용, 가정용 등	13.5° (도자기, 유리병)	• '07년 전통주품평회 은상
	천향 호산춘 (화곡주가, 김희수) 063-838-1300	• 하늘의 향기를 담은 술, 천향 호산춘! - 이강주, 죽력고와 함께 조선시대 3대 명주로 꼽힘 - 쌀과 누룩, 산사열매와 오미자, 당귀 등 한약재 첨가해 빚어 은은한 향과 부드러운 맛이 우수한 전통 약주	• 대형 매장용, 선물용, 가정용 등	13° (도자기, 유리병)	• '07년 전통주품평회 동상

(계속)

구분	전통주명 (제조업체, 연락처)	특　징	용　도	도 수	비고(입상내역)
	복분자 막걸리 (가야곡주조, 남상란) 041-741-8353	• 해외시장에서 인정받는 기능성 막걸리 - 국내산 복분자 과실과 지하 150m 암반수로 100% 자연 발효하여 은은한 향과 새콤달콤한 맛이 어우러진 부드러운 탁주 - 저온살균 기술로 유통기한을 극복한 술로 원료품질 관리에 정성을 다하는 술	• 대형 매장용, 가정용	7° (탁주용기)	• 전통식품명인(제13호) • '07년 전통주품평회 금상, 인기상
	천안쌀막걸리 (천안양조장, 정상진) 041-565-0620	• 전통적 비법과 현대적 기계화를 이용한 저온숙성 장기 발효주 - 천안쌀을 주원료로 전분, 과당을 첨가하여 흑성산 줄기 지하암반수로 빚어 색, 향, 맛이 좋고 청량감이 우수한 술	• 가정용, 음식점용 등	5° (탁주용기)	• '07년 전통주품평회 은상 • '07년 국세청 주류품평회 입선

부록 2. 국가기관 추천 민속주 현황

지 역	명 칭	추천부서	재 료
서울시	•삼해주(약주)	문화부, 서울시	멥쌀, 찹쌀, 누룩
	•송절주	문화부, 서울시	멥쌀, 찹쌀, 송절, 누룩
	•향온주	서울시	밀, 녹두, 찹쌀, 현미찹쌀
	•삼해주(소주)	서울시	멥쌀, 찹쌀, 누룩
경기도	•문배주	문화재청	조, 수수, 누룩
	•부의주	문화부	찹쌀, 누룩
	•남양주 계명주/약계명주	문화부	옥수수, 수수, 조청, 누룩
	•남한산성소주	문화부	멥쌀, 누룩
	•안양 옥미주	교통부	현미, 고구마, 옥수수
	•인천 칠선주	교통부	멥쌀, 칡, 인삼
	•용인 옥로주	문화부	멥쌀, 율무
	•용인 민속촌 동동주	문화부	찹쌀, 누룩
강원도	•평창 감자술	교통부	멥쌀, 감자, 누룩
	•춘천 강냉이술	교통부	찹쌀, 옥수수, 누룩
	•홍천 옥선주	농림부	멥쌀, 옥수수, 누룩
	•횡성 율무주	교통부	멥쌀, 율무, 누룩
충청도	•아산 연엽주	교통부	멥쌀, 찹쌀, 연잎, 누룩
	•금산 인삼주	농림부	멥쌀, 인삼, 솔잎
	•한산 소곡주	문화부	멥쌀, 찹쌀, 엿기름, 콩, 국화
	•충주 청명주	교통부	찹쌀, 누룩
	•청주 대추술	교통부	멥쌀, 대추, 솔잎, 누룩
	•계룡 백일주	교통부	멥쌀, 솔잎, 진달래, 누룩, 오미자
	•한주	교통부	멥쌀, 찹쌀, 솔잎
	•면천 두견주	문화재청	찹쌀, 진달래꽃, 누룩
	•가야곡 왕주	농림부	찹쌀, 누룩, 국화, 구기자, 솔잎
	•청원 신선주	문화부	멥쌀, 우슬
	•둔송 구기주	농림부	멥쌀, 찹쌀, 구기자, 누룩
	•보은 송로주	문화부	멥쌀, 송이옹가루
경상도	•경주교동법주	문화재청	찹쌀, 누룩
	•문경 호산춘	교통부	멥쌀, 찹쌀, 솔잎
	•안동소주	문화부	멥쌀, 누룩
	•비슬산 하향주	문화체육부	찹쌀, 누룩
	•안동 송화주	경상북도	멥쌀, 찹쌀, 솔잎, 국화, 누룩
	•경주 황금주	교통부	멥쌀, 찹쌀, 국화
	•함양 국화주	교통부	찹쌀, 국화, 생지황

(계속)

지 역	명 칭	추천부서	재 료
경상도	•함양 송솔주 •부산 산성토산주 •남해 유자주 •김천 과하주	농림부 대통령령 교통부 농림부	찹쌀, 솔잎, 송순, 누룩 멥쌀, 누룩 멥쌀, 유자, 솔잎 찹쌀, 누룩
전라도	•전주 이강주/이강약주 •송화 백일주/송죽오곡주 •김제 송순주 •담양 추성주 •낙안 사삼주 •해남 진양주 •진도 홍주 •태인 죽력고	문화부 농림부 문화부 교통부 교통부 문화체육부 전라남도 전라북도	소맥분, 배, 생강 멥쌀, 송화가루 쌀보리, 찹쌀, 송순 멥쌀, 두충, 창출, 댓잎 찹쌀, 사삼, 누룩 찹쌀, 누룩 보리, 멥쌀, 누룩 찹쌀, 죽력, 솔잎, 누룩
제주도	•오메기술 •고소리술 •애월 좁쌀약주 •남제주 좁쌀약주 •남제주 좁쌀탁주	제주도 개발특별법 제주도 개발특별법 제주도 개발특별법 제주도 개발특별법 제주도 개발특별법	차좁쌀, 누룩 차좁쌀, 누룩 차좁쌀, 멥쌀, 입국 쌀, 좁쌀, 누룩 쌀, 좁쌀, 누룩
	총 52개		

전국 민속주 분포도

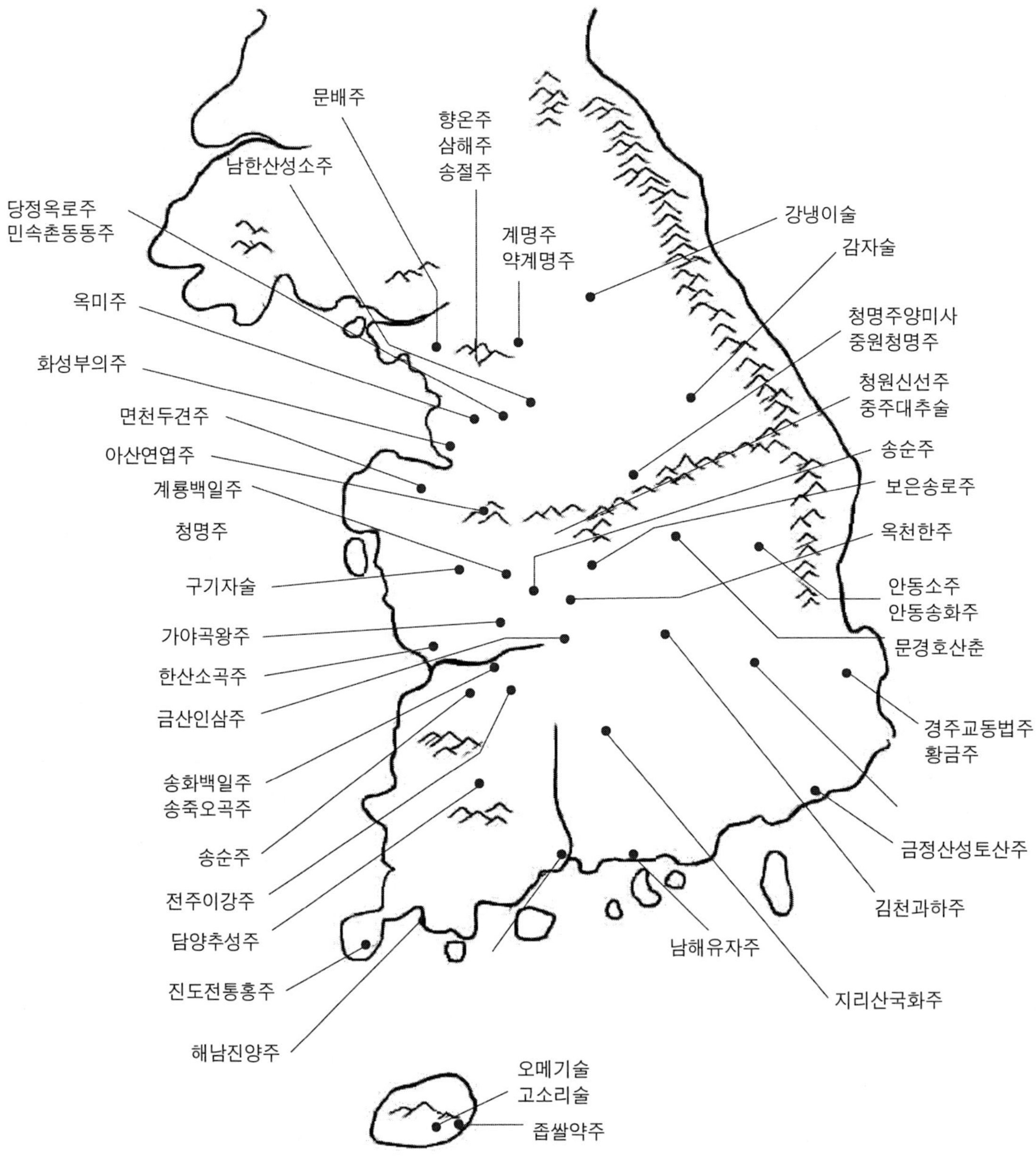
문배주
향온주
삼해주
송절주
남한산성소주
당정옥로주
민속촌동동주
계명주
약계명주
강냉이술
감자술
옥미주
청명주양미사
중원청명주
화성부의주
청원신선주
충주대추술
면천두견주
송순주
아산연엽주
보은송로주
계룡백일주
청명주
옥천한주
구기자술
안동소주
안동송화주
가야곡왕주
문경호산춘
한산소곡주
금산인삼주
경주교동법주
황금주
송화백일주
송죽오곡주
금정산성토산주
송순주
전주이강주
김천과하주
담양추성주
남해유자주
진도전통홍주
지리산국화주
해남진양주
오메기술
고소리술
좁쌀약주

찾아보기

한국의 전통주

2014년 12월 15일 재판 인쇄
2014년 12월 25일 재판 발행

편 자 : 정동효
펴낸이 : 천승배
펴낸곳 : 도서출판 유한문화사

주소 : (157-801) 서울시 강서구 가양동 146-63
전화 : 2668-2055~6
팩스 : 2668-2565
http://www.yuhansa.com
E-mail : yuhansa@hanmail.net
등록 : 제 5-31호. 1979. 3. 6.

값 18,000 원

ISBN : 978-89-7722-564-0 93570

저자와의 협의에 의해 인지는 생략합니다.